명산에 오르면 세상이 보인다

일러두기

- 여행지의 현지 정보나 물가는 자주 바뀝니다. 이 책에 실린 물가는 여행 당시 기준입니다.

명산에 오르면 세상이 보인다

김중양 지음

법우사

머리말

산은 언제나 말이 없고, 그 자리에 그대로 있다.
사람은 아무리 친하고 사랑해도
언젠가는 틀어지고 미워질 때가 있다.

그러나 산은 언제나 한결같다.
그래서 나는 산을 사랑하고 즐겨 찾는다.
산을 찾고 난 후에는 언제나 심신이 가쁜 해진다.

인간은 약한 존재이다.
누구나 살아가는 과정에서 번민에 휩싸일 때가 있다 .

번민에 부딪칠 때,
나는 배낭을 둘러메고 멀리 떨어져 있는 산을 찾아 나선다.

거기에는 울창한 숲이 있고 바위가 있으며, 청아한 계곡이 있다.

숲길을 헤쳐 큰 바위에 걸터앉아 계곡물 소리를 듣는다.
계곡물 소리와 함께 숲속에서 산새 울음소리가 들린다.

산은 그 자체가 음악이다. 바람소리, 솔소리, 물소리, 산새소리 등,
세상에 이 보다 더 순수하고 아름답고 위대한 음악이 어디 있을 것인가,
도무지 가식이 없다. 자연 그대로의 영원한 소리인 것이다.
억겁을 통하여 변치 않는 대자연의 오묘한 오케스트라인 것이다.

가끔 은빛 햇살이 흐르는 계곡물에 비치면,
감미로운 음악의 악보가 그려지는 것 같아서
나를 동심의 세계로 이끌어 주기도 한다.

산새가 푸드덕 거리며 나뭇가지 사이로
날아가는 것을 망연히 바라보기도 한다.
싱그러운 풀냄새와 솔향기를 맡으며
숲사이로 쏟아져 들어오는 찬란한 햇빛을 바라본다.
그리고 나의 생각을 정리해 나가면 마음이 한결 홀가분해진다.

자연의 오묘함과 황홀함을 맛보게 하는
산은 내 인생의 영원한 벗이며, 고향이다.
나무와 바위는 영원히 변하지 않고 순서대로 위치하며,
계곡에 흐르는 물소리는 춘하추동 언제나 다름이 없이 흐르고 있다.

한 계절이 오면 그대로 이를 반기고 또 한 계절이 가면 그대로 보낸다.
산은 언제나 넉넉하고 큰 포용력을 지니고 있다.

봄의 진달래와 철쭉, 여름의 녹음과 시원한 계곡물소리,
가을의 단풍과 억새풀, 겨울의 설경과 눈보라는
휴일에 나를 그냥 집에 놔 두지를 않는다.

바람에 나부끼는 억새풀의 모습은
마치 은빛 물고기들이 산기슭에 떼 지어 다니는 것과 같은
황홀한 풍경이다. 자연은 우리를 순수로 돌아가게 한다.

산이 존재하는 한 나는 결코 외롭지 않다.
아침 이슬을 머금고 있는 풀도 내 친구이고
돌멩이 하나하나가 나의 소중한 친구들이다.

삼라만상이 모두 같은 뿌리(天地同根)인데
친구 아닌 것이 무엇이 있으랴.
능선길 따라 올라가는 길이 마냥 즐겁고 여여(如如)하기만 하다.

꽃이 피면 꽃과 함께
눈이 오면 눈과 함께
비가 오면 비와 함께
바람이 불면 바람과 함께
나는 언제나 산을 찾을 것이다.
산에서 기쁨과 행복 그리고 영원을 배울 것이다.

2022. 5. 12.

김 중 양

차 례

1부 춘산여소(春山如笑)

- 백두대간의 아름다운 천태산(天台山) …… 15
- 문장대가 유명한 속리산(俗離山) …… 23
- 기묘한 바위가 많은 백악산(白岳山) …… 31
- 야생화 만발한 연인산(戀人山) …… 35
- 너덜길이 험한 귀때기청봉 …… 39
- 산수화를 펼쳐 놓은 제비봉 …… 44
- 남해의 푸른 물결 사량도(蛇梁島) …… 49
- 원효따라 천성산(千聖山) …… 56
- 야생화가 아름다운 복계산(福桂山) …… 65
- 고려산과 보문사를 둘러보고 …… 71
- 속세를 떠났는가 별유산(別有山) …… 79
- 아늑한 산기운의 청태산(靑太山) …… 84
- 암릉과 계곡이 어우러진 용문산(龍門山) …… 87
- 공룡능선 산행기 …… 93
- 백두산 등정기(白頭山 登頂記) …… 101

2부 녹음계류(綠陰溪流)

- 가파른 암릉길의 다락능선 ······ 109
- 무더위 속의 조령산(鳥嶺山) ······ 116
- 겸허를 일깨워 준 어답산(御踏山) ······ 122
- 어머니처럼 넉넉한 지리산(智異山) ······ 129
- 산기운 그윽한 용화산(龍華山) ······ 135
- 신비하고 험준한 암봉의 팔영산(八影山) ······ 141
- 잣나무 숲이 우거진 축령산(祝靈山) ······ 151
- 파로호가 펼쳐지는 해산(日山) ······ 158
- 무더운 날의 연화산(蓮花山) ······ 164
- 언제가도 싱그러운 북한산(北漢山) ······ 170
- 바위 기운 융융한 도봉산(道峯山) ······ 174
- 미륵산(彌勒山)에 올라 한산도를 바라보며 ······ 177
- 비온 후의 청계산(淸溪山) ······ 183
- 넉넉한 품세의 남덕유산(南德裕山) ······ 194
- 대마도 백악산(白嶽山) 산행기 ······ 203

3부 만산홍엽(萬山紅葉)

- 노송과 암봉이 어우러진 공작산(孔雀山) ………… 211
- 청산도(靑山島)를 둘러보고 보적산(寶積山)에 오르다 ………… 218
- 상사화가 만개한 불갑산(佛甲山) ………… 227
- 보석처럼 아름다운 칠보산(七寶山) ………… 235
- 아름다운 석산 부봉(釜峰) ………… 241
- 동해바다가 보이는 두타산(頭陀山) ………… 246
- 석벽이 절경인 주왕산(周王山) ………… 251
- 이태조가 이름지은 천마산(天摩山) ………… 258
- 억새풀이 장관인 민둥산 ………… 263
- 만추의 무등산(無等山) ………… 273
- 아름다운 변산반도가 펼쳐지는 관음봉(觀音峯) ………… 282

4부 설해만산(雪海滿山)

- 홍천강이 아름다운 팔봉산(八峯山) ······ 291
- 능선이 부드러운 칠갑산(七甲山) ······ 297
- 달빛어린 황석산(黃石山) ······ 305
- 눈덮인 소금강 노인봉(老人峰) ······ 313
- 칼바람 세찬 가리왕산 ······ 318
- 호도나무의 광덕산(廣德山) ······ 325
- 바다와 어우러진 금산(錦山) ······ 333
- 눈덮인 선자령(仙子嶺) ······ 337
- 기상이 늠름한 백운대(白雲臺) ······ 343
- 제왕산(帝王山) 눈 산행기 ······ 351
- 사색의 짚북재 능선길 ······ 358

1부

춘산여소
(春山如笑)

*봄이 오니 만화방창하여 온 산이 활짝 웃는다.

백두대간의 아름다운 천태산(天台山)

천지간에 봄기운이 완연하다. 어느덧 새봄이 우리 곁에 온 것이다. 한적한 산야와 실개천 살얼음 아래, 수줍은 새색시 마냥 소리 없이 다가왔다. 만물이 소생하고 움츠렸던 온갖 생물들이 기지개를 펴는 좋은 계절이 온 것이다.

사람들이 가장 좋은 때를 '봄날'이라고 표현하는 것도 이 때문일 것이다. 봄은 산꾼들의 마음을 더없이 들뜨게 한다. 꽃길 따라 산행을 하는 즐거움이 있기 때문이다. 봄 산이 부드럽게 웃고 있는데(春山如笑), 어찌 등산을 마다할 것인가!

3월 첫 토요일(2009.3.7), 잠실역에서 07:00에 출발한 산행버스는 3시간 만에 충북 영동(永同)땅의 천태산(天台山)에 '설피식구' 21명을 내려놓았다.

천태산은 해발 715m의 산으로 우리나라 100대 명산에 속하는 산이다. 천태산이 자리 잡은 충북 영동은 소백산맥에 속한 산간지역으로 경지율이 15%에 불과한 지역이다. 민주지산, 삼도봉, 황학산등의 산들이 병풍을 이루고 있다. "구름도 자고가고, 바람도 쉬어 넘는~" 추풍령(秋風嶺: 200m)이 영동에 있다.

산을 석산(石山)과 토산(土山)으로 구분한다면 천태산은 석산에 속한다. 소백산맥 자체가 화강암으로 이루어진 지대이기 때문에 천태산 역시 암릉이 많은 석산인 것이다. 화강암지대는 절리(節理)와 단층이 유난히 발달해서 빼어난 경관을 만들어 낸다. 낙랑장송과 어우러진 석벽은 한 폭의 산수화가 된다. 해서 천태산을 '충북의 설악산'이라고 부르고 있는 것이다.

10시 30분부터 산행이 시작되었다. 등산에는 더할 나위 없이 좋은 쾌청한 날씨였다. 산행초입의 오르막길의 흙은 헐거웠다. 겨우내 얼었던 흙들이 봄볕에 녹으면서 풀어지고 부푼 것이리라. 그 풀어지고 부푼 사이로 새싹들이 앙증스럽게 땅을 뚫고 나오고 있다.

양지바른 곳이나 길섶에 봄바람에 흔들리는 가녀린 풀잎들은 갸날프기는 해도 대견스럽기만 하다. 아, 아, 이래서 봄은 만물을 소생케 하고 잉태케

하는 계절이구나!

천태산은 등산로가 A, B, C, D 네 개 코스가 있다. A코스로 올라갔다가 정상을 밟은 뒤, D코스로 하산하는 것이 가장 길고 정통적인 등산로이다.

오늘 설피마을의 산행 코스도 이와 같았다.

주차장매표소(10:30)→ 천태산 계곡→ 삼신바위(10:42)→ 삼단폭포(10:47)→ 은행나무(10:52)→ 등산코스 안내도(10:55)→ 75m 암벽타기(11:32)→ 천태산 정상(12:13)→ 헬기장(12:40)→ 전망석(13:29)→ 남고개(13:29)→ 영국사(13:45)→ 망탑(14:05)→ 진주폭포(14:08)→ 주차장(14:30)

나는 오늘도 후미를 맡았다. 여유를 가지고 천천히 오르는 천태산 계곡에는 눈이 녹은 물들이 청아한 소리를 내며 흐르고 있었다.

이렇게 조용히 속삭이며 흐르는 물소리가 듣기에 좋다.

비록 설악산 천불동 계곡이나 오대산 소금강 계곡처럼 수량이 많거나 굉음을 내며 흐르는 물줄기는 아닐 지라도 바위와 수목이 어우러진 바위 틈새로 소리도 없이 수줍은 처녀처럼 조용히 흐르는 물은 상쾌하기 그지없다. 일순에 속세의 번뇌를 씻고 머리가 맑아지는 것 같다. 조금 더 올라가니 '삼신할멈바위'가 나온다.

땅이 좁은 우리나라이지만 암석이 고루 분포되어있고, 오랜 세월 침식작용에 의하여 갖가지 형상의 바위들이 그 모습을 자랑하고 있다.

특히 천태산과 같은 암릉산에는 바위 모습이 특이한 것들이 많이 있어 거석문화(巨石文化)와 함께 민간신앙의 모태가 된다. 산에 오르다 보면 커다란 바위 밑에 촛불을 켜놓은 흔적이나 새까맣게 그을어 있는 돌단, 돌벽을 볼 수 있다. 대개는 무속인이나 여인들이 찾아와 빌던 흔적들이다.

옛날 우리네 여인들의 가장 큰 소망은 시집가서 자식을 잘 낳아주는 일이었다. 자식 중에도 우선 떡 두꺼비 같은 아들을 낳는 것이다. 이러한 득자(得子)소망과 관련하여 '갓바위, 촛대바위, 부침바위' 등이 효험이 있다고 믿기도 했다.

지금도 부암동의 '부침바위'에는 여인들이 찾아와 작은 돌을 바위에 부치는 모습을 볼 수가 있다. 바위에 돌이 붙으면 아이를 갖게 되고, 미끄러져 떨어지면 아이를 못 갖는다고 믿었기 때문이다. '삼신 할멈 바위' 역시 기자(祈子)소원과 관련된 것일 테다.

10여분 더 올라가노라니 저 멀리 영국사가 보인다. 영국사가 보이는 고갯길 옆에 수백 개의 산악회 리본들이 걸려있다. 알록달록, 형형색색인 리본들이 가지런히 걸려있는 모습이 성황당에 걸려있는 색깔 천들의 모습을 연상케 하고 있다.

영국사 앞에는 천연기념물인 600년 된 은행나무가 우람하게 자리 잡고 있다. 31m의 이 거대한 은행나무는 용문사의 은행나무와 쌍벽을 이룬다. 군데군데 시멘트로 메우기는 했으나 봄을 맞아 새잎들이 움트고 있었다. 은행나무는 한자리에 있어도 이렇게 600년을 늠름히 버티고 있는 데 인간은 여기저기 옮겨다니면서도 겨우 100년도 채우지도 못하는 것을 ….

영국사를 바라보며 오른쪽 길의 A코스로 접어들었다. 입구에 'A코스 1,370m'라는 표지판이 서있다. 30여분 치고 올라가니 드디어 암릉지대에 이르게 되었다. 며칠 전에 비가 와서 그런지, 눈이 녹아서 그런지, 바위는 다소 물기가 있어 주의를 요했다. 천태산의 백미는 75m나 되는 암벽을 로프줄을 잡고 오르는 것이다. 노약자들은 암벽을 타지 말고 우회하라는 안내판이 친절하게 세워져 있다.

과연 밧줄 타기는 다소 힘들었으나, 암벽위에 오르고 보니 펼쳐지는 경치가 시원스럽고 또 '해냈다'는 뿌듯함이 전신을 감싼다. 여성산행객들도 주저함이 없이 로프를 쥐고 힘차게 오르고 있다. 과연 양성평등은 등산 분야에서도 이루어졌구나 하는 감이 들었다.

천태산 정상에는 등산객들로 만원이었다. 날씨가 풀리고 또 쾌청하기 때문에 사람들이 본격적으로 산행에 나선 것일 게다. '천태산 해발 714.7m' 쓴 화강암 표지석에서 기념촬영을 했다.

천태산 정상에 서서 사방을 둘러본다. 날씨가 맑아서 크고 작은 산들이 망망대해처럼 펼쳐지고 있었다. 저 멀리 덕유산(1,614m)이 좌우로 거칠봉(1,176m)과 적성산(1,029m)을 거느리고 늠름한 웅자를 보이고 있다. 남쪽으로 속리산(1,032m)이 보이고, 왼쪽으로 가까이 서대산(904m)이 눈에 들어온다. 동쪽으로 눈을 돌리니 민주지산(1,241m)과 삼도봉(1,172m), 그리고 석기봉(1,200m과 각호산(1,178m)이 자기들도 여기 있다고 보아 달라고 한다.

백두대간의 장엄하고도 아름다운 모습이 봄 햇살아래 찬연히 빛나고 있는 것이다. 정상에 오른 자만이 아름다운 경관을 감상할 수 있게 된다. 봄에 씨 뿌린 자 만이 가을에 거두는 것과 같은 이치인 것이다. 봄에 씨를 뿌리지 않은 사람이 어찌 가을에 추수하기를 바랄 것인가(春若不耕, 秋無所收).

정상에서 펼쳐지는 이 경관을 감상하기 위하여 2시간에 걸친 힘든 산행을 한 것이다. 힘이 들어도 정상에 오르면 마치 구름위에 두둥실 떠있는 듯한 환희를 맛보게 된다. 병풍처럼 첩첩히 두른 웅장한 산맥을 바라보면서 융융한 산의 기운을 오장육부에 담아보기도 한다.

정상에서 20여분쯤 내려오면 넓고 양지바른 헬기장에 도착하게 된다. 여기서 중식을 했다. 산행의 또 다른 즐거움은 각자 마련해 가지고 온 음식들을 나누어 먹는 것이다. 설피마을은 사람들이 넉넉해서 산행버스 출발 때부터 특식을 준비해 온 몇 분들이 대접을 하느라고 바빴다. 오늘도 샌드위치, 삶은 계란, 김밥, 배즙, 과일 등등을 회원들에게 아침거리로 제공했다. 해서 아침에 너무 먹어서 체한 사람이 나오기도 할 지경이다. 인심이 후한 산행 모임이다. 점심 역시 풍성했다. 중식을 끝낸 후, 전망석을 거쳐 남고개로 향했다.

남고개에서 영국사로 가는 길은 오솔길로서 능선이 부드럽고 아늑했다. 햇볕은 따스하게 대지를 녹이는데, 푸른 하늘에는 몇 조각의 구름이 떠있다. 산길 옆에는 파릇파릇한 풀들이 봄을 노래하고 있었다. 삶의 생동감과 충만함이 대지위에 생생하게 표출되고 있는 것이다. 비록 지나간 젊음을 되돌이킬 수는 없어도 마음은 소년처럼 마냥 들뜬다. 이래서 산행은 언제나 즐겁고 행복하기만 한 것이다.

영국사에 도착하여 대웅전에 들어가 경배를 올렸다. 크기는 작아도 삼존불의 미소는 한 없이 넉넉했다. 영국사(寧國寺)는 신라시대 고찰로서 원래 절 이름은 국청사였다고 한다. 고려 때 공민왕이 홍건적의 난을 피하여 이곳에 왔다가 국태민안(國泰民安)을 빌었다고 하여 절의 이름을 영국사(寧國寺)로 바꾸었다는 유래가 있다.

천태산이 고려 문종의 넷째 아들인 대각국사 의천이 중국의 천태종(天台宗)을 공부하여 이곳에서 열었다고 하여 천태산(天台山)으로 한 것과 맥을 같이한다.

은행나무를 지나 선두가 간 '망탑'으로 가려는데 휴대폰이 울린다. 받아보니 '명함꽂이를 주어서 열어보니 내 전화번호가 있어서 전화했다'고 한다.

황급히 주머니를 뒤져보니 명함지갑이 없다. 그 사람이 있는 은행나무에 되돌아가서 그 낯선 산행객으로 부터 명함지갑을 되돌려 받았다.

그 명합지갑은 대웅전에서 꺼내 부처님께 보시를 하고 아래 주머니에 넣었던 것이다. 은행나무 사진을 찍느라고 카메라를 꺼낼 때, 주머니에서 묻어나와 길에 떨어뜨렸던 것이다. 어쨌든 명함지갑을 찾아준 40대 중반쯤의 남성 산행객이 고맙기만 하다. 지갑에는 만 원짜리도 몇 장 있었고 교통카드도 들어 있었는데, 이를 고스란히 돌려주다니 고맙기만 할 뿐이다. 명산에 오면 누구나 이렇게 마음이 착해지는 것일까? 아니야, 사람에 따라 다른 것이지 뭐, 이런 생각을 하는데 무전기가 울린다.

선두에서 '망탑'으로 오라는 내용이다. 나는 그 젊은 등산객에게 고맙다는 인사만 거듭하고, 망탑으로 향했다. 망탑은 풍광이 훌륭했다. 특히 삼층석탑과 거북 모양의 암석, 그리고 왼쪽의 거대한 석벽이 주위경관과 잘 어우러져 있었다. '망탑'을 돌아보고 진주폭포 쪽으로 향했다.

계곡물 소리와 함께 숲속에서 산새 울음소리가 들린다. 산은 그 자체가 음악이다. 바람소리, 솔소리, 계곡물소리, 산새소리 등, 세상에 이 보다 더 순수하고 아름답고 위대한 음악이 어디 있을 것인가, 도무지 가식이 없다. 자연 그대로의 영원한 소리인 것이다. 억겁을 통하여 변치 않는 대자연의 오묘한 오케스트라인 것이다.

지난 금요일(2009.3.6)저녁, 모처럼 '샤롯데 씨어터'에서 공연하는 드림걸즈(DREAM GIRLS)라는 뮤지컬을 감상했었다. 무대의 조명기술도 훌륭했고, 출연진들의 기량과 정성도 대단했다. 그러나 연습과 꾸며낸 소리에는 한계가 있었다. 자연이 내는 음악과는 건곤(乾坤)의 차이가 있다는 것을 느꼈다.

주차장에 내려옴으로써 오늘 산행을 마치게 되었다. 봄의 기운을 마음껏 감상하면서 이렇게 쉽고 여유롭게 산행하기도 근래 드물다. 등산했다기보다도 가벼운 산책을 했다고 할 만큼 몸이 가쁜 하기만 하다.

주차장에 도착하여 아까 나의 명함지갑을 찾아준 등산객에게 전화를 했다. 그는 마침 주차장 음식점에서 동료들과 막걸리를 마시는 중이었다. 나는 상점에서 '등산 손수건'과 '목 타월'을 사서 그에게 답례했다. 그도 환히 웃으면서 나에게 막걸리 한 그릇을 내민다. 둘러앉은 그의 동료 중 한사람이 안주로 두부 한 점을 집어준다. 막걸리도 시원했고 두부도 맛있었다. 그들은 네 사람이었는데 창원에서 왔다고 한다. 고마운 젊은이들이다.

산행을 끝내고나서 설피마을 산행버스는 근처에 있는 쌈밥집에 들렀다. 쌈밥집은 정원을 잘 가꾸어 놓고 있었다. 식사를 마친 후, 정원을 둘러보는데 양지바른 곳에 있는 홍매화가 유난히 눈에 들어 왔다. 가까이 다가가보니 홍매화가지에는 어느덧 꽃이 피기시작하고 있었다. 매화가 새봄이 왔음을 조용히 속삭이고 있는 것이었다.(2009.3.8)

문장대가 유명한 속리산(俗離山)

속리산은 충북 보은군과 경북 상주시에 걸쳐있는 우리나라 100대 명산 중의 하나이다. 속리산은 천황봉(1,057m), 비로봉(1,032m), 문장대(1,033m), 관음봉(985m), 보현봉(690m) 등 9개의 봉우리로 이루어져 신라시대 이전에는 구봉산(九峰山)이라고 불리어 졌다고 한다. 봉우리마다 산세가 수려하여 한국 8경중의 하나로 꼽히기도 한다.

속리산의 명칭은 신라 헌강왕 때의 최치원 선생이 속리산에 와서 남긴 시와 무관하지 않다.

"도는 사람을 멀리하지 않는데 사람은 도를 멀리하고,
산은 속세를 떠나지 않으나 속세는 산을 떠나는 구나."
(道不遠人 人遠道, 山非離俗 俗離山.)

조선시대 송시열 선생은 속리산 은폭동에서 다음과 같은 시를 남기었다고 한다.

"양양하게 흐르는 것이 물인데, 어찌하여 돌 속에서 울기만 하는가,
세상 사람들이 때 묻은 발 씻을가 두려워 자취 감추고 소리만 내네"

속리산 가기는 아주 쉽다. 강남 고속버스터미널에 나가서 속리산 가는 버스만 타면 3시간 반이면 속리산 입구에 내려준다.

지난 주말에 비가 내린다는 일기예보에도 불구하고 배낭을 챙겼다. 비가 온다면 이는 봄가뭄을 해갈시켜주는 고마운 단비일 것이다. 또 약간의 비가 온다고 하여 등산을 주저할 처지도 아니기 때문이었다.

오전 11시 30분경 속리산 버스터미널에 도착하여 법주사 길로 쭈욱 따라 나갔다. 도로와 주변 환경이 잘 정비되어있는 것이 인상적이었다. 사내리(舍乃里)마을에서 법주사까지 2km는 오리숲 황톳길이라 불리고 있다. 5리(里)에 이르기까지 잘 우거진 숲 사이로 황톳길이 조성되어 있기 때문이다.

황톳길이 끝나는 지점에 법주사 일주문이 보인다. 일주문 현판에 "호서제일가람(湖西第一伽藍)"이라는 글씨가 단아하게 쓰여 있다. 그 옛날 "금강"을 "호강(湖江)"이라고 불렀다. 그래서 금강인 호강의 남쪽지방을 "호남"이라고 하여 지금의 전라도 지방이 되었고, 호강의 서쪽지방을 "호서"라고 해서 지

금의 충청지방이 된 것이다. 그래서 충남 천안에 있는 대학의 명칭이 "호서대학교"라고 명명되기도 하는 것이다. 이로 보면 법주사를 "호서제일가람"이라 함은 법주사가 충청지방에서는 으뜸가는 절이라는 뜻을 의미할 것이다.

일주문 옆에 매표소에서 사찰문화재 입장료(3,000원)을 내고 일주문 안으로 들어섰다. 법주사의 거대한 청동불상을 우러러 본 후, 12:00부터 본격적인 등산을 시작했다. 다행히 비는 아직 오지 않고 있었다.

오늘 산행은 법주사→ 세심정→ 비로산장→ 금강대피소→ 경업대→ 신선대→ 문장대→ 냉천휴게소→ 중사자암→ 용바위골 휴게소→ 복천암→ 세심정→ 법주사의 12km로 잡았다.

산길을 따라 올라가느라니 맑은 계곡물 소리가 봄이 왔음을 합창하고 있었다. 즐겁게 지저귀는 산새소리는 흡사 "어서 오세요"하고 반갑게 맞이하는 것 같았다. 산에 가면 모든 것이 고맙기만 하다. 나무도, 돌맹이도, 풀 한포기도 그리고 흐르는 물과 새소리도 그저 고맙기만 할 뿐이다. 너희들이 있어 이렇게 숲이 아름답구나. 그래서 너희들을 보려고 이렇게 고생하면서 산에 오르는 것이 아니겠느냐, 천지만물이 동근(同根)인 것을 너희들도 알고 있겠지.

누가 속리산의 3대 특징을 들라고 한다면, 나는 수많은 기암괴석과 끊임없이 흐르는 맑은 계곡물 그리고 산 전체에 펼쳐져 자라고 있는 산죽나무를 꼽을 것이다.

올라가는 길옆에 두꺼비같이 생긴 이끼 낀 바위위에 푸른 소나무가 우뚝 솟아 있다. 도대체 저 딱딱한 바위에 어떻게 뿌리를 박고 저렇게 싱싱하게 자랄 수 있는 지 신기할 따름이다.

30분정도 올라가니 목욕소에 도착했다. 목욕소에는 유래가 있다. 조선조 7대왕인 세조가 국운의 번창을 기원하기 위하여 법주사에서 대법회를 연 후 피부병을 치료하기 위해 이곳에서 목욕을 하고 있었는데, 약사여래부처의 명을 받고 온 월광태자라는 미소년이 나타나서 세조의 피부병이 곧 완쾌될 것이라고 하고 사라졌다. 세조가 목욕을 마치고보니 신기하게도 몸의 종기가 깨끗이 없어졌다고 하여 이곳을 “목욕소”라고 부르게 되었다는 것이다.

흡사 오대산 상원사 올라가는 계곡에 세조가 목욕중 문수동자를 만나 피부병을 고쳤다는 고사와 유사하다. 오대산 계곡에는 “관대걸이”라고 하여 세조가 의복을 벗어 걸어 놓았던 장소가 안내판과 함께 잘 보존되어 있기도 하다.

산행을 하면 온몸에 활력이 붙고 기분이 상쾌해진다. 기암절벽에서 뿜어져 나오는 암기(巖氣)는 무한한 원적외선을 우리 몸속에 투입함으로써 활력을 증강시킨다. 속리산은 화강암을 기반으로 변성퇴적암이 섞여있어 화강암 부분은 날카롭게 솟아오르고 변성퇴적암부분은 깊게 패여, 높고 깊은 봉우리과 계곡을 이루고 있다. 너무나 아름다워서 소금강산(小金剛山)으로 불리울 만하다.

곳곳에 밀가루 반죽을 뭉쳐 놓은 듯 차곡차곡 떡시루처럼 쌓여 있는 바위가 있는가 하면, 바위가 날아가다가 사뿐히 내려앉은 모습을 보이기도 한다. 기기묘묘하다. 나는 금강산의 만물상을 보고 경탄하기는 했으나 인간적인 정은 그리 느끼질 못했다. 그러나 속리산의 기암괴석은 곱살스러운 인간미를 느낄 수 있게 되어 정이 간다.

끊임없이 흐르는 계곡물은 그 수기(水氣)로써 번뇌에 쌓인 머리를 맑게 해준다. 속리산은 그 계곡물이 맑고 풍부해서 낙동강, 금강, 남한강의 발원지가 되고 있다.

법주사에서 세심정 휴게소까지(2.7km)는 비교적 넓고 평탄한 길이다. 그러나 세심정 휴게소에서 비로산장을 끼고 신선대로 오르는 길은 오르막길이다. 특히 금강휴게소를 지나 경업대에서 신선대로 오르는 길은 가파른 급경사를 이루고 있다. 결코 만만히 볼 수 있는 등산로가 아니다.

가파른 급경사길을 오를 때 나는 나름대로의 방법을 쓰고 있다. 첫째는 오름길을 오를 때 절대 위를 쳐다봄이 없이 발 앞만을 응시하면서 묵묵히 올라간다. 눈을 자꾸 위를 올려다보면서 이제 얼마 남았나 하면 심리적으로 피곤해 질 수가 있기 때문이다. 그리고 오르막에서는 “이것도 평지나 같지 뭘,” 하고 혼자 중얼 거리기도 한다. 훨씬 심리적으로 안정된다. 그리고 오르막을 오를 때에는 속으로 걸음을 옮길 때마다 하나, 둘, 셋 하고 백 까지 센 후에 다시 하나 둘 셋 … 백까지. 이런 식으로 수십여 차례(2,000보 내외) 반복하다 보면 어느새 오르막이 끝나게 되는 것이다. 오랜 기간 등산을 하다보면 저마다 노-하우가 있게 되는 것이다.

신선대에 오르니 과연 운무에 휩싸인 바위의 모습이 웅장했다. 눈을 들어 보니 저 멀리 크고 작은 산들이 겹겹이 병풍을 둘러치고 있어 과연 이 강산이 수려함을 새삼스러이 느낄 수 있다.

속리산은 위험한 지역에는 철계단과 철난간을 잘 만들어 놓았다. 국립공원 측에서 신경을 많이 쓴 것이다. 고맙기만 할 뿐이다. 수 없는 철계단을 오르다 보니 태백의 두타산 철계단과 남덕유산의 철계단이 연상된다. 철계단을 오르면 언제나 장쾌한 풍광이 전개됨은 공통점이다.

신선대 휴게소에서 감자떡 부침을 한 개 사서 먹고 있노라니, 휴게소에 있는 누렁이가 옆으로 와서 앉아 있다. 과자 부스러기를 주니 잘 받아먹는다. 나는 소년시절부터 개를 무척 좋아 했다. 누렁이 머리를 쓰다듬어주니 가만히 있다. 배낭 속을 더듬어 과자를 꺼내 이번에는 내가 반조각 먹고 남은 것은 누렁이를 주었다. 꼬리를 흔들며 잘 먹는다. 거듭 그렇게 했다. 머리를 쓰다듬어주며 개에게 말했다.

"그래. 누렁아, 나는 인간으로 태어났고 너는 짐승으로 태어났을 뿐 우주 저쪽에서 보면 대자연의 부속물이기는 마찬가지야, 인연이 있으면 후생에 또 만날 수도 있을 거야…." 과자 한 봉지를 개와 나누어 먹은 후 툭툭 털고 자리에 일어났다.

신선대에서 문장대까지는 1.7km의 산행거리이다. 산길을 쭈욱 따라 나갔다. 인생이란 이런 산길인지도 모른다. 무언지 모르고 가다보면 때로는 아름다운 꽃도 만나고 새소리도 듣게 된다. 그러다가 또 때로는 추위에 떨기도 하고 폭풍우를 만나기도 하는 것이다. 그렇다. 산길 가듯이 그냥 주어진 내 길을 걸어 갈 뿐이다.

문장대에 다다르니 표지석이 세워져 있다. 한글로 "문장대"라고 쓰고 그 왼쪽에 "경상북도 상주시 화북면 장암리 산 삼십삼번지"라고 새겨져 있었다.

문장대(文藏臺)는 본래 큰 암봉이 하늘 높이 치솟아 구름 속에 감추어져 있다하여 운장대(雲藏臺)라고 하였으나, 세조가 속리산에서 요양을 하고 있을 때 꿈속에서 어느 귀공자가 나타나 "인근의 영봉에 올라가서 기도를 하면 신상에 밝음이 있을 것"이라는 말을 듣고 찾았는데 정상에 오륜삼강(五倫三綱)을 명시한 책 한권이 있어 세조가 그 자리에서 하루종일 글을 읽었다 하여 문장대라 불리게 되었다고 한다.

철책으로 둘러친 문장대 정상에 올라 사방을 조망하니 과연 장관이었다.

서쪽으로는 관음봉(982m), 묘봉(874m), 상학봉(861m)이 운무 속에 휩싸여 있다. 눈을 돌려 동쪽을 보니, 문수봉과 신선대 그리고 비로봉(1008m)과 천황봉(1057m)의 웅자가 펼쳐져있다. 저 멀리 낙영산과 호명산이 가물거린다. 역시 소백산맥줄기가 백두대간을 남북으로 지르고 천황봉에서 한남금북정맥이 분기되고 있음이 문장대에 오르면 실감할 수가 있게 된다.

문장대를 둘러보고 경상북도 경계비 오른쪽인 법주사길로 들어섰다. 내려가는 길은 소나무와 전나무들이 고생 없이 자라서 그 푸른 기상을 자랑하고 있었다. 산길 옆에 산수유가 노랗게 피어 봄이 왔음을 알리고 있다.

법주사에 도착한 시각은 오후 5시였다. 약 12km의 산행길을 5시간에 걸쳐 등산한 셈이다. 산기운이 좋아서 그런지 피로감을 별로 느끼지 못하고 기분이 상쾌할 뿐이다.

진흥왕때 창건한 천년고찰 법주사 대웅전에 엎드려 삼신불(三身佛)께 경배를 올렸다. 중앙이 비로자나불, 좌측에 아미타불, 우측에 석가모니불을 모시고 있다. 비로자나불은 마음을, 아미타불은 덕을, 석가모니불은 육신을 각기 나타낸다고 한다. 그러나 이 三身도 따지고 보면 하나인 것이다. 법주사에는 쌍사자석등, 팔상전, 석연지등 국보3점과 보물6점등 귀중한 지정문화재가 많다. 그러나 불자 간에는 1990년에 완성된 33m의 청동미륵대불이 보다 유명하다. 청동미륵대불은 2002년 개금불사함으로써 금빛 찬란한 광명을 중생에게 던져주고 있다.

일주문을 나서니 어느덧 날이 어두워지면서 부슬부슬 비가 내리기 시작했다. 일주문을 향해서 합장배례하느라니 문득 지난 3월 18일 열반에 드신 수덕사 방장 "원담" 큰스님의 모습이 떠오른다. 수년전 덕숭산 수덕사를 방문했을 때 원담 큰스님을 친견할 수 있는 기쁨을 가졌었다. 내가 그 때 나의 저서 "정보공개법"이라는 책을 증정하자 스님께서 웃으면서 몇 장 들쳐보며 소리 내서 읽는 모습이 꼭 천진난만한 어린이 모습과 같았다.

이제 스님도 가시고, 계절은 또 이렇게 바뀌어가고 있고…. 가는 것이 있으면 오는 것이 있고, 오는 것이 있으면 가는 것이 있나니…. 다음과 같은 스님의 마지막 게송이 마냥 허허롭기만 하다.

"올 때 한 물건도 없이 왔고, 갈 때 한 물건도 없이 가는 것이로다. 가고 오는 것이 본래 일이 없어, 청산과 풀은 스스로 푸름이로다."

(來無一物來,去無一物去.去來本無事,青山草自青)

시외버스터미널에서 상경버스를 탔다. 날이 흐리고 비가 와서 그런지 버스 안에는 승객이 열 명도 되질 않았다. 창밖을 내다보니 봄비가 소리 없이 내리고 있었다.

어두워져 가는 봄날에 숲은 이제 잠을 자려는 지 조용히 정막만을 드리우고 있었다. 산행을 혼자 하는 경우에는 이렇게 조용히 사색을 할 수 있어서 좋다. (2008.3.30)

기묘한 바위가 많은 백악산(白岳山)

백악산은 경북 상주시와 충북 괴산군에 위치한 해발 857m의 산이다. 백 개의 봉우리로 이루어진 산이라 하여 백악산으로 이름 지어졌다고도 한다.

서울의 도봉산이 길마다 봉우리라 하여 도봉산(道峰山)으로 명명된 것과 유사하다.

새벽 5시 30분에 돈암동 떡집에 들러 떡을 챙긴 후, 잠실역으로 나갔다. 잠실역에 대기한 산행버스에는 이미 산행객들이 10여명 나와 있었다. 언제나 시간을 엄수하던 셋째가 오늘 따라 늦었다.

산행객들이 차에 대기하고 있는 상태에서 사람을 기다린다는 것은 참으로 땀나는 일이다. 그래도 출발시간을 10여 분간 늦춰주면서 셋째를 동승시켜준 설피마을에 감사드린다. 잠실에서 출발한 차는 괴산 땅을 향하여 힘차게 달렸다. 차창에 비치는 논과 밭은 온통 초록 일색이다. 저 멀리 보이는 산들은 나뭇잎들로 울창하게 녹음을 드리우기 시작했다. 언제 보아도 우리 강산은 아름답다.

9시30분경 버스는 화양동계곡으로 접어들었다. 화양동은 300여년전 의암 송시열 선생이 은거했던 곳으로 유명하다. 의암은 조선중기의 거유로서 노론의 우두머리로 활동했던 인물이다. 의암은 화양동의 산수를 사랑하여 조정에서 물러나게 될 때마다 이곳에 돌아와 생활하곤 했다고 한다. 과연 화양계곡은 무릉계곡이라고 불리울 만큼 삼남지방에서 경치가 좋기로 손꼽힌다.

오늘 산행코스는 입석초교→ 수안재→ 보조삼각점→ 백악산→ 845봉→ 갈림길→ 보굴→ 옥양폭포→ 옥양교의 5시간 30분 소요거리이다.

날씨는 햇볕이 비치지 않아 등산하기에는 아주 적절한 날씨였다.

10시 30분부터 본격적인 산행이 시작되었다. 왼쪽으로는 시냇가를 끼고 오른쪽으로는 들판이 있는 가운데 길로 쭈욱 따라 나갔다. 길 양옆으로 야생화들이 웃고 있었다. 때로는 오디나무 아래를 지나가기도 했다. 한 두 사람 정도 다닐 좁은 등산로를 따라 1시간쯤 올라가니 수안재에 이르게 되었다.

수안재에서 오른쪽으로 가면 낙영산(740m)으로 가는 대방리길로 접어들고,

왼쪽으로 올라가면 백악산에 이르게 된다. 대방리는 세조가 속리산에서

초정약수로 가던 중 하룻밤을 묵었던 마을이다. 그런데 사담리에서 불어오는 살구꽃향기에 취해 세조는 잠을 못 이루었다고 한다. 그래서 세조는 사담마을 큰바위에 "杏風石"(행풍석)이라고 쓰고 제를 올리도록 했다는 일화가 전해지고 있다.

수안재에서 백악산까지는 100분 거리로 표시되어 있다. 갈증이 난 목을 축인 후 백악산으로 향했다. 백악산에 이르기 전의 보조삼각점에서 바라보니 멀지 않은 곳에 정상의 모습이 눈에 들어온다. 웅웅하고 아름답다.

백악산은 소백산맥의 중심부에 속하는 속리산(1,058m) 줄기로 북쪽으로는 화양천을 끼고 있고 남쪽으로는 낙양산과 도명산과 맥을 이으면서 원뿌리인 속리산의 연봉들을 바라보고 있는 것이다. 백악산 정상에는 자그마한 까만색의 표지석이 있었다. 정상은 거대한 여러 개의 바위들이 어깨를 맞대고 황소 잔등처럼 여유롭게 누워있었다.

정상에서 기념촬영을 한 후, 근처의 그늘을 찾아 점심요기를 했다. 항상 그렇듯이 모두가 넉넉하게 음식을 준비해 오는 바람에 언제나 음식이 남게 된다. 남은 김밥 몇 개를 산짐승 먹으라고 절벽 아래로 떨어뜨리니 까마귀들이 까욱~ 까욱~ 하면서 몰려든다.

눈이 쌓이고 한창 추운 겨울에 산행을 하노라면 점심때 산새들이 사람 곁으로 몰려들기도 한다. 왜 인간들만 먹느냐고? 여름철 공룡능선을 오르내리다가 잠시 휴식을 취하느라면 다람쥐가 곁으로 오기도 한다. 먹을 것이 있으면 좀 달라는 것이다. 배낭에서 과자부스러기를 몇 개 던져주면 귀여운 모습으로 잘도 먹는다. 모든 것이 자연 속에서 공생하는 것이리라.

정상에서 아름다운 경치를 감상하다가 하산할 때면 항상 아쉬움이 남는다. 하산 길은 때로는 급경사의 길로 위험하기도 했다. 그러나 전반적으로 능선길이 많아서 피로감을 덜어주고 있다.

갈림길에 도착하니 기묘한 큰 바위가 눈을 즐겁게 해주고 있다. 바위의 형상이 기묘하여 보는 사람에 따라 평이 다르다. 밑이 부채살같이 퍼져있고 맨 위가 절구공이처럼 오목하여 나는 이를 장삼을 입은 부처의 두상과 비슷하다는 느낌이 들었다. 그러나 누군가는 남성의 심벌과 같다고 하는가 하면 또 다른 이는 여자의 젖꼭지와 흡사하다고 말하기도 했다. 또 그렇게 들으니 그런 것 같기도 하다.

하산 길의 크고 작은 화강암바위에서는 무한한 원적외선이 뿜어 나와 우리의 몸을 재활 시켜주고 있다. 능선 길에 유난히 소나무가 많다. 울울창창한 송림에서 신선한 송진 냄새가 온몸을 휩싸는 것과 같은 느낌이 든다.

산행이 끝난 시각은 16시 30분경이었다. 10시 30분경에 산행을 시작했는데, 너무 경치가 좋아 쉬다보니 6시간 산행시간이 소요된 것이다.

산 밑의 계곡에 발을 담그니 그간의 산행 피로가 말끔히 가시는 것 같다. 인근 마을 음식점인 쌈밥 집에서 삼겹살과 함께 보쌈을 먹는 재미 역시 시골에서나 맛볼 수 있는 별미였다. 산의 신선한 기운을 듬뿍 받았을 뿐 아니라, 또 오래간만에 우리 고유의 향토음식을 맛본 행복한 하루였다.(2008.6.8)

야생화 만발한 연인산(戀人山)

연인산(戀人山)은 경기도 가평군에 위치한 해발 1,068m의 산이다. 원래 산 이름이 귀목봉이었는데, 가평군이 1999년 3월 산 이름을 공모하여 "연인산"으로 개칭했다고 한다. 그때부터 일반인들에게 널리 알려지게 되었다.

그러고 보면 산 이름도 사람 이름과 같이 어떻게 부르는가에 따라 운세(?)가 달라지는 것 같은 느낌이 든다.

토요일(5/24) 아침 7시 30분, 양재동 서초구민회관에서 출발한 산행버스는 2시간반만에 연인산의 국수당 주차장에 도착했다. 날씨는 이제 여름으로 접어드는 길목에 있어서 그런지 후덥지근 했다.

오늘 산행코스는 국수당주차장→ 우정고개→ 우정봉(906m)→갈림길→ 헬기장(1052m)→ 연인산정상(1068m)→ 문바위→ 삼거리→ 아재비고개갈림길→ 상판리 주차장의 약 12km, 5시간 30분 거리였다.

우정고개까지 30분간 치고 올라가는데 벌써 이마에 땀이 맺히기 시작한다. 숲속에서는 산새들의 노래와 계곡물의 소리가 대자연의 화음을 내고 있었다. 싱싱한 숲길을 따라 걸으며 나무며 풀이며 돌에게 자연의 기쁨을 감사드린다. 인간에게 무한한 동력을 제공해주는 대자연이 고마울 뿐이다.

우정능선은 비교적 완만한 흙길이라 등산하기에는 별로 힘이 들지 않는다. 10시에 산행을 시작하여 우정봉에 도착한 시각이 11시 30분이었다. 우정봉에서 부터는 야생화와 야생초들이 풍성한 환상적인 능선길이 펼쳐져 있었다. 노란색의 복수초가 웃는가하면 보라색의 초롱꽃도 청초함을 자랑하고 있었다.

해발 800m 이상에서 군락지를 이루는 철쭉꽃이 눈에 들어오기 시작한다. 철쭉들은 참나무 숲과 어우러져 능선따라 활짝 웃고 있었다. 하얗기도 하고 또 때로는 붉기도 하고, 그렇다고 난하게 화려하지도 않고, 철쭉은 수줍은 듯한 흰빛에 가까운 연분홍빛의 싱싱한 자연미를 보여주고 있었다. 노래에 나오듯이 "연분홍 치마가 봄바람에 휘날리는 것" 같은 느낌을 주고 있는 것이다.

푸르뫼 회원들과 함께 사진을 촬영한 후, 갈림길을 지나 헬기장(1,052m)에 도착한 시각이 12시였다. 헬기장에서 연인봉까지는 0.8km에 불과한 거리여서 연인봉 정상의 사람들의 모습이 육안으로 보인다.

연인봉 기슭에 피어있는 철쭉꽃의 모습이 한 폭의 그림같이 아름답다. 누구나 사진을 찍느라고 야단들이다. 그 와중에 어떤 여자산행객이 사진 찍느라고 장갑 한쪽을 잃어버린 것을 푸르뫼 총무가 찾아 주기도 했다.

드디어 연인상 정상(1,068m)에 올랐다. 2시간 30분정도의 산행시간이 소요된 것이다. 연인산 정상은 사방이 탁 트여있어서 조망이 뛰어났다. 역시 1000m가 넘는 산은 올라와 보면 알 수 있다. 보통의 산과는 무언가 다른 점이 있는 것이다.

눈을 들어 왼쪽을 보니 저 멀리 웅웅한 모습의 명지산이 있다. 그 옆으로 국망봉과 화악산이 자리 잡고 있다. 오른쪽으로 고개를 돌리니 운악산과 축령산, 그 남쪽으로 미금산과 길봉산이 연봉처럼 아스라이 펼쳐져있다. 산천은 언제나 이렇게 웅혼하고 아름다운 것이다. 이러한 산의 기운을 받기위하여 이렇게 땀을 흘리며 산에 오르는 것이리라.

연인산 정상에는 “연인산 1,068m”라고 쓴 표지석이 커다란 입석위에 얹혀져 있었다. 하얀 입석에는 세로글씨로 “사랑과 소망이 이루어지는 곳”이라고 새겨져 있었다. 총무와 등반대장과 함께 표지석에서 기념촬영을 한 후, 상판리 방면으로 하산하기 시작했다.

13시경에 그늘진 곳을 찾아 점심을 요기했다. 언제나 그렇듯이 정다운 동호인끼리 둘러앉아 음식을 나누어 먹는 시간은 행복한 시간이다. 김밥과 떡, 과일 그리고 복분자 한 두잔씩을 먹으니 인생이 이렇게 행복하고 즐거울 수가 없다. 행복은 결코 거창한데 있는 것이 아니라 이렇게 작은 곳에 있는 것이리라….

아재비고개 갈림길까지는 휘파람 불고 갈 정도의 좋은 산행길이었다. 그러나 아재비고개 갈림길에서 상판리 내려가는 길은 가파롭기도 했거니와 온통 바위투성의 너덜길이었다. 또 계곡에는 습기가 많아서 길이 무척 미끄럽기도 했다. 오늘따라 감기에 걸린 푸르뫼 등반대장과 그리고 너덜길에서 미끄러진 셋째가 무척 힘들지 않았겠는가 생각되기도 했다.

고생을 해가며 험한 너덜길을 벗어나 맑은 계곡물이 흐르는 지점에 도달했다. 잠시 계곡물에 발을 담그니 그간 산행의 피로가 말끔히 사라지는 것 같다.

상판리 내려오는 길은 소나무와 물푸레 나무 등이 무성했다. 푸른 하늘의 구름은 봄날에 한가롭기만 했다, 숲속 어디선가에서는 소쩍새가 봄날이 감을 아쉬워하는 듯 울고 있었다. 산새 소리 들리고, 야생화가 만발한 연인산의 우정능선은 너무나 아름다운 추억이 될 것이다.(2008.5.25)

너덜길이 험한 귀때기 청봉

새벽 7시에 설악으로 출발하는 산행버스에 오늘따라 여성등산객이 한명도 없었다. 대개 3분의 1 또는 2분의 1 정도의 여성등산객들이 있음이 상례

였다. 그런데 오늘(2009.6.27)은 남성등산객들만 25명 정도였다. 날씨가 너무 더워서 그런가 보다하고 생각했다. 설악으로 가는 경춘가도에는 형형색색의 옷을 입은 젊은이들의 싸이클 행진이 있었다. 역시 힘찬 젊음이 아름답기만 하다.

한계령 휴게소에 도착하여 정작 산행을 해보니 여성들이 왜 이 귀때기청봉에 참여하지 않은 이유를 알 수 있을 것 같았다. 처음부터 치고 올라가는 오르막의 연속인 데다가, 귀때기 청봉(1,578m)에 이르기까지 크고 작은 암석들로 이루어진 너덜길이 이어져 있었다. 돌길은 뾰족하여 위험하기도 하려니와 나무가 자라지 아니하여 뜨거운 햇볕에 노출된 채 강행군을 해야 했다.

땀도 많이 나고 힘도 배가 들었다. 전남 영암의 월출산에서 도갑사로 내려오는 길도 너덜길이다. 그러나 그 길은 이번의 귀때기 청봉의 너덜길에 비하면 쉬운 곳이라고 할 수 있다. 무더운 날의 고행의 길이고 땀을 수없이 흘려야 하는 길이었다.

11시 15분경부터 한계령 휴게소를 기점으로 산행이 시작되었다. 휴게소 왼쪽의 계단을 올라 서북능선을 타고 귀때기 청봉까지 갔다가 다시 한계령 휴게소로 복귀하는 코스였다.

가파른 계단길을 치고 올라가니, 한계령(0.5km)과 중청대피소(7.2km)라는 팻말이 나온다. 날씨는 덥고 바람도 별로 없어 오르막계단에는 앞서간 등산객들이 흘린 땀방울자국이 역력하다. 그 지점에서 물 한 모금 먹은 후, 다시 30분 정도 치고 올라가니 한계령(1.0km) 중청대피소(6.7km)라는 표지판이 나온다.

간혹 젊은이들이 큰 배낭을 메고 등산하는 것으로 보아 아마도 그들은 중청대피소 쪽으로 빠져서 일박한 후 공룡능선 등을 탈 것이라는 생각이 들기도 했다. 3년전 당일로 공룡능선을 12시간에 걸쳐 타고 그 후 일주일 정도 다리를 절뚝거리며 고생했던 기억이 떠오른다. 역시 공룡능선은 이틀에 나누어 타는 것이 편할 것이라는 생각이 그때 들었었다.

1,307m 고지에 이르니 설악의 장엄 수려한 모습이 눈에 들어오기 시작했다. 저 멀리 대청봉(1,708m)의 웅혼한 모습이 전산을 호령하고 있다.

귀때기 청봉의 유래가 재미있다. 그 옛날 귀때기 청봉이 설악에서 자기가 제일 높은 줄 알고 까불다가, 중청이 '이 놈아, 대청 형님도 계신데 네가 어찌 이리도 방자하단 말이냐!' 하는 호된 꾸지람과 함께 귀때기를 얻어맞아 그 봉우리가 '귀때기 청봉'이 되었다고 한다. 그때 맞으면서 흘린 눈물들이 사방에 흩어져 이렇게 수많은 돌무더기의 너덜길을 이루었단 말이냐? 등산을 다니다 보면 여러 가지 그럴듯하게 지어낸 말들을 들을 수 있어 미소를 머금게 하기도 한다.

눈앞에 펼쳐지는 설악의 모습은 산수화의 풍경을 연출하고 있었다. 설악의 명칭에 바위악(岳)자가 들어가서 그런지 기암괴석들이 병풍을 이루고 있다. 한 시간 넘게 오르막을 오르니 여기저기서 힘들다는 소리가 나온다. 그늘을 찾아 쉬는 사람도 적지 않았다.

좀 더 올라가니 이윽고 삼거리 지점에 도착했다. 여기서 중청과 귀때기 청봉이 나누어진다. 저 멀리 공룡능선의 융융하고 힘찬 모습이 눈에 들어온다.

잠시 삼거리에서 호흡을 가다듬은 후, 끝없이 이어지는 너덜길의 행로에 접어들었다. 너덜길은 힘은 들었으나 오른쪽으로 펼쳐지는 내설악의 아름다운 절경에 감탄사가 절로 나왔다. 땀 흘린 만큼 멋진 풍경을 맛볼 수 있는 것이다. 저 멀리 소청-중청-대청의 삼형제가 가지런하다. 대청에 올라 내설악을 볼 때에는 그저 세로로만 볼 수 있었다. 그러나 이 귀때기 청봉에서는 가로로 활짝 병풍을 펼친 것처럼 내설악의 전 모습을 볼 수 있는 것이 일품이다.

귀때기 청봉의 정상에 이르는 길옆에는 이름 모를 야생화들이 햇볕아래 방긋 웃으면서 등산객들을 맞아주고 있었다. 고맙기만 하다. 고사목은 그림처럼 특유의 자태를 가지고 자연의 미를 더해주고 있었다. 죽어서도 자연에 보탬이 되고 있는 모습이 아름답기만 하다.

귀때기 청봉에 도달한 시각은 13시 48분경이었다. 산행 들머리로부터 2시간 30분 정도가 걸린 셈이었다. 날씨가 무척 덥고 돌무더기길이라 지체하는 시간이 많아 거리(3.9km)에 비하여 다소 산행시간이 더 걸린 셈이다. 귀때기 청봉에는 표지석이 달리 설치되어 있니 아니했다. 나무표지판에 '귀때기청봉 1578'이라는 글씨만이 쓰여 있을 뿐이었다.

귀때기 청봉에서 바라보니 저 멀리 대청봉 아래에 '봉정암'이 보인다. 수년전 백담사에서 오세암을 거쳐 봉정암까지 5시간에 도착한 후, 법당에서 철야 정진했던 기억이 새롭다. 봉정암은 부처님 진신사리를 모신 사찰중의 하나로 유명하다. 봉황이 알을 품은 듯한 형국의 산세에 절이 자리 잡고 있으며, 주위에 가섭봉, 아난봉, 기린봉, 독성봉, 산신봉 등이 감싸고 있는 이름난 기도처이기도 하다.

봉정암 주위로 용화장성과 공룡능선, 화채봉 등의 모습이 늠름하게 펼쳐지고 있었다. 세계어디에 내놓아도 꿀릴게 없는 당당한 모습을 드러내고 있는 것이다. 마음껏 내설악을 감상한 후 하산길로 접어들었다.

하산길 도중에 등산객 한사람이 어떤 나무 앞에서 감탄을 하기에 가까기 다가보았다. 전나무 비슷한 나무에 까만 열매들이 주렁주렁 달려있는 기이한 모습이었다. 설악에나 있을 법한 신기한 모습이었다.

하산길 역시 힘들기는 마찬가지였다. 너덜길을 오른 후에 그 너덜길을 되짚어 내려온다는 것은 지루할 뿐 아니라 버겹기도 했다. 그러나 내려오는 길 내내 내설악의 아름다움을 감상할 수 있기에 그만한 공력을 필요한 것인지도 모른다.

귀때기 청봉에의 산행길에는 식수를 찾아 볼 수 없었다. 그래서 물을 되도록 아껴 먹었으나 하도 날씨가 더워 물이 딸렸다.

하산길에서 경치는 제대로 감상할 수 있다. 거대한 바위에 뿌리를 내리고 오똑 선 작은 소나무가 귀엽고 앙증스럽다. 사람은 스쳐 가면 그만이지만 억만 년을 두고 제자리를 지키면서 오고가는 사람들을 맞이하는 산과 바위는 외경스럽기만 하다. 가끔가다 만나는 능선길은 너덜길에 지친 다리의 피로를 어루만져 주기도 했다. 하늘을 가린 수목은 숲을 이루어 찾는 이들에게 무한한 산소를 제공해 주고 있으며, 햇빛에 투사된 암석은 원적외선을 내뿜어 산행객들의 건강을 다져주고 있다. 여기저기의 야생화들은 아름답게 피어 정감을 불러일으키는데 이름모를 산새소리는 임간(林間)에서 귀를 즐겁게 해주고 있다. 이따금 다람쥐들이 무어 먹을 것이 없나하고 귀를 쫑긋한 채 등산로를 넘나들고 있었다.

아름답다~ 이 강산이여,

사랑스럽다 ~숲속의 동식물들이여

16시 45분경이 되어 한계령 휴게소에 되돌아 왔다. 산행시작한지 5시간 30분이 소요된 것이다. 휴게소 매점에 들어가 생수 2병을 사서 한 병을 그 자리에서 마신 후, 나머지 생수도 반병이나 들이켰다. 너무나 땀을 많이 흘리고 목이 말랐던 것이었다. 오장육부가 시원해지는 것 같은 느낌이 들었다. 비록 산행은 힘들었지만 내설악 전경을 한눈에 볼 수 있었다는 뿌듯함이 가슴에 저려온다. 이래서 산행은 언제나 즐겁고 기다려지는 것이리라.(2009.6.27)

산수화를 펼쳐 놓은 제비봉

꼭두새벽에 배낭을 메고 아파트를 나서면서 '왜 이렇게 사서 고생을 하는가' 하고 자문해 본다. 체력을 위해서, 아니면 정신건강을 위해서? 둘 다 위해서?

나의 경우, 해를 거듭 할수록 등산의 비중을 체력면 보다는 정신면에 더욱 두게 되었다. 등산의 묘미는 대자연의 순수함에 젖어드는 것이라고 생각된다.

도회지의 온갖 번뇌와 먼지를 털어내고 삭막한 아파트와 혼탁한 공기를 벗어나 대자연의 품에 안긴다.

푸른 숲속과 능선 길을 걷느라면, 어느새 정신은 맑아지면서 온몸에 신선한 기운이 스며든다.

등산이 단순한 육체적인 운동이라면 구태여 몇 시간씩 차에 시달릴 필요 없다. 집근처의 각종 스포츠시설을 이용하면 될 것이다. 그러나 단순한 체력단련은 대자연이 주는 것과 같은 정신적인 넉넉함과 포근함을 주기는 어려울 것이다.

흔히 사람들은 정신적인 고뇌를 해소하기 위해서 산을 찾는다. 득도하기 위해서도 입산한다. 불교에서 절을 세우는 것을 개산(開山)한다고 한다. 산문(山門)을 연다는 의미이다.

이렇듯 산은 우리에게 영적(靈的)인 존재이기에 동양에서는 입산(入山)이라고 하지 감히 등산(登山)이라고 하질 않는다. 그러나 서양에서는 climb을 써서 등산(mountain climbing)이라고 하여 산을 정복했다고 말한다. '손바닥으로 감히 햇빛을 가리려고 하는' 우매한 짓이라고 하면 지나친 표현일까?

나는 항상 산에 대하여 외경심(畏敬心)과 감사의 념(念)을 지니고 있다. 그래서 산행들머리에서부터 풀 한포기, 돌맹이 하나에도 감사드리며 걸음을 옮긴다. 맑은 계곡 물소리와 청아한 산 새소리를 들으면서 산길을 오르다 보면 어느 새 정상에 다다르곤 한다. 이 재미에 중독되면 비가 오나 눈이 내리나 관계치 않고 산행길에 나서게 된다.

지난 토요일(5/12), 고교 동기회 등산모임이 있었다. 산행지는 충북 단양땅의 제비봉(721m)이었다. 아침 7시 30분경, 동기생 33명을 태운 관광버스가 중앙고속도로를 달려 산행 들머리인 장회(長淮)나루터에 11시 30분경에 도착했다.

충주호에서 바라볼 때 '제비가 날라 가는 것과 모습이 비슷하다'고 하여 '제비봉(燕飛山)'이라고 명명했다고 한다. 산행 초입부터 계속 오르막의 연속이고 계단 길이었다.

제비봉은 월악산의 줄기이다. 월악산이 석산(石山)이듯이 제비봉도 석산이어서 오르기는 힘들다. 그러나 펼쳐지는 풍광은 산수화처럼 아름답고 빼어났다. 충주호가 푸르게 펼쳐진 가운데 남한강의 물줄기가 굽이굽이 에워돌고 있었다.

한시간 걸려 545봉에 도달했다. 여기서의 조망이 가장 좋다. 거대한 암봉을 뚫고 소나무들이 꾸물꾸물 자라고 있었다. 그 강인한 생명력이 신비스럽다. 소나무 특유의 푸르름을 드러내고 있는 것, 역시 고고하다. 마치 암석이 소나무의 분재 밑받침처럼 보인다. 바위에서 물을 만든다(金生水)는 오행(五行)의 원리를 시현하고 있는 것 같기도 했다.

앞쪽으로 눈을 돌리니 건너편 멀리 금수산(1,016m)의 자세가 늠름하다. 산 아래를 내려다보니 장회나루에서 출발한 유람선이 충주호의 물결을 가르며 관광객들을 즐겁게 하고 있었다. 왼쪽 산 아래을 내려다보니 빨갛고 파란색의 지붕을 한 집들이 군락을 이루어 자그마한 마을을 형성하고 있었다.

양광이 따스하게 내려쪼이니 갑남을녀가 모여 사는 인간세상이 아기자기하고 포근하게만 느껴진다. 깍아지른 듯한 절벽과 푸른 암봉 사이에 남한강 물줄기가 드리운 것이 마치 한 폭의 산수화를 보는 것과 같은 느낌이 들기도 했다.

545봉에서 바라본 말목산 끝봉우리 아래에는 유명한 관기(官妓) 두향(杜香)의 무덤이 있다. 시무(詩舞)와 미모(美貌)가 뛰어난 두향이 단양군수로 부임한 이퇴계선생을 만난 것은 그녀의 나이 방년 18세 때 였다. 퇴계선생은 48세 였다.

시공을 초월한 두 사람의 사랑은 채 1년이 가지를 못했다. 퇴계선생이 풍기군수로 전근명령이 났기 때문이었다. 눈물을 흘리며 헤어진 두 사람은 그 후 21년간 만나지를 못했다. 다만 두향은 관기의 기적에서 빠져나와 남한강 강가에 움막을 짓고 오매불망(寤寐不忘) 퇴계선생만을 그리워했다.

퇴계선생이 69세 나이로 세상을 떠나자 두향은 나흘을 걸어서 안동 땅을 찾아가 문상하고 단양에 돌아가 남한강 푸른 물에 뛰어들어 목숨을 끊고 만다. 이러한 두향의 절개를 기려 '두향리' 마을과 '두향초등학교'가 명명되었다. 그리고 5월5일에는 두향을 추모하는 두향제(杜香祭)가 열린다고 한다.

수년전 천안의 광덕산을 산행할 때에도 조선의 명기 부용(金芙蓉)의 묘에 절개를 지킨 비문을 보았던 것과 또 천안시 문화원에서 매년 4월에 부용의 묘에 찾아온다는 사실 등이 연상되었다. 비록 기녀들이기는 하지만 그 절개는 송죽과 같고 그 사랑은 심오하고 또 애절하기 그지없다.

545봉에서 잠시휴식을 취하다가 다시 내리막 오르막을 계속하면서 30분간 산길을 따라 가니 이윽고 정상에 도달하게 되었다(13:30). 정상은 표지석 대신에 표지판을 걸어 놓은 형태였다. 친구들과 기념촬영을 한 후 둘러앉아 간단히 점심을 때운 후 하산길로 접어들었다.

하산길은 원점회귀인데 역시 바위 투성이고 가파른 내리막 길이었다. 그러나 모두들 조심한 덕분으로 다친 사람은 없었다. 단양시내 음식점에서 올갱이 국으로 식사를 마친 후 귀경버스에 올랐다.

모두들 술들이 얼큰한 상태이었고, 또 오랜만에 만났으니, 서울에 도착할 때까지 시종일관 웃고 떠들고 요란스러웠다. 좋은 산기운을 듬뿍 받았고, 또 친구들과 즐거운 시간을 가져서 그런지 6시간 넘게 차를 탔어도 피로한 것을 모르겠다.(2012.5.13)

남해의 푸른 물결 사량도(蛇梁島)

사량도는 경남 통영에 있는 섬으로 기암괴석으로 덮어있는 풍광이 아름다운 곳으로 이름나있다. 나는 경남 통영 땅에는 그간 여러 차례 다녀왔었다.

한산도를 찾아가 충무공의 얼을 기리기도 했고, 미륵산에 올라 한려수도의 아름다운 경치를 만끽하기도 했다. 통영항에서 배를 타고 가 보았던 소매물도의 하얀 등대는 그야말로 동화속에 나오는 그림 같은 곳이기도 했다.

그러나 이번에 가는 사량도는 초행길이었다. 사량도는 자칫 '사랑도'로 착각하는 수가 있다. 남해의 푸른 물결위에 있는 섬이니 꿈과 낭만이 깃든 '사랑도'로 발음하는 수가 있는 것이다. 그러나 알고 보면 '뱀사자'를 쓰는 사량도(蛇梁島)인 것이다.

사량도는 섬이 꼭 긴 뱀처럼 생겼다고 하여 붙여진 이름이다, 상도와 하도가 이마를 마주대고 있다. 실제로도 섬에는 뱀이 많다고 한다. 오늘 산행하는 산은 상도에 있는 지리산이다. 이 산 정상에 올라서면 저멀리 함양땅의 지리산이 보인다고 하여 지리망산(智異望山)이라고 불리다가 그 말이 줄어 지리산으로 됐다고 한다.

서울에서 아침 7시에 출발한 산악회 버스에는 남녀등산객으로 만원을 이루고 있었다. 하루전날 전화 예약한 나는 가까스로 맨 뒷좌석을 얻을 수 있었다. 좌석이 맨 뒷좌석인 것은 예약을 늦게 한 내 탓이라고 감수하겠으나, 뒷좌석에 앉은 세명의 여자등산객들의 끊임없는 대화는 나로 하여금 잠시도 눈을 붙일 수 없게 했다.

망향휴게소에서 쉴 때 잠간 대화가 끊겼다가, 차가 다시 출발하니 계속 말이 이어진다. 옛말에 "여자 셋이 모이면 선반위의 접시도 들썩 거린다"는 말이 빈말이 아님을 실감했다. 중간에 나는 그녀들에게 보온통에 담아온 작설차를 대접했다. 그런데 그녀들은 작설차를 따라 마신 후, 목을 축였음인지 또 이야기 꽃을 피운다. 그래~ '산절로 수절로 이야기 절로' 아니겠느냐…. 포기하는 수밖에 달리 도리가 없었다. 고속도로 양길가의 산등성이를 하얗게 수놓고 있는 밤꽃만을 망연히 바라보았다.

서울에서 출발한 지 4시간 50분만에 버스는 경남 삼천포항구에 도착했다. 여기서 배를 타고 사량도 까지 가는 데는 약 40분이 소요된다. 삼천포와 남해를 잇는 삼천포 창천대교의 모습이 아름답다.

여객선은 정원 80여명의 자그마한 배였다. 선장과 기관사 두 명이었다. 출발시간이 달리 정해져 있는 것이 아니라 승객이 어느 정도 차면 떠나는 형식이었다. 선장이 선실 앞에서 승객들에게 주의사항을 몇 마디 하더니 기념수건과 손장갑을 사라고 가지고 다닌다.

배안에 있는 40여명 승객 중 물건을 사는 사람이 거의 없었다. 선장은 한 바퀴 돈 후 다시 앞자리를 와서 이제는 노래 테잎을 튼다. 손님들에게 흥겨운 노래서비스를 하는 것이었다.

바닷바람과 함께 노래 소리가 선실에 퍼진다.
"항구의 일번지~ 부기우기 일번지~
그라스를 채워다오 부기우기 아가씨~
고동이 슬피 울면 이별이란다~.
저 달이 지기 전에~ 이 술이 깨기 전에~
부기부기 부기부기 마도로스 부기우기~"
간들어 지게 휘어감는 여자 가수의 목소리가 승객들의 흥을 돋군다.

선창으로 보이는 바다는 파도가 잔잔하여 은빛 물고기 떼들이 몰려다니는 것처럼 반짝이고 있었다. 잠시 내가 산행을 하러 나섰는지 관광여행을 하러 다니는지 헷갈린다.

"흘러가거라 바닷물이여~ 세상사 역시 흘러가리라. 억만년을 두고 흐르는 바닷물과 함께 푸른 솔로 해를 가리고 구름으로 천막이나 치고 그 속에 살고 싶구나~"

망망대해를 망연히 바라보며 생각에 잠겨본다. 구함이나 버림이 없는 대자유인이 되고 싶다. 구함은 본디 부족함이 있다는 것이요. 버림은 남는 것이 있다는 것이다. 그러니 구할 것도 없고 버릴 것도 없다면 그 얼마나 자유스러운 존재가 되는 것일까?

가만히 뱃전에 부딪치는 파도를 본다. 부서지는 파도 속에 또 다른 작은 파도가 있다. 아아~그래서 하나 중에 일체가 있고 일체중에 또 하나가 존재하는 것이구나 (一中一切多中一)…. 푸른 다도해에 떠있는 올망졸망한 섬들이 아름답기만 하다.

삼천포항을 출발한 지 40여분만에 사량도에 도착했다. 사량도는 경관이 뛰어나 최근에 수많은 관광객들이 몰려들고 있다. 그래서 섬둘레에 아스팔트길을 만들어 섬일주 관광을 할 수 있도록 도로를 닦아놓는 섬이기도 하다.

내지항의 산행들머리에는 각종산악회의 리본들이 알록달록 매달려있었다. 들머리에서(13:00) 지리산 정상까지는 0.9km거리로서 전부 오르막길이었다. 배에서 내리자마자 계속 30분정도 올라가느라니 온몸에 땀이 비오듯이 쏟아진다. 잠도 제대로 못자고 원거리를 버스에 시달린 탓일 게다. 날씨는 청명한데 바람이 한 점도 없어 더욱 산을 오르기가 힘들었다. 그러나 제가 좋아서 하는 고생이니 누구를 탓할 수도 없다.

지리산 정상에 14시 10분경에 도착했다. 출발로부터 치면 1시간 남짓 걸린 셈이다. 지리산은 높이가 398m에 불과하지만 해발 제로상태에서 치고 올라와야 하기 때문에 여느 500~600m급의 산과 비슷한 공력이 든다.

지리산은 석산이고 거칠고 험한 편이다. 산행 중 날카로운 바위에 손을 다칠가 봐 배에서 등산객들에게 손장갑을 파는 것이다. 산의 전체모양이 큰 뱀이 꾸불텅 꾸불텅 기어가는 형국이다. 그 옛날 한 여인을 지극히 사모했던 남자가 뜻을 이루지 못하고 죽어서 뱀이 되어 지리산으로 화했다는 전설이 회자되기도 한다.

정상에 오르니 푸른 망망대해가 펼쳐져있고, 여기저기에 크고 작은 섬들이 점점히 찍혀있다. 저 멀리 함양, 산청땅의 지리산의 웅자가 희미하게 연무에 휩싸여 있다. 왼쪽으로 눈을 돌리니 사천의 와룡산이 보인다. 시계방향으로 고개를 돌리니 통영의 미륵산과 고성의 연화산 그리고 남해의 금산이 아련히 보인다. 모두 올라가 본 산들로 산기운이 좋고 편안한 산들이다.

지리산에서 1.3km 떨어진 곳이 불모산이다. 불모산에서 1.2km 떨어진 달마봉에 이르는 능선길은 온통 바위가 뾰족뾰쪽한 돌투성이의 길로서 상당한 주의를 요했다. 손장갑과 무릎보호대가 필요한 곳이기도 하다.

산길은 험준한 대신에 능선봉우리에서 보여주는 풍광은 가히 장관이다. 설악산을 축소해 놓은 것 같은 생각이 들기도 한다. 얼마 후 세갈래길의 안부에 도착했다. 여기서 옥녀봉까지는 2.54km, 지리산까지는 1.16km, 대항포구까지는 1.30km의 거리이다.

대항포구으로 빠지지 않고 옥녀봉 길을 선택했다. 사량도 종주 길로 접어든 것이다. 옥녀봉으로 가는 길은 험난했다. 깍아지른 절벽에 로프에 의지해 오르기도 하고, 거의 수직에 가까운 철사다리를 오르내리기도 하는 경사가 심한 곳이었다.

옥녀봉 가는 능선길을 따라가 가마봉(303m)에 도착한 시각은 15:28분 경이었다. 가마봉에 올라 지척거리에 있는 옥녀봉을 바라보니 과연 만만치 않는 모습이었다. 깍아지른 절벽을 몇 개 오르내린 후 옥녀봉아래에 이르니 일진

광풍이 몰아친다. 옥녀의 한(恨)이 서려있는 곳이어서 그러한가?

옛날 이 섬에 한 아비가 딸과 더불어 살았었다. 딸 이름은 옥녀이었다. 세월이 흘러 옥녀가 장성하자 육욕에 눈이 멀은 아비가 한밤에 딸을 겁탈하려했다. 옥녀는 아비의 짐승 같은 손길을 벗어나 바다에 뛰어들어 숨을 거둔다. 그 바다에서 솟아난 바위가 바로 이 옥녀봉이라는 것이다. 그러한 옥녀의 한이 서려있어 함부로 근접하기가 어려운 것이다. 봉우리 밑에서 수직 절벽을 로프에 매달려 올라가는 고통을 겪어야하는 것이다.

옥녀봉에 도착한 시각은 15시 40분경이었다. 옥녀봉정상의 소나무는 해풍과 더불어 오랜 세월을 이겨낸 강인함을 풍겼다. 사면팔방을 둘러보아도 한려수도의 푸른 물결만이 보일 뿐이다. 정상에 바람이 휘익하고 불어 제낀다. 가슴이 뚤리고 오장육부가 시원해짐을 느낄 수 있다.

옥녀봉에서 내려오다가 능선길에서 외국인등산객 2명을 만났다. 그중 한 사람은 남아공사람이었다. 그와 더불어 만델라에 관한 얘기, 월드컾 개최에 대한 이야기 등을 하면서 하산하다 보니 어느덧 아스팔트 길이 보이는 곳에 도착하게 되었다.

아스팔트 너머에 대항 해수욕장이 펼쳐져 있었다. 선착장과 민박집 그리고 횟집등이 부두가를 따라 자리잡고 있었다. 선착장에 도착한 시각은 16시 20분경이었다. 산행시작을 13시에 했으니 등산 소요시간이 3시간 20분이나 걸린 것이다. 산행거리에 비하여 시간이 이렇게 많이 걸린 것은 능선길이 험하고 절벽이 많아 대기시간이 의외로 많이 소요되었기 때문이리라….

삼천포로 가는 배를 타고 선실에 앉았다. 배 삯은 이미 산악회에서 왕복으로 지불한 터이다. 등산회비가 2만 8천원, 배삯 1만원 도합 일인당 3만 8천원이었다. 예의 그 선장이 인사말을 한 후 등산객들 사이로 기념품 손수건 등을 들고 다닌다. 그러나 물건을 사는 사람은 아무도 없었다. 나는 약간의 피로감에 눈을 감고 있느라니, 선장이 또 노래 테잎을 틀어 대중가요를 서비스한다.

"푸르른 달빛이 파도에 부서지면~
파이프에 꿈을 실은 첫사랑 마도로스~
데끼에 기대서면 그 날 밤이 그립구나~
항구마다 정을 두고 떠나온 사나이~
그래도 첫사랑 맺은 님을 잊을 길 없네~"

뱃전에 부서지는 파도소리와 더불어 마도로스 노래 소리를 듣노라니 사량도 산행은 등산만이 아니라 여행을 곁들인 멋진 것이었다는 생각이 들었다.(2009.6.)

원효따라 천성산(千聖山)

천성산(千聖山)은 경남양산의 명산으로 해발 922m이다. 원효대사가 이곳에서 당나라에서 건너온 1천명의 스님들에게 화엄경을 설법하여 모두 성인(聖人)이 되게 했다고 하는데서 천성산이라 칭한다.

천성산 전체에 희귀한 꽃과 식물(끈끈이 주걱)및 곤충들의 생태가 잘 보존되어 있어 생태계의 보고이며, 야생동식물의 서식지이다. 지율스님의 터널 관통반대－도룡뇽지키기 단식이 이루어지기도 한 곳으로 유명한 산이기도 하다.

수업이 없는 목요일 아침, 배낭을 둘러메고 산행에 나섰다. 날씨는 쾌청했고 간간히 바람이 부는 등산하기에 안성맞춤이었다.

산행의 들머리는 내가 근무하고 있는 영산대. 아침 9시에 출발했다. 거기에서 약 1km거리인 임도 삼거리까지는 오르막길이다. 스틱을 짚으며 천천히 산에 올랐다. 홀로 산행이기 때문에 서두를 하등의 이유가 없다. 숲속의 뻐꾸기 소리의 애절함은 옛날 산사에서 고시공부할 때의 소리나 변함이 없었다. 임도삼거리까지는 45분이 걸렸다(09;45).

임도 삼거리에서 직진하여 짚북재로 향했다. 짚북재로 가는 길에 샘터를 만나게 되었다(09:55). 걸려있는 물바가지로 떠서 먹어보니 샘물이 상큼하고 시원하다. 물을 먹은 뒤, 오솔길 능선을 따라가는데 산위에서 버스럭 거리는 소리가 들려 올려다 보았다. 노루새끼 같기도 하고 고라니새끼 같기도 한 노오란 야생동물이 산 허리를 가로 질러 가고 있다. 산길에는 아무도 없고 아침햇살 속에 울창한 숲만이 조용히 숨을 쉬고 있었다. 이놈이 샘물을 마시러 왔다가 나를 만나 피하는 것 같은 생각이 들었다. 역시 천성산은 아직 오염되지 않은 산임을 알 수 있다.

상리천 계곡을 건너(10:30), 오르막을 오르니 산죽나무들이 반겨준다. 왼쪽 산등성이에 무덤하나가 초라하게 있다. 무덤위에는 이름 모를 잡초만이 무성했고 봉분의 흙도 드러나고 납작하게 가라앉은 형태였다. 아마도 자손이 끊겼거나 돌보지 않았음이다. 아침이슬 속에 쓸쓸히 있는 무덤을 대하니 다시금 인생이 무상함을 느끼게 된다.

무덤을 지나 짚북재로 향하는 중에 또 무언가 "끼리릭~ '하면서 능선길을 가로질러가는 야생동물이 있어 보니 꿩이었다. 꿩도 암컷이었다. 아마도 숲에서 사람 발자국소리가 들리니 놀래서 피하는 것일가?

짚북재 올라가는 길에서 또 고라니 같은 노란 산짐승이 산허리를 가로질러 가는 것을 목격하게 되었다. 아까 샘터에서 만난 놈이 나를 따라오는 것 같은 생각이 들기도했다. '그래 짚북재에서 너를 또 보면 내가 가지고 있는 과일을 나누어 주지~'

천지만물은 동근(同根)인 것이니 너나 나나 결국은 한 뿌리 아니겠느냐?

짚북재에 도착한 시각은 10:47분이었다. 산행시작 1시간 47분에 짚북재에 도착한 것이다. 평일 아침이라 그런지 짚북재에 이르기 까지 단한사람도 만나질 못했다. 흡사 산을 모두 내가 전세 받은 것 같은 기분이었다.

짚북재는 넓은 안부였다. 숲의 광장이라고 할 수 있을 것이다. 원효대사가 짚으로 북을 만들어 천명의 승려를 소집하여 설법한 장소라고 전해진다. 짚북재는 사람들을 불러 모으기에는 적합한 장소 같았다. 짚북재에서 오른쪽으로는 공룡능선, 직진하면 성불암, 옆으로 가면 노전암, 왼쪽능선을 타고 오르면 천성산 제2봉에 이를 수 있기 때문이다.

짚북재에 설치되어 있는 나무벤치에 앉아 원효대사를 생각해 본다. 신라고승인 원효대사(617~686)는 많은 일화를 남긴 한국불교의 거성이다. 34세에 도반인 의상대사와 불법을 공부하러 당나라에 가게 되었다.

어느 날 저녁 무렵, 산길을 지나다가 해는 저물고 날은 어두워 비바람을 피할 수 있는 굴속으로 들어가서 잠을 자게 되었다. 잠을 자다가 목이 마른 원효대사는 물을 찾아 이리저리 더듬었는데 머리맡에 있던 낡은 바가지에 빗물이 고여 있었다. 물을 마시니 그 물이 꿀맛 같았다. 그런데 다음날 아침에 보니 그것은 바가지가 아니고 사람의 해골이었다.

지난밤에 해골에 고인 물을 마신 것이다. 그러자 갑자기 구역질이 나고 뱃속에 있던 것까지 모두 토하고 말았다. 원효대사는 여기에서 모든 것을 깨달았다.

일체유심조(一切唯心造), 모든 것은 마음먹기에 달린 것이다.

마음이 일어나므로 만 법이 일어나고(心生則 種種法生)
마음이 멸하면 땅막과 무덤이 둘이 아니다(心滅則 龕墳不二)
삼계는 유심이요 만법은 유식이다(三界唯心 萬法唯識)
마음 밖에 아무 것도 없는데 무엇을 어찌 따로 구하겠는가(心外無法 胡用別求)

"부처님 말씀에 삼계(三界)가 오직 마음뿐이라 했는데, 내 마음이야 당나라에 가나 고국으로 돌아가나 항상 그 마음이 그 마음인 것을!"

원효대사는 당나라에 가는 것을 그만두고 본국으로 돌아와 해동의 큰스님이 된 것이다. 그런 원효대사가 이곳 천성산 바로 짚북재에서 설법을 했다니 ….

만상에 젖어있는데 갑자기 등산객들이 올라오는 소리가 난다. 색깔 있는 등산복을 입은 여인 7명이 짚북재로 올라온 것이다. 40대에서 50대에 걸쳐 있는 연배인 것으로 생각되었다.

그녀들은 맞은 편 벤치에 배낭을 풀어놓고 얘기들을 한다. 한사람이 물통에 물이 얼어 생수를 좀 부어야겠다고 해서 내가 가지고 있는 물을 주려고 하니, 조금 있다가 한사람이 참외를 깎아 나에게 한 조각을 준다. 그때 나는 벤치에 앉아 글을 끄적거리는 중이었다. 내가 참외 받느라고 하던 중글 쓰던 종이가 벤치 밑으로 흐트러지니, 무얼 하느냐고 묻는다. 그냥 산행기록을 적는다고 대꾸했다.

집북재에서 10여분 쉬다가 11:03에 그 여자등산객들과 반대방향인 성불암 쪽으로 직진했다. 짚북재에서 성불암까지는 2km의 거리였다.

성불암 계곡의 물은 소곤거리며 맑게 흐르고 있었다. 산새들이 지저귀는 가운데 이따금 시원한 바람이 불어준다. 등산이 한결 가볍고 힘이 덜 든다. 성불암 1.3km라고 쓰인 표지판을 지나 좀더 내려가느라니 폭포에 이르게 되었다(11:37).

수년전에 보았던 백두산의 장백폭포가 남성다운 우렁찬 굉음을 내며 쏟아지는 물줄기라면 천성산 계곡의 폭포는 소담하면서도 정갈한 모습의 여성다운 속삭임의 물보라라고 할 것이다. 폭포인근에 나무로 계단이 잘 만들어져 있었다. 이 폭포에 이르러 사람들을 만날 수 있었다.

폭포를 지나 성불암 갈림길 표지판에 이르니 산나물을 채취하는 사람들을 만났다. 천성산의 산나물은 유명하여 옛날에는 임금의 수랏상에도 올랐다고 한다. 능선을 내려오니 용인천의 맑은 물이 크고 작은 바위와 어울려 한 폭의 산수화를 연출하고 있었다. 용인천을 오른쪽으로 하여 다시 천성산을 바라보며 왼쪽의 능선으로 따라 올라갔다.

계곡을 따라 계속 올라가느라니 오래된 민가가 나온다. 돌담너머로 핀 장미가 빠꼼히 나를 보고 있다. 햇볕은 찬란한데 빨간 장미는 너무나 아름다웠다. 민가 돌담을 돌아 서니 아담한 암자가 나타난다. 그 암자가 바로 노전암(爐殿庵)이다. 일주문 앞에 '나무아미타불'이라고 새겨져 있는 큰 입석이 인상적이었다.

대웅전에 들어가 삼배를 하려고 일주문 안에 들어갔다. 넓은 도량에는 보살 여러 명들이 둘러앉아 얘기들을 하고 있었다. 그 중에 한 여인이 '아니, 아까 짚북재에서 뵈었던 분 아닙니까.' 하면서 반긴다. 이것도 인연이다. 하루에 두 번씩이나 낯선 사람들을 만난다는 것도 말이다. 그들은 이미 점심공양을 마쳤다고 하면서 나보고 공양을 하라고 하면서 주지스님에게 소개한다. 나는 떠나는 그들에게 '성불하십시오' 하고 인사를 한 후 주지스님을 따라 공양간(식당)으로 들어갔다.

주지스님과 더불어 식사를 하고 있는데, 방안 문간 옆에 누렁이 새끼가 늘어지게 오수를 즐기고 있었다. 꼭 어린아이가 낮잠을 자는 것과 같은 모습이었다. 나는 누렁이에게 다가가 머리를 쓸어주다가 발목을 부드럽게 잡았다. 어린이 손목을 잡는 것과 흡사하다. 그러자 이 놈은 귀찮다는 듯이 방바닥에서 일어나 자리를 옮겨 옆으로 퍼진다. 말을 못하지 사람이 하는 행동과 유사하다.

노전암의 점심공양은 참으로 맛있었다. 산에서 채취한 각종 산나물과 밭에서 금방 뜯어온 상추는 고소하기까지 했다. 주지스님이 된장을 맛있다고 하길래 된장과 더불어 상추를 싸먹으니 정말 별미였다. 반찬이 20여가지인데 모든 반찬이 더할 나위 없이 입에 맞는 것이었다. 나는 그간 절의 음식을 수많이 먹어보았으나 이처럼 맛있고 풍성한 음식을 먹기는 처음이었다.

주지(能忍)스님은 60대 후반의 비구니였다. 이 암자는 내원사 소속의 비구니 암자이다. 그 옛날 신라시대 원효대사가 이 천성산 계곡에 89개의 암자를 세웠으나 오늘날 산문을 열고 있는 암자는 내원사를 비롯하여 홍룡사, 노전암, 조계암, 원적암, 미타암, 안적암, 대성암, 가사암, 금봉암 등 20여개라고 한다. 그 중 노전암은 점심공양이 좋기로 정평이 나있다.

점심공양을 하고 대웅전에 들어가니 비구니 한분이 기도를 하고 있었다. 절 뒤편에는 벌통을 여러 개 놓아 벌들이 통속으로 들락날락하고 있었다.

절에서 자급자족의 형태로 벌통을 놓은 것인가,

백장청규(百丈淸規)에 이르기를 '일하지 않으면 먹지 말라'(一日不作, 一日不食)이라는 말을 실천함인가, 주지스님께 작별인사를 올린 후 일주문을 나와 상리천 계곡을 따라 올라갔다.

계곡을 따라 올라가느라니 남녀 네 사람이 바지를 무릎까지 걷어 올린 채, 계곡물에서 가재를 잡고 있었다. 깨끗한 일급수에 사는 것이 가재라고 한다. 그러고 보니 천성산의 도룡뇽 살리기'가 빈말이 아니었음을 알게 된다.

14시 16분에 안적암, 대성암 1.2Km라고 적힌 표지판에 이르렀다. 상리천 계곡길을 걷는 사람은 나 혼자 뿐이었다. 20여분 올라가다가 바위가 넓직한 곳에서 탁족(濯足)을 했다. 계곡물이 너무 차가워서 5분 이상 발을 담구워 놓을 수 없었다. 얼음장처럼 시원한 계곡물 바위 틈새로 작은 올챙이 들이 꼼지락 거리고 있었다. 새 생명의 움틈이 신기하기만 하다.

안적암(安寂庵)에 도착한 시각은 14시 48분경이었다. 경내에 들어가 보니 스님이나 사람들은 한명도 보이지 않았다. 그야말로 편안하고 한없이 고요한 산사 분위기였다. 원효대사가 세운 이 암자는 불전과 승방이 결합된 특이한 대웅전을 가지고 있는 절이다. 절 뒤편에 대나무 숲이 우거지고 불두화가 한창이었다. 물 한 모금을 떠먹으려니까 다람쥐 한 마리가 뒷 담벽을 타고 쪼르르 이동한다.

대성암 갈림길에 이르니(15:15), 표지판에 '천성산 2봉 7km'라고 표시되어 있다. 임도를 따라 2봉쪽으로 향했다. 중간에 나무를 가지 쳐주는 사람들을 만났다. 나무도 적당히 가지를 쳐주어야 제대로 숨을 쉬고 클 수 있는 것이다. 만사 모두 여유가 있어야 한다. 너무 빽빽하면 숨이 답답한 것은 인간 세상과 다름이 없다.

오른쪽 산길 등성이에는 조그마한 소나무들이 연록색을 띠고 새순들이 소록소록 나오고 있었다. 참으로 예쁘기만 하다. 지긋히 물면 '앙이~' 하고 소리 지를 것 같이 앙증스럽다.

천성산 제2봉(비로봉:812m)에 오른 시각은 16시 45분 경이었다. 정상은 온통 삐죽삐쭉한 바위들로 구성되어 있었다. 정상에 올라서니 주변봉우리가 사방팔방으로 시원하게 펼쳐진다. 저 멀리 금정산의 봉우리가 보이고, 시계방향으로 눈을 돌리니 레이다기지가 있는 천성산과 화엄벌, 건너편으로 영축산, 신불산, 고헌산 등의 영남알프스가 병풍을 두르고 있다. 그 옆으로 울산시가지가 보이고 오른 쪽으로 대운산, 시명산과 해운대 장산 등이 눈에 들어온다. 장관이다.

바람은 불고 산새들은 지저귀는데, 해는 아직도 높이 떠서 만물을 조용히 비추고 있었다. 배낭을 벗어놓고 정상에 홀로 앉아 상념에 젖어본다.

천지는 이렇듯 장엄하고 걸림이 없는데, 왜 나는 그간 그렇게 옹졸하게 살아왔는가…. 마음을 비우지도 못한 채, 또한 큰 마음으로 이해하지도 못하고 때로는 사람들의 마음을 섭섭하게 해 준 적이 얼마인가.

1300여년 전에 여기에 올랐었을 원효대사를 생각해 본다. 원효의 대표적인 사상으로 무애사상(無碍思想)을 꼽는다. 걸림이 없는 관념을 말한다.

"일체에 걸림이 없는 사람은 단번에 생사를 벗어난다(一切無碍 一出生死)."

원효대사는 부처와 중생을 둘로 보지 않았다. 오히려 "무릇 중생의 마음은 원융하여 걸림이 없는 것이니, 태연하기가 허공과 같고 잠잠하기가 바다와 같으므로 평등하여 차별상(差別相)이 없다."라고 하였다.

그렇다! 탐진치(貪嗔癡) 삼독에서 벗어나 대자유인이 되고 싶다.

바람이 거세어서 정상에 더 이상 머무르기가 어려워 하산길로 접어 들었다(17:00). 정상에서 내려오는 길의 석벽에 호랑나비 두 마리가 공중을 날으면서 서로 희롱하고 있다. "그래 나비야~ 천지간에 이렇듯 자유스럽게 날면서 사랑을 마음껏 하려므나."

임도를 따라 내려오는 중에도 등산객은 한명도 만나지 못했다. 아침에 출발한 영산대 들머리에 도착한 시각은 18시 20분경이었다. 아침 9시에 산행을 시작하였으니 총 9시간 20분을 산행한 것이다. 산행거리는 약 20km 정도가 될 것이다. 천성산이 육산이고 명산이어서 그런지 기분이 상쾌하고 머리가 맑기만 하다.(2009.6.17)

야생화가 아름다운 복계산(福桂山)

인간은 약한 존재이다. 누구나 살아가는 과정에서 절망에 빠지기도 하고, 고민에 휩싸일 때가 있기 마련이다. 내가 원해서도 아니고, 당하고 싶어서 이러한 고난에 처하는 것도 아닐 것이다. 이처럼 고통과 번민에 부딪칠 때, 나는 배낭을 둘러메고 멀리 떨어져 있는 큰 산을 찾아 나선다.

거기에는 울창한 숲이 있고 바위가 있으며, 청아한 계곡이 있다. 숲길을 헤쳐 큰 바위에 걸터앉아 계곡물 소리를 듣는다. 가끔 산새가 푸드덕 거리며 나뭇가지 사이로 날아가는 것을 망연히 바라보기도 한다. 싱그러운 풀냄새와 솔향기 그리고 숲 사이로 쏟아져 들어오는 찬란한 햇빛을 바라본다. 그리고 나의 생각을 정리해 나가면 마음이 한결 홀가분해진다. 생동감이 다시 생겨난다.

산이 존재하는 한 나는 결코 외롭지 않다. 아침 이슬을 머금고 있는 풀도 내 친구이고 돌멩이 하나하나가 나의 귀중한 친구들이다. "사랑을 하면 보이고, 보이면 느끼게 된다."는 말이 있듯이, 산을 사랑하니 산이 제대로 보이고 삼라만상이 새롭게 느껴진다.

5월 첫 주 토요일의 산행지는 철원 땅의 복계산(福桂山 1,057m)이었다. 서울 잠실역에서 07;00에 출발한 산행버스는 09:30분경에 산행들머리인 매월산장에 도착했다. 일기는 더할 나위 없이 청명하고 덥지도 춥지도 않은 등산에 아주 적합한 봄 날씨였다.

오늘 산행코스는 매월대 - 840공터 - 복계산 - 촛대봉남릉길 - 990봉 - 원골계곡 - 매월대산장으로 잡혀있다.

산행길에는 설피산악회 회원만이 있을 뿐 한적하기만 했다. 왼쪽 길을 따라 얼마쯤 올라가니 매월대 폭포에 도달했다. 시원한 물줄기가 하얀 포말을 이루면서 이끼 낀 거대한 절벽 밑으로 내려퍼지고 있었다. 장관이다. 폭포 밑에서 잠시 휴식을 취한 후 오른쪽 산길을 따라 매월대로 오르는 길로 접어들었다.

'매월산장, 매월대폭포, 매월대' 등 '매월'이라는 접두어가 공통적으로 붙은 것은, 그 옛날 조선시대 생육신의 한 사람인 김시습(金時習)선생이 이곳에 은거했었다고 해서 김시습 선생의 호인 매월당(梅月堂)에서 '매월' 두 글자를 따서 명명했다는 것이다.

조선의 신동(神童)으로 불리는 김시습은 5세 때 세종임금 앞에 불려가 그의 영특함을 보인 후 세종이 하사하는 비단을 허리에 감고 어전을 나왔다는 일화가 전해지고 있다.

선비정신에 투철한 김시습은 어린 단종을 내몰고 왕위를 찬탈한 세조에 실망하여 평생 벼슬길에 나가지 아니하고 산천을 떠돌며 일생을 마친다. 그의 이름인 시습(時習)이라는 글자는 논어에 나오는 '학이시습지불역열호(學而時習之不亦說乎: 배우고 때때로 익히면 이 또한 기쁘지 아니한가)'에서 '시습'이라는 어구를 본받았다고 한다.

그 이름에 걸맞게 '금오신화'라든지 '매월당집' 등 글을 남기고 있다. 당시 아무도 수습하기를 꺼려하는 사육신의 시체를 김시습이 거두어 노량진에 묻은 것이 오늘날의 '사육신묘'로 기념 터가 되었다. 이러한 꼿꼿한 선비정신과 비교할 때 오늘날의 정치인과 공직자들은 느끼는 바가 적지 않을 것이다.

산행한지 30분여에 매월대에 올랐다. 통상 20분이면 매월대(670m)에 도착하는데 시간이 많이 지체되고 있었다. 날씨도 쾌청하고 산행 길도 한적해서 그런지 모두가 여유만만하게 아주 천천히 산행하고 있었다. 매월대에 오르니 과연 주위 풍광이 뛰어남을 느낄 수 있었다. 바람이 쏴아 하고 소나무 숲에 불어오니 솔가지에서 향긋한 솔 냄새가 코 끝에 스며든다.

매월대를 거쳐 840공터로 가는 능선길에는 철쭉꽃이 절반쯤 피어있었다. 분홍빛 철쭉은 마치 새색시처럼 환하고 싱그럽기만 했다. 얼마쯤 능선을 따라 가느라니 붉은 꽃나리가 우리를 반갑게 맞이하고 있었다. 붉은 나리꽃은 한창 꿈이 많은 소녀처럼 붉은 볼에 깨점이 귀엽고 앙증스럽기만 하다. 좀 떨어진 숲속 넝쿨 속에 순백의 야생화가 5월의 푸른 하늘을 향해 아름다운 자태를 드러내고 있었다.

복계산 정상에 오른 시각은 12시 경이었다. 정상에는 자그마한 화강암의 표지석이 서 있었다. 정상은 사면팔방이 막힘이 없어 주위 모든 것을 조망할 수가 있었다.

북쪽으로 대성산(大成山 1,174m)이 보인다. 한국전쟁 시 피아간에 수많은 전사자를 내었던 격전지이다. 대성산 저쪽으로 아득히 보이는 것이 북녘 땅이다.

눈을 돌려 오른쪽 방향을 보니 남쪽으로 수피령(水皮領 780m), 복주산(1,174m), 국망봉(1,168m), 광덕산(1,046m) 등 크고 작은 산들이 수 없이 겹겹하게 한북정맥(漢北正脈)을 힘차게 달리고 있었다. 언제 보아도 우리 산천은 이처럼 아름답다. 이 대자연의 광활함과 웅장함은 우리에게 호연지기(浩然之氣)를 심어주기에 부족함이 없다.

표지석 앞쪽에 진달래 한 그루가 꽃잎이 시든 채 외롭게 서 있다. 홀연 바람이 쏴아~하고 불어오니 오장육부가 모두 시원해지는 것 같은 느낌이다. 이 맛에 땀 흘려 정상에 오르는 지도 모른다.

복계산 정상에서 내려와 헬기장에서 산우들과 더불어 점심을 먹었다. 설피식구들이 준비해 온 먹거리가 풍성했다. 서로를 배려하는 마음에서 음식을 넉넉히 준비해 가지고 오는 산우들이 많아서 누구나 배불리 먹을 수 있다. 이 역시 산행의 즐거움의 하나일 것이다.

헬기장에서 한 시간 정도 여유 있게 점심식사를 한 후, 하산을 시작했다. 촛대봉으로 가는 길은 완만했으나 촛대봉에서 990봉으로 가는 길은 녹녹치

앉았다. 능선 길을 오르내리기를 여러 차례 거듭 하다가 990봉를 지나서 950봉에 이르러 오른쪽 옆길로 꺾어 들었다. 이윽고 5지점 안부에서 표지판에 따라 낙엽이 수북이 싸인 산길 아래로 내려가기 시작했다.

원골계곡으로 내려가는 골짜기에는 온갖 야생화가 만발해서 가히 환상적이었다. 노랑, 파랑, 주홍, 자주색들의 꽃들이 연녹색의 잎새들과 절묘하게 어우러져 대자연의 신비스러움과 아름다움을 표출하고 있었다. 그 어떤 천재화가나 염료의 달인인들 이러한 신비스러운 자연의 색깔은 연출하지 못할 것이다. 참으로 아름답다.

이 신선한 숲속에서 언뜻 언뜻 비치는 햇살을 쪼이면서 아무런 걱정 없이 자연을 만끽하는 야생화가 부럽다. 온갖 오욕에 찌들어 번민으로 잠을 제대로 이루지 못하는 인간의 삶에 비하면 이 얼마나 청초하고 아름다운 생존인가, 야생화의 아름다움과 신비스러움에 감탄하면서 아래 골짜기로 빠져 내려오니 계곡의 물소리가 들리기 시작했다. 원골계곡에 도착해서 누구나 시원한 물속에 발을 담갔다. 계곡물이 너무 차가워 1분 이상 물속에 발을 담굴 수가 없었다.

산행 후미가 모두 도착한 후에 계곡 길을 따라 30분 정도 내려가니 매월산장 입구가 나온다. 시각은 오후 5시경이었다. 거의 7시간 이상을 산 속에 있는 것이 된다. 등산은 빨리 한다고 해서 좋은 것은 아니다. 오히려 산과 일체가 되어 오래도록 산 속에 있는 것이 건강에 유익할 것이다. 기분 좋은 산행을 마치고 근처 식당에서 꽃게가 들어간 해물 탕을 곁들여 저녁식사를 했다.

식사를 마치고 밖으로 나오니, 덩치가 제법 큰 진돗개 한 마리가 식당 집 옆에서 꼬리를 흔든다. 배낭 속에서 과자를 한 움큼 꺼내 손에 쥐고 묶여있는 진돗개에게 하나씩 던져 주니 맛있게 받아먹는다. 좀 더 다가가서 개 옆에 있는 돌에 걸터앉았다. 손 안에 있는 과자를 하나씩 꺼내서 개에게 던져주니 내 손등을 핥으면서 받아먹는다. 잠시 머리를 쓰다듬어주니 좋아서 꼬리를 흔든다. 과자가 다 떨어졌다. 손바닥을 펴서 이제 없다고 했더니 내 손바닥을 핥는다. 내가 개의 앞다리 두 개를 들어 올리니 그놈도 좋아서 꼬리친다.

동물이건 식물이건 자기를 사랑하고 정을 주면 다 따르기 마련이다. 온실에 있는 '미모사' 같은 섬세한 식물은 꽃을 꺾는 사람이 들어오면 오므라들고, 꽃을 사랑하고 좋아하는 사람이 들어오면 활짝 피어나면서 반긴다고 한다. 동식물이 이러 할진데 인간세계는 어떠하랴 하는 생각이 들기도 한다.

상경할 시간이 되어서 귀경버스에 올랐다. 차창너머로 저 멀리 복계산의 매월대 봉우리가 눈에 들어온다. 야생화의 아름다움이 생각나서 휴대폰에 담은 사진들을 감상했다. 그러나 인간이 찍은 사진이 유현한 계곡에서 생동감 넘치게 피어있는 야생화의 아름다움과 정취를 따라갈 수는 없을 것이다. 차라리 눈을 감고 야생화의 아름다운 모습과 현란한 색깔을 상상해 보는 것이 더 나을지도 모르겠다. 복계산을 오르내리면서 숲속의 푸른 초목들이 내뿜은 5월의 싱그러운 산기운이 머리까지 맑게 해주는 것 같다.

귀경하는 버스 안은 조용하고 차분했다. 통상적으로는 시끄러웠고 때로는 마이크잡고 한 곡조씩 뽑기도 했었다. 그러나 오늘은 너무나 가라앉는 분위기였다. 그것은 세월호 참사가 너무나 충격적인 것이고, 대한민국 전부가 침통과 애도의 분위기에 휩싸여 있기 때문이다. (2014.5.4)

고려산과 보문사를 둘러보고

진달래 군락지로는 비슬산(달성)과 영취산(여수)이 유명하다. 그러나 수도권에서는 강화도의 고려산이 이름 나 있다. 흐드러진 진달래 붉은 꽃을 보면서 고려산 상봉으로 오르는 능선길은 가히 환상적이다.

그리고 '진달래' 하면 누구나 소월의 시가 떠오를 것이다.

나 보기가 역겨워
가실 때에는
말없이 고이 보내 드리오리다.

영변(寧邊)에 약산(藥山)
진달래꽃
아름따다 가실 길에 뿌리오리다.

가시는 걸음걸음
놓인 그 꽃을
사뿐히 즈려 밟고 가시옵소서.

나 보기가 역겨워
가실 때에는
죽어도 아니 눈물 흘리오리다.

시심(詩心)이 묻어나는 봄날 새벽(2009.4.4.토), 고려산 산행길에 나섰다. 아파트 골목길을 돌아서는데 바람이 내 뺨을 부드럽게 어르만지면서 속삭인다.

"봄이 왔어, 바보야~ 봄이 왔단 말이야!"

나도 바람에게 화답했다.

"그래 알았어~ 그래서 나도 이렇게 배낭 둘러매고 봄마중 나가는 거야~"

산행버스가 기다리는 잠실역에 나가니 동반 산행식구들이 많이 늘었다.

역시 봄이 오기는 온 것이다. 겨울잠을 자던 생물들이 대지를 뚫고 자연으로 뛰어나오듯 인간 세상도 봄과 더불어 활발히 움직이기 시작하는 것이다.

강화도는 서울과 지척거리이다. 산행버스는 어느덧 강화대교를 지나 산행들머리인 미꾸지 고개에 우리를 내려놓았다.

오늘 산행은 미꾸지고개에서 시작하여 낙조봉 - 낙조대를 거쳐 고인돌 표적지와 진달래 군락지를 지나 정상인 고려산(436m)에 오를 것이다. 하산은 헬기장을 거쳐 갈림길에서 백련사 - 청련사를 거쳐 국화리 마을로 내려올 것이다.

고려산이라는 명칭은 고려시대 몽고족의 침입시 강화도로 천도한 후 붙여진 이름이라고 한다. 원래의 산 이름은 오련산(五蓮山)이었다고 한다. 고구려 장수왕 때 중국의 동진의 '천축조사가 이 산에 올라 다섯 색깔의 연꽃이 피어있는 오련지(五蓮池)를 발견했는데, 이 연꽃들을 하늘에 날려 이들이 떨어진 곳에 적련사(지금의 적석사), 청련사, 황련사, 흑련사. 백련사를 각기 세웠다고 한다. 지금은 백련사와 청련사 적석사의 3개 절만이 있다.

미꾸지고개에서 낙조봉(350m)에 이르는 길은 완만한 능선이어서 등산이라기 보다는 산책에 가까운 트래킹 코스였다. 그래서 그런지 산악자전거를 타는 사람들을 심심치 않게 마주칠 수 있었다.

4월 초라 그런지 진달래는 아직 개화하지 않았고, 꽃봉우리만이 올라오고 있는 중이었다. 역시 진달래 축제가 4월 중순 쯤에 열리는 이유를 알겠다.

낙조봉에는 낙조대가 설치되어 있어 조망하기가 적격이었다. 낙조대에서 바라보는 석양의 경관은 강화 팔경의 하나로 꼽힌다. 낙조대에서 낙조봉으로 되돌아 오는 길에 은은하게 풍경소리가 들린다. 고개를 돌려보니 낙조봉 아래에 큰 절이 자리 잡고 있었다. 고구려 장수왕때 창건되었다는 적석사였다. 적석사는 고려 때 팔만대장경을 보관했었던 곳이라고도 한다.

낙조봉 정상에는 억새밭이 넓게 분포되어있어 바람에 흔들리고 있었다. 가이없는 서해의 갯벌과 바람에 흔들리는 억새밭은 훌륭한 자연의 조화라

할 수 있다.

낙조봉을 지나 고려산 정상으로 향하는 능선 길에는 고인돌무덤 군락지가 두 곳이나 있다. 고려산 일대에는 고인돌 21기가 무리를 이루고 있는데, 고려산 서쪽 능선 부근의 3개 고인돌 군락은 인천시 기념물(제36호)로 지정되어 있다.

고려산 정상으로 가는 능선길에는 목재계단과 난간이 설치되어 있었다. 진달래 축제를 위하여 새로 능선길을 다듬는 것이라고 생각된다.

고려산 정상 밑에 억새가 우거진 곳이 점심장소였다. 능선이 부드럽고 이른바 깔딱고개가 하나도 없어 마치 봄소풍을 나온 것 같은 기분이었다.

고려산 정상에는 군부대가 있어서 일반인의 접근과 사진촬영이 금지되고 있었다. 고려산 정상부근에서 사방을 둘러보니 갯벌과 바다, 그리고 바다 저 편에 산들이 겹겹이 자리잡고 있다. 강화도가 섬이라기 보다는 육지인 것처럼 산이 첩첩히 둘러쌓여 있는 것이다.

헬기장을 지나 갈림길에서 백련사 가는 길로 접어 들었다. 백련사는 고려산 북쪽에 위치한 조계종 소속의 유서 깊은 사찰이다. 백련사에 다다르니 수백년 묵은 느티나무 보호수가 오랜 세월의 풍상을 말해주고 있었다. 백련사 오른쪽에 '차향 따라'라는 이름의 전통찻집은 사찰의 향기를 더해 주고 있는 것 같았다.

백련사에서 청련사로 가는 능선길 옆 양지바른 곳에 노오란 복수초가 피어있었다. 겨울을 이겨낸 조그마한 야생화가 앙증스럽고 신기하기만 하다.

청련사(靑蓮寺)로 가는 능선길의 표지판중 오자(誤字)가 눈에 띄어 실소를 자아낸다. 청련사를 "청년사"로 표기한 팻말이 그 것이다.

연꽃중 파란 연꽃이 떨어진 곳에 절을 세웠다고 해서 '청련사'로 사찰 이름을 지은 것인데, 이 무슨 '청년'사란 말인가? 한자로 병기했으면 저런 착오는 없었으리라. 그러나 절 입구에 다다르니 그 곳의 표지판은 '청련사'라고 제대로 되어있었다. 찾는 사람들의 혼동이 없도록 바로 잡아야 할 것이다.

청련사 역시 백련사처럼 아늑한 느낌을 주는 사찰이다. 대개 부처님 모신 곳을 대웅전 또는 대웅보전이라고 하는데 청련사는 "대법당"이라는 휘호를 쓰고 있는 것이 특이했다. 법당안을 구경할 겸 대법당에 들어가 경배를 올렸다. 청련사 도량(절 마당)앞에도 큰 느티나무가 우람하게 드리워져 있었다.

청련사에서 내려오니 저멀리 빨간 색의 산행버스가 눈에 띄인다. 이로써 산행이 다 끝난 것이다. 시기적으로 너무 일러 진달래꽃을 제대로 감상하지 못한 아쉬움은 있었다.

산행버스를 타고 강화읍내로 가는 중, 일행 몇 사람이 보문사에 들린다고 하여 나도 그들과 동행했다. 보문사에 갈려면 외포리 선착장으로 가서 석모도 가는 배를 타야한다. 석모도로 가는 배 삯은 왕복 2,000원이고, 이는 보문사 사찰입장료와 같은 액수이다.

배에 올라 갑판에 나가니, 갈매기들이 사람들이 던져주는 새우깡을 받아 먹느라고 정신이 없다. 전에 울릉도에 갔을 때에도 항구에서 갈매기들이 따라오면서 새우깡을 받아 먹는 것을 구경한 적이 있었다.

바람 속에 휘익하고 새우깡이 날아가는데, 갈매기들이 떼지어 잽싸게도 이를 잡아채 먹는다. 던져주는 사람들도 즐겁고 받아먹는 갈매기도 신이 날

것이다.

일행 다섯명은 석모도에 도착하여 보문사가는 버스를 탔다. 보문사 일주문 올라가는 길은 매우 가파로운 길이다. 보문사는 낙산사의 홍련암, 금산의 보리암과 더불어 우리나라의 3대 관음도량으로 이름나 있다.

보문사는 신라 선덕여왕때 창건된 고찰로서 보문이란 중생을 구제하기 위해 관음보살의 원력이 광대무변하다는 것을 의미한다.

여초선생이 일필휘지한 일주문을 지나 절도량에 들어섰다. 먼저 대웅전이라고 할 수 있는 '극락보전'에 들어갔다. 약 60여평의 넓은 법당 정면에는 아미타불 부처님이 중앙에 자리 잡고 좌우로 관세음보살과 대세지보살이 협시하고 있었다. 아미타불 부처님을 올려다 보며 108배를 올렸다. "내 마음에 끼인 때를 말끔히 씻어주시고, 탐진치(貪瞋癡) 삼독(三毒)에서 벗어나게 해 주시옵소서"

극락보전을 나와 왼쪽에 있는 석굴에 들어갔다. 그 옛날 어부가 건져 올렸다는 23분의 나한들이 모셔져 있는 석실은 바깥과 달리 서늘했다. 초파일이 다음 달로 다가와서 그런지 불자들이 상당히 있었다.

석실을 나오니 석실 바로 앞에 큰 맷돌과 약 600년 된 향나무가 자리 잡고 있었다. 옛날 보문사가 한창 날릴 때에는 스님이 300여명이나 되어 그 당시 취사용으로 쓰던 맷돌이 지름 69cm, 두께 20cm로서 보통의 두배가 넘는다고 한다.

그러나 보문사의 백미는 무어니 무어니해도 석벽에 새겨진 마애관음보살상일 것이다. 400개가 넘는 돌계단을 올라 마애불앞에 서니 과연 규모가 대단하다. 거대한 석벽의 마애상은 산과 더불어 주위전체가 부처인 것처럼 느껴졌다.

경배를 마치고 몇 걸음 내려오니 쉼터가 있다. 그곳에서 서해바다가 펼쳐지는 시원한 광경을 감상할 수 있었다. 속세의 근심과 소소한 걱정들이 바닷물에 씻겨나가는 것 같은 감이 들었다.

시간은 오후 6시경이 되어 석양노을에 비치는 잔잔한 바닷물은 마치 작은 물고기들이 떼 지어 춤추는 것과 비슷했다. 낙조대에서 보는 석양이나 보문사 마애석상에서 보는 낙조나 모두 황홀하기는 마찬가지일 것이다.

마애석상에서부터 돌계단 숫자를 헤아리면서 내려왔다. 내가 센 숫자는 402개였다. 이 돌계단을 만든 것은 대단한 원력이라고 생각되었다.

일주문을 나와 일행들과 근처 식당에서 저녁식사를 함께했다. 서해바닷바람을 쏘이면서 막걸리를 곁들이다보니 식사시간이 제법 걸려 7시가 넘어 끝났다.

석모도 선착장으로 나가는 버스를 타려하니 이미 버스는 오후 6시반에 끝났다고 한다. 미리 챙기지 못한 탓이다. 할 수 없이 2만원 주고 차를 대절해서 선착장에 도착했다. 석모도에서 외포리로 가는 밤바다는 어두웠다. 갯마을에 하나 둘 전기불이 반짝이고 있었다.

강화읍내에서 신촌가는 버스를 타고 마포 합정 전철역에서 내렸다. 밤 10시가 넘은 시각에도 서울은 혼잡했다. 자동차 불빛은 끊임없이 명멸했고 거리에는 사람들이 넘쳐흐르고 있었다. 역시 서울은 만원인 것이다.

도심지를 벗어나 오늘 봄날 하루 산행과 더불어 사찰탐방을 한 것이 즐겁고 행복하기만 하다.

귀가 전철을 타고 혼자 조용히 되뇌여 본다.

꽃이 피면 꽃과 함께
눈이 오면 눈과 함께
비가 오면 비와 함께
바람이 불면 바람과 함께

나는 언제나 산을 찾을 것이다. 산에서 기쁨과 행복 그리고 영원을 배울 것이다.(2009.4.6)

속세를 떠났는가 별유산(別有山)

억겁을 두고 청산은 변함이 없는 데, 인간만이 부질없이 오고가는 것을 거듭한다.

"묻노라 어찌하여 청산에 사는고?
미소로 답할 뿐 마음은 스스로 한가롭구나.
복사꽃 뜬 시냇물 아득히 흘러가니,
이곳이 인간세상이 아닌 별천지 아닌가?"
(問余何意棲碧山, 笑而不答心自閑,
桃花流水杳然去, 別有天地非人間)

시선(詩仙)으로 일컬어지는 이태백(701-762)의 산중문답(山中問答)의 시 한구절이다. 별유천지'라 함은 속세 이외의 천지로 경관이 수려한 산중의 조용한 곳을 이르는 말이다. 별유산(別有山)의 명칭이 그러하다.

봄기운이 완연한 가운데, 경남 거창 땅에 있는 별유산(1,046m)을 찾았다. 신라의 의상대사가 참선을 했다는 곳, 그래서 속세와 다르다하여 별유산으로 명명된 산이다.

산의 모양이 웅크린 소의 머리와 비슷하다고 하여 우두산(牛頭山)이라고도 한다. 능선을 따라가다 보면 좌측에 마치 횃대에 날아오르는 닭의 모습과 같다고 하여 비계산(飛鷄山 1,130m)이라 이름 지어진 산이 솟아 있다.

오늘 산행코스는 고견사 주차장→ 고견사→ 고견사 은행나무→ 갈림길→ 의상봉→ 우두산정상→ 고개삼거리→ 마장재→ 고갯길→ 주차장의 10km 남짓한 거리로 잡았다.

산행들머리에서 고견사(古見寺)올라가는 길에는 가물어서 계곡의 물소리가 나질 않았다. 그러나 봄이 왔다고 만산이 지지개를 켜면서 산수유와 생강나무, 진달래가 꽃망울을 터뜨리고 있었다. 새봄을 맞이하여 잔칫집의 새색시가 곱게 차려입고 오는 손님을 맞이하는 것 같았다.

생명이 움트는 이 좋은 계절에 이렇게 명산을 오를 수 있다는 행복감이 온몸을 감싼다. 산에만 오면 왜 이리 마음이 편안해지고 기쁨이 충만해 지는 것일까? 나무사이로 언뜻언뜻 비치는 햇빛이 신비롭기만 하다.

오르는 산길 옆에는 겨우내 차거운 추위 속에서 꽁꽁 숨어있던 풀들이 고개들을 빼꼼히 내밀고 있었다. 봄바람이 나무를 흔들고 지나가다가 내 뺨을 살며시 어루만진다. 아직 다소 차갑기는 해도 바람결에 봄내음이 묻어오고 있었다.

소나무가 우거진 숲 사이로 20여분 올라가니 오른쪽에 거대한 암벽이 나타난다. 별유산은 가야산의 한 줄기로 석산에 속함을 알 수 있겠다. 암봉의 수려함이 가야산이나 황석산 못지않다.

계곡능선을 따라 좀더 올라가니 멀리 고견사의 일주문이 눈에 들어온다. 일주문 현판은 대개 오른쪽에서 왼쪽으로 씀이 보통인데, 고견사의 경우에는 왼쪽에서 시작하여 오른쪽으로 "牛頭山 古見寺"라고 씌여 있다.

일주문을 들어서니 오른쪽에 1,000년의 수령을 자랑하는 은행나무가 늠름하게 자리잡고 있다. 최치원선생이 심었다고 한다.

고견사는 전체적으로 아늑하고 포근한 느낌을 주는 사찰이다. 절 뒤로는 의상봉의 자세가 의연하다. 신라시대 때 창건된 이 절은 그동안 얼마나 많은 사람들이 찾아왔다가 가곤 했는가, 춘광(春光)이 비치는 가운데 객수(客愁)가 져며 온다.

대웅전 뒤 석벽 밑에는 또 하나의 큼지막한 부처님이 모셔져 있었다. 고견사에서 의상봉 올라가는 길에도 커다란 청동불상이 조성되어 있다. 역시 의상대사는 원효대사와 쌍벽을 이루는 고승으로서 그의 발자취가 있는 곳에는 이처럼 벽지에도 불사가 그치지 않음을 알 수 있겠다.

의상봉을 올라가는 길은 다소 가파로웠다. 특히 정상에 올라가는 길은 급경사의 계단으로 이루어져 있었다. 의상대사가 올라가 참선했다는 의상봉은 사면팔방이 조망되는 시원스러운 곳이었다.

오른쪽으로 가야산 줄기가 보이며 동쪽에 비계산이 가까이 있다. 저멀리 덕유산과 지리산이 은은하게 자태를 드러내고 있다. 왼쪽으로 고개를 돌리니 지난 번에 다녀온 황석산이 눈에 띄인다. 아름답구나 이 강산이….

사실 별유산은 정상인 상봉보다는 이곳 의상봉의 경관이 뛰어난다고 한다. 의상봉에서 별유산 정상까지는 30분정도의 거리이다. 정상은 정상다운 풍모가 있어야 하는데 별유산은 표지판만 서 있을 뿐 이렇다할 정상다운 맛이 없는 곳이었다.

오히려 정상에서 마장재까지 이르는 능선에서 펼쳐지는 경치가 일품이었다. 기기묘묘한 암석과 우뚝 솟아오른 암벽, 스쳐가는 바람소리와 함께 암봉들을 지나다보면 흡사 설악산의 '공룡능선' 구간을 타고 있는 느낌이 들기도 한다. 산을 자주 다니다보면 산세가 유사한 곳을 접하게 되는 것이다.

마장재에서 주차장에 이르는 능선길은 부드러운 산길이 이어진다. 그러나 때로는 너덜길을 만나기도 한다. 산밑에 이를수록 진달래와 산수유의 꽃들을 감상할 수 있게 된다. 백화점의 쇼윈도에 걸린 여인의 의상색깔은 화려하다. 그러나 그러한 현란함도 이 산길에 고즈넉이 핀 진달래의 분홍색이나 산수유의 노란색에는 미치지 못할 것이다. 어찌 인공적인 색깔이 자연의 절묘한 색깔에 미칠 것인가? 어둔 겨울을 보내고 바야흐로 자연이 색깔잔치를 벌리기 시작하고 있다.

조금 있으면 복수초의 샛노란 꽃송이가, 그리고 앙증맞은 보랏빛 노루귀의 가는 꽃대가 땅을 뚫고 올라올 것이다. 변산 바람꽃도 분홍빛 물든 하얀 얼굴로 낙엽을 헤집고 아름다운 모습을 드러낼 것이다. 그래서 봄철에 꽃 따라 산행하는 산꾼들의 가슴은 언제나 설레이게 된다.

산행시작한지 4시간 만에 주차장에 다시 도착했다. 봄기운이 산에 스며있어서 그런지, 시간이 어떻게 지나갔는지를 모르겠다. 좋은 산은 확실히 무언가 다른 법이다. 그중에 하나가 등산 후 기분의 상쾌도 여하이다.

하산 후 기분이 삽상하고 가뿐한 것으로 보아 별유산은 명산의 반열에 올려놓아도 무방하리라 생각된다.(2009.3.30.)

아늑한 산기운의 청태산(靑太山)

청태산(靑太山)은 강원도 횡성군에 있는 해발 1,200m의 산이다. 국유림 시범단지로 숲길이 잘 정돈되어 있고 임도가 시원스럽다

산꾼들은 청태산을 산행의 깃점으로 삼기도 한다. 그것은 청태산 북쪽으로는 태기산, 남으로 백덕산, 동으로 오대산, 서쪽으로 치악산이 자리 잡고 있기 때문이다.

청태산의 명명에 대한 유래는 이태조로 비롯된다. 태조 이성계가 관동지방을 가다가 이곳 삽교리에 잠시 들려 횡성수령이 바친 점심을 들게 되었다. 마땅히 앉을 자리가 없어 커다란 이끼가 있는 바위에서 했는데, 이태조는 이 바위가 웅장하고 아름다워 청태산(靑太山)이라는 휘호를 직접 써서 횡성수령에게 하사했다고 한다. 그 이후 이 산이름을 그렇게 불렀다는 것이다.

산을 다니다보면 이태조가 명명한 산을 심심치 않게 보게 된다. 남해의 금산(錦山)이 그러하고 임실의 성수산(聖壽山)이 역시 이태조가 개명한 산이다.

서울 신사동에서 7시 40분경에 출발한 버스가 청태산 등산로 입구에 도착한 시각은 11시 40분경이었다. 산행지에 도착할 무렵부터 가는 봄비가 내리기 시작하여 등산 내내 비가 그치지를 않았다.

2시간 코스인 2코스 ~ 4코스를 버리고, 3시간인 5코스 종주산행을 하기로 했다. 역시 해발 1,200m의 준봉은 달랐다. 정상으로 갈수록 아직 잔설이 여기저기 남아 있었다.

삼거리에서 정상으로 올라가는 300m의 등산로는 진눈깨비가 날리는 가운데 안개가 자욱하여 앞이 잘 보이질 않았다. 그러나 숲 길옆에는 야생화들이 아름답게 피어 마음을 즐겁게 해주고 있었다. 자연의 신비이며 계절의 향연일 것이다. 산은 항상 이렇게 우리에게 아름다움과 신선함을 제공하고 있다.

정상에 오르니 눈비 날리는 가운데 청태산 표지목이 우뚝 서있다. 조금 있으려니까 고교 동문의 모습이 다가온다. 우리는 기념촬영을 한 후 하산길로 접어들었다. 40분쯤 아래로 내려가니 3코스 내려가는 길이 나온다. 5코스 길은 나뭇가지로 막아놓았다. 날씨가 좋질 않으니 행사 주관측에서 단거리 코스로 통일을 한 것일게다. 그러나 우리는 원래 계획했던 대로 5코스 능선길로 나갔다.

청태산의 융융하고도 그윽한 산기운이 온몸을 감싸는 느낌이 들었다. 산 전체에 잣나무, 소나무, 참나무, 싸리나무, 물푸레나무 등 수목이 울창하다.

한 능선을 돌면 진달래가 웃고, 또 한 능선을 돌면 억새풀이 진눈깨비를 쓰고 바람에 손짓을 한다. 숲가에는 야생화들이 울긋불긋 아름다운 색깔로 함초롬히 물기를 머금고 있다. 그렇지, 바로 이 맛으로 등산을 하는 것이지….

울창한 전나무 숲을 지나니 임도가 나타난다. 흙길인 임도 따라 한참 가느라니 진달래 군락지가 나타난다. 약 30m정도의 산언저리가 온통 진달래 꽃으로 뒤덮혀 붉은 물감을 풀어 놓은 것 같다.

그 산 모퉁이를 돌아서니 이번에는 진달래와 개나리가 환상적으로 피어 있는 풍경이 펼쳐지고 있다. 설령 천재화가가 그린다고 해도 이처럼 빨강과 노랑의 조화를 절묘하게 그릴 수 는 없을 것이다.

자연만이 연출할 수 있는 아름다운 모습을 감탄하면서, 3시간정도 산행을 하니 심신이 날아갈 듯이 가뿐하고 상쾌하다.(2008.4.29.)

암릉과 계곡이 어우러진 용문산(龍門山)

용문산은 경기도에서 화악산(1,468m), 명지산(1,267m), 국망봉(1,168m)에 이어 네번째로 높은 산이다. 기암괴석과 계곡이 길게 펼쳐져 있으며 산기슭에 천

년고찰인 용문사와 은행나무가 유명하다.

용문산은 원래 신라시대에 미지산(彌智山)으로 불러왔으나, 일제 때 일본인들이 5만분의 1 지도를 제작하면서 임의로 용문산으로 명명한 것이 그대로 지금까지 불리워 오고 있는 것이다. 경치가 뛰어나서 경기의 금강이라고 일컫기도 한다.

비가 조금 온다는 일기예보에도 불구하고 상봉터미널로 나가서 용문가는 버스에 올랐다.(08:20) 상봉터미널에서 용문까지는 1시간 30분 거리였다. 용문에서 내려 용문사 가는 버스를 갈아타고 용문사 국민관광단지에서 내렸다. 입구매표소에서 표(1,800원)를 사가지고 용문사 일주문을 지난 시각이 10시 30분경이었다.

왼편산허리에 자연보호헌장비가 봄비를 맞고 있었다. 다리를 건너니 그 유명한 용문산의 은행나무가 보인다. 용문산의 상징이라고 할 수 있다. 둘레가 11m , 높이 41m에 이르는 동양에서는 제일 큰 은행나무라고 한다. 천연기념물 제30호로 지정되어 있기도 하다.

이 은행나무는 마의태자가 한을 품고 금강산으로 향하다가 심었다고도 하고, 신라의 고승 의상대사가 짚고 다니던 지팡이를 꽂아 놓은 것이 뿌리를 내려 성장한 것이라고도 한다. 아직 초봄이라 은행잎은 돋아 있지 않고 거대한 모습만을 드러내고 있다. 천년의 세월을 버텨오느라고 나무등걸이에 커다란 혹 같은 돌기가 불거져 나온 모습이 괴이한 감 마져 주고 있다.

정미년 의병이 일어났을 때 일본군이 절을 불 태웠으나 이 나무만은 화를 면했다. 옛날 어떤 사람이 이 나무를 자르고자 톱을 대는 순간 피가 쏟아지고 하늘에서는 천둥이 쳤다고 한다. 그래서 이 나무를 천왕목(天王木)이라고 부르기도 한다. 조선 세종 때 에는 정3품의 벼슬인 당상직첩(堂上職牒)

을 하사받기도 했다.

은행나무와 용문사 사이의 계곡을 따라 11시부터 본격적인 산행을 시작했다. 용문사에서 용문산 정상까지는 2.9km의 거리이다.

오늘 산행코스는 용문사→ 상원사갈림길→ 마당바위→ 계곡갈림길→ 능선갈림길→ 신선바위(정상)→능선갈림길 → 절고개 →상원사갈림길→ 용문사 → 매표소의 약 9km의 거리, 5시간 코스를 선택했다.

봄비가 가늘게 내린다. 단비라고 할 수 있다. 등산하기에는 먼지도 나지 않고 햇볕도 쪼이지 않아 아주 좋은 날씨라고 할 수 있다. 그러나 용문산과 같이 암릉이 많고 너덜지대가 연속되는 산행길에서는 미끄러져 다칠 염려가 있으니 속도를 평소보다 줄여야 한다.

여기저기에 야생화와 진달래, 산수유가 봄을 반기고 있고, 계곡 따라 올라가는 길에는 청아한 계곡의 물소리와 즐겁게 지저귀는 산새소리가 합창하고 있었다.

너덜지대의 암석에서는 무한한 원적외선을 내뿜고 있었으며, 나뭇가지에서는 신선한 산소, 그리고 맑은 계곡에서는 청량한 수기(水氣)가 온몸을 감싸고 있었다.

작은 나무계단과 굵은 밧줄을 잡고 오르기를 거듭하니 이마에 땀이 맺히기 시작한다. 준비한 손수건을 대각선으로 접어서 머리에 질끈 동여 맸다. 이마에 흐르는 땀을 차단시키기 위함이다.

마당바위까지 암릉과 계곡의 연속이다. 1시간 넘게 올라가느라니 등에 땀이 흥건히 흐른다. 산행하는 재미는 이렇게 땀 흘리는 고통을 즐겁게 받아들이는 것인지도 모른다.

산행하면서 흐르는 땀의 냄새는 신기하게도 신선한 향내가 난다. 그러나 고통에 신음하면서 흘리는 땀이거나 또는 도시의 지하철 무더위 속에서 흘리는 땀의 냄새는 역겨운 악취가 난다. 같은 땀인데도 환경과 기분에 따라 그 냄새에 차이가 있는 것이다.

오늘 산행처럼 꽃피는 봄철에 명산을 오르면서 새소리 합창과 더불어 흘리는 땀, 그것은 시원한 계곡물과 더불어 향기로울 수밖에 없는 것이다.

울창한 숲에는 야생화들이 너무나 아름답게 피어 있었다. 하얀 꽃은 정갈하기 그지없고, 마치 복주머니처럼 대롱대롱 매달린 금낭화의 군락은 눈이 시려울 정도의 아름다운 풍광을 보여주고 있다.

그러나 용문산 정상으로 올라가는 길은 결코 야생화에만 눈을 줄 정도의 그런 쉬운 코스가 아니었다. 가파른 암릉길의 연속이기 때문에 등산 초보자의 경우에는 무척 힘든 코스라고 할 수 있다.

매우 가파른 암릉을 하나 넘어서면 또 밧줄을 잡고 가야 하는 오르막이 나타난다. 길은 정상에 오를 수록 더욱 험해지고 있다. 이제 비는 그쳤으나 안개가 자욱하여 앞을 보기가 어려웠다.

암봉의 연속인 산행길은 거의 1km를 오르내려야 하는 고행을 해야 한다.

용문산 정상 가까이에 다다르니 산정상주위에 공군의 레이더기지와 KT의 송신탑들이 눈에 들어온다.

정상을 오르기 직전에 휴게장소가 목재로 넓게 잘 만들어져 있었다. 정상 바로 밑에 팔각정 전망대에 사람들이 식사와 담소를 하는 모습이 보인다.

정상에 오르니 용문산 1,157m라는 표지석이 세워져 있었다. 어느덧 비는 멈추고 날이 개이고 있었다. 비온 뒤라 더욱 신선했다. 정상에서 조망해 보니 역시 용문산이 경기의 금강산으로 불리워 짐을 알 수 있었다. 용문산을 모산으로 하여 장군봉과 백운봉, 그리고 두리봉이 드리워져 있으며, 그 사이에 양평들판과 조용히 흐르는 남한강줄기가 펼쳐져 있다. 남한강 건너 양자산(710m), 앵자봉(667m) 등이 늘어서 있다.

눈을 왼쪽으로 돌리니 유명산(864m)이 보인다. 날이 좋을 때에는 가평의 화악산(1,468m)과 응봉까지 시야에 들어온다고 한다. 용문산은 1,000m가 넘는 산 답게 웅혼하고 산세가 당당함을 알 수 있다. 눈앞에 펼져지는 강산이 너무나 아름답기에 생각같아서는 배낭을 메고 한 달 정도 전국의 산야를 두루 산행하고 싶은 충동이 들기도 한다.

정상 바로 아래에서 점심으로 간단히 떡을 먹고 있는 데, 삽살개 한 마리가 옆으로 다가온다. 처음에는 주인이 산에 데리고 온 애완견으로 생각했으나, 한참동안 관찰해도 주인 같은 사람은 보이지 않는다. 아마 군 부대에서 키우는 개가 아닌가도 생각했다. 개에게 떡 한 개를 주니 잘 먹는다. 개하나 주고, 나하나 먹고 내가 일어서니 개가 따라오다가 계단으로 내려가니 따라오던 것을 멈춘다. 봄이 와서 다행이다. 이제 추운 겨울철이 지나갔으니, 등산객에게 과자부수러기라도 얻어먹어 주린 배를 채우면 그만 아니겠느냐.

비온 뒤의 하산길은 조심해야 한다. 더욱이 바위투성이인 용문산에서는 다칠 위험성이 높다. 조심하면서 바위를 넘고 또 넘고 거듭하니 비로소 능선길이 나온다.

능선길 옆에는 수목들이 즐비하다. 여름에는 하늘을 가릴 것이다. 단풍나무, 피나무, 물푸레 나무, 서어나무, 참나무 등이 울창하고, 소나무가 우람한 가운데 빨갛게 핀 진달래가 묘한 조화를 이루고 있었다. 마치 아버지 품속에서 예쁜 재롱을 피우는 어린 딸과 같은 사랑스러운 모습이었다.

계곡의 맑은 물소리를 들으며 2시간쯤 내려오니 어느덧 용문사 기슭에 다다랐다. 용문사는 신라 신덕왕 2년(913년) 대경화상이 창건한 명찰이다. 대웅전 올라가는 왼편에 자그마한 돌에 자비무적(慈悲無敵)이라고 쓴 일중선생

(김충현)의 글씨가 보인다.

석탄일이 가까워져서 그런지 불자들과 관광객들로 절의 도량은 붐비고 있었다. 대웅전 옆 화단에 매화가지가 꽃이 활짝 피어 방문객들의 마음을 한결 즐겁게 해주고 있었다.

명산에는 항상 산사들이 자리잡고 있다. 그러고 보니 산은 절의 뜰이고 절은 산의 마음인 것 같다. 산과 절이 따로 있는 것이 아니라 절이 산이요, 산이 절인 것이다. 산이 바다이고 바다가 산인 것이며, 너와 내가 별개가 아니며. 나와 자연이 따로 있는 것이 아니다. 불가에서는 이를 일실평등(一實平等)이라고 하기도 한다.

산이 좋아서 산을 계속 다니다 보니 나도 어느새 산이 되어가는 느낌을 때로는 받기도 한다. 용문산 산행을 마치고 동서울터미널에 도착하니 어느덧 날이 어두워졌다. 도심에는 언제나 그렇듯이 사람으로 인산인해를 이루고 있었다. 어느덧 나도 인파의 물결 속으로 휩싸여 들어갔다.(2008.4.13)

공룡능선 산행기

산행을 시작한 지도 20년이 넘었다. 그간 다녀온 산 만 해도 참으로 많다. 백두산, 금강산, 황산, 마테호른 등등 국내산은 100대 명산만 하드라도 그 절반 정도는 섭렵을 했으니 참으로 등산에 열성을 많이 바친 셈이다. 그래서 이제는 누가 나에게 취미를 물으면 서슴없이 등산이라고 얘기할 수 있게끔 되었다.

설악산의 공룡능선은 등산인이라면 누구나 한번 쯤 다녀오고 싶은 코스라고 할 수 있다. 나도 평소부터 이 능선을 한 번 타보고 싶었다. 그런데 이번에 그 기회가 온 것이었다.

2007년 5월 25일 22시, 동대문 종합시장 주차장에서 공룡능선 산행버스에 올랐다. 평소 산행을 즐기는 정통부의 정국장과 젊은 벤쳐사업가 김사장이 동행했다. 버스에 오르니 약 30여 명의 전문등산인들, 이른바 "산꾼"들이 이미 자리를 잡고 있었다. 체력이 뒷받침 되어야 하는 무박 2일의 산행인 관계로 대부분이 2~30대의 젊은이들이었다. 개중에는 4~50대도 두세 명 눈에 띈다. 그러나 60대 이상은 오직 나 뿐인 것 같다.

개인별 38,000원씩 회비를 징수한 등반대장이 등산코스에 대한 설명을 했다. 그리고 주의사항으로 "대청봉을 오른 후, 공룡능선을 탈 것인가의 여부는 각자 체력에 맞추어 결정해야 등산에 무리가 없다."라고 거듭 강조한다. 아마도 나를 염두에 두고 하는 말인 것 같이 들린다. 노인네가 사고가 나면 우선 귀찮고 기분이 좋을 리 없을 터이다.

버스에서 잠을 잔다는 것은 애시당초 기대하지 않았다. 버스가 설악산 언저리에 도착하여 우리가 등산을 시작한 시각은 새벽 2시30분경이었다. 대청봉 오르는 길은 가파르고 험했다. 더구나 캄캄한 밤중에 후래쉬로 길을 열어가며 돌과 바위로 이루어진 등산길을 가는 것은 위험했고 어려웠다.

그 어려운 산길을 몇몇의 여자등산객들이 잘도 올라간다. 남자 못지않게 선두그룹에 끼어 산행을 하고 있다. 이제는 등산에서도 양성평등이 이루어진 것이다. 젊은 여자등산객들은 저희들끼리 계속 쉴새 없이 얘기를 하면서 등산을 하고 있다. 국선도에서는 말을 하면 기(氣)가 나간다고 하여 되도록 말을 적게 하도록 가르치고 있다. 그런데 여자들은 저렇게 말을 계속적으로 하면 그 나간 기는 무엇으로 보충할 것인가? 평소에 국선도를 수련하고 있는 나로서는 도저히 이해가 되질 않았다.

어쨌든 2시간 남짓 오르막길을 오르니 날이 밝아오면서 저 멀리 설악산 정상인 대청봉(大靑峰)이 눈에 들어온다. 대청봉에 오르니 바람은 세차게 부는 데 온몸은 땀에 젖어있었다. 산 저편에는 방금 솟아오른 태양이 온 산야를 비춰주고 있다.

눈앞에 펼쳐진 산야는 그대로 장엄무비의 그것이었다. 역시 명산은 명산 나름의 위풍이 있는 법이다.

설악산은 우리나라의 손꼽히는 명산으로서 한라산(1,950m), 지리산(1,915m)에 이어 세 번째로 높은 산이다. 설악산 정상인 대청봉에 오르면 투박한 글씨체로 "대청봉, 1,708m"라고 쓴 돌이 세워져 있음을 보게 된다. 그 표지석 왼쪽 모퉁이에 "樂山樂水"라고 조그마하게 새겨진 돌도 의미가 있다.

눈앞에 펼쳐진 설악의 풍광은 금강산이나, 황산처럼 기암절벽의 장엄한 풍경이다. 누구나 알듯이 설악산은 강원도 속초시, 양양군, 고성군, 인제군 등 4개의 시.군에 걸쳐 있는 명산이다. 이름이 설악인 것은 산에 눈이 오면 이듬해 여름이 와야 비로서 녹는다 하여 '雪嶽'이라고 했다고도 하고, 또 다른 편에서는 산이 온통 바위로 이루어져 암석이 눈처럼 하얗기 때문에 '雪嶽'이라고 불리우고 있다는 〈중보문헌비고〉의 기록을 들추기도 한다.

어쨌든 설악산은 신라 22대 지증왕 때 명산대천에 제례를 지낼 때, 그 산중의 하나로 지정된 기록이 삼국사기에 전해지고 있는 명산이다. 1982년에는 UNESCO에서 설악의 남쪽에 있는 점봉산을 포함하여 설악산일대를 '생물권 보존지역'으로 지정한 바도 있다.

대청봉 산마루옆 등성이에는 야생화가 등산객들을 환하게 웃으면서 반갑게 맞이하고 있다. 그렇다! 설악은 봄이면 이렇게 야생화와 철쭉 등 꽃이 흐드러져 우리 마음을 즐겁게 하고, 여름이 되면 우렁차게 쏟아지는 폭포수와 쭉쭉 뻗은 푸르른 나무에서 뿜어져 나오는 무한한 산소로 우리의 폐부를 시원하게 씻어주며, 가을에는 저 유명한 설악 단풍으로 우리에게 처절하리만큼 아름다움을 선사해 주고 있다. 겨울의 설악 설경은 자연의 신비로움이 무엇인지를 우리에게 가르쳐 주고 있다. 참으로 설악의 4계는 아름답고 고마울 뿐이다.

대청을 거쳐 중청대피소에서 목을 축인 후 대피소 오른쪽 길로 접어들었다. 통상적인 등산객이라면 중청대피소에서 하루 휴식을 취하고 나서 그 다음날 공룡능선을 타는 것이 일반적이다. 나는 당초대로 하루에 대청-중청-공룡능선을 다 타기로 했다.

대청에 오른 시각이 새벽 5시, 중청을 거쳐 희운각 대피소에 도착한 시각이 7시 20분. 거의 5시간을 쉬지 않고 산행을 한 터이라 몸은 벌써 지쳐있었고, 다리도 힘이 빠져 있는 상태 였다.

희운각대피소에서 점심으로 김밥을 먹고, 물을 보충한 후, 드디어 꿈에 그리던 공룡능선의 길에 올랐다. 신체상태로는 무리임을 잘 알고 있다. 그러나 강행 할 수밖에 없었다. 기왕 빼든 칼, 호박이라도 찔러야 하지 않겠는가 하는 마음과 또 한편 지금 이 능선을 타지 않으면 내 생전에 다시 이런 기회가 오기는 어려울 것이라는 생각이 들었기 때문이었다.

과연 공룡능선은 험하고도 아름다운 절경이었다. 생긴 모습이 공룡이 용솟음치는 것처럼 힘차고 장쾌하게 보인다하여 공룡능(恐龍稜)이라는 이름이 붙었다고 한다. 이 능선을 중심축으로 하여 그 동쪽을 외설악이라 하고 그 서쪽을 내설악이라고 한다.

외설악은 동해 바다 쪽으로 역시 경사가 가파르고 바위봉우리가 웅장하며 폭포가 많다. 그에 비하여 내설악은 비교적 산세가 부드럽고 완만하여 백담사, 봉정암등 사찰이 많이 자리 잡고 있다.

공룡능선의 길이는 5.1km인데 온통 바위로 이루어져 있다. 능선이라고 하여 산 옆에 나 있는 길로 생각하면 오산이다. 공룡능선은 봉우리를 하나 넘으면 또 다른 봉우리가 나타나고 그를 넘으면 또 다른 봉우리가 나타나는 10여개의 봉우리를 넘나들어야 한다. 인생도처 유청산(人生到處 有靑山)이라는 말이 실감이 나게 된다. 내리막길이 있어 내려가면 그 만큼 높이의 오르막길이 연속되는 능선, 북한산 의상봉의 3배 정도의 능선이라고나 할까,

몸은 지치고 길은 너무 험난하여 괜히 고집 피웠다고 하는 후회스러움이 들기도 했다. 항상 고집 피워서 손해만 보았을 뿐, 이득을 본 적이 없었는데…. 이제 산길까지 고집피우다가 이 고생을 하는구나…. 그러나 이제 되돌아 갈 수는 없는 노릇, 수원수구하리오….

지친 몸을 이끌고 능선의 절반쯤인 1,275m봉을 지나니 저 멀리 공룡능선의 끝자락인 나한봉이 보인다. 등산할 때 지도처럼 고마운 것도 드물다. 지도 없이 열 번 가는 것보다 지도를 가지고 한 번 등산하는 것이 산의 지형을 익히는 데 큰 도움이 된다.

그런 의미에서 나는 가급적 등산을 하고 나면 산 밑 가게에서 지도가 그려진 손수건을 즐겨 사는 편이다.

나한봉(1,250m)에 이르러 물통을 보니 물이 얼마 남지 않았다. 준비한 오이를 꺼내 한 쪼각 입에 넣었다. 주저앉아 오이를 먹느라니 어느새 다림쥐 한 마리가 내 옆으로 다가왔다. 공룡능선 다람쥐는 사람도 무서워하지 않나보다. 귀여워서 먹던 오이 쪼각을 던져 주었더니 주둥이로 냄새만 맡아보고

먹지는 않는다. 이럴 때 밤이나 과자부수러기가 있었으면 얼마나 좋을가 하고 생각해 보았다.

다람쥐야! 네가 부럽다. 인간 세상에 태어나 사랑에 속고 돈에 눈물 흘리고, 눈을 빨갛게 해 가지고 출세와 명예욕에 허걱 거리다가 그 좋은 세월 다 흘려 보내고, 이제는 이렇게 폭삭 나이 들어 이 능선을 핵핵 대는 인간에 비하면, 다람쥐야 너야말로 이 대자연속에서 자연과 일체가 되어 단순한 생활을 해 나가니 그 얼마나 좋은 생활인 것이냐, 네가 부럽기만 하구나…. 부질없이 다람쥐 바라보며 중얼거리다가 제 정신 들어보니 갈 길이 아직도 많이 남아있다.

피곤에 지친 몸을 이끌고 마등령에 도착한 시각이 11시였다. 그러고 보면 공룡능선길 5.1km를 3시간 반 걸려서 온 것이 된다.

마등령에서 바라보는 외설악경치는 웅장하면서도 빼어나다. 천불동계곡의 기기묘묘한 암벽도 그렇거니와 화채봉의 모습 역시 호쾌하다. 몸이 지치기는 2년전 11시간에 걸친 백두산 서파능선 트래킹 할 때와 진배 없는 데, 느끼는 감흥은 다르다.

백두산종주 때에는 장엄한 천지를 보고 신비함을 느꼈었는데 비하여 설악은 시원스럽고 호쾌한 감흥이 피부에 와 닿는 느낌이었다.

마등령에서 정국장과 김사장을 만나 캔맥주로 갈증을 달랜 후, 신선대 길로 접어들었다. 마등령에서 신선대까지는 3.7km이지만 온통 돌 길로서 내리막이 쉽지 않았다. 다리에 힘이 다 빠져서 빨리 가려고 해도 몸이 말을 듣지 않는다. 이걸 두고 몸과 마음이 제각기 따로 논다고 하나보다.

간신히 신선대에 도착해서 시계를 보니 오후 1시30분이었다. 등산시작으로부터 치면 신선대까지 11시간 산행한 셈이다. 신선대에서 계곡을 따라 내려가 산악회에서 준비한 식사를 간단히 한 후 설악동 주차장에 가서 버스에 앉은 시각이 오후 3시 30분….

토요일 오후가 되어서 그런지 신흥사 들어가는 길에는 사람들이 북적거렸다. 패잔병처럼 기진맥진해서 설악동 광장길로 내려오는 우리들을 보고 일반행인 중 한 사람이 "산행이 무척 힘들었나 보군요" 하고 말을 건냈다. 아닌게 아니라 정말 힘든 산행이었다.

언젠가 친구 중 한사람이 공룡능선을 다녀왔다고 하면서, 공룡능선은 긴 코스로서 시간만 오래 걸릴 뿐 어렵지는 않는 능선이라고 한 말이 사실이 아님을 몸으로 체험했다. 아마도 자기가 강하다는 것을 나타내고자 한 말이거나, 또는 나도 혼났으니 너도 좀 가서 고생해 보라고 일부러 쉬운 코스라고 했는지도 모르겠다.

아무튼 공룡능선은 수 없는 봉우리로 이루어진 험난한 능선으로서 봉우리를 올라서면 세찬 바람이 몰아쳐서 몸을 가누기가 어려울 지경이었다. 전체가 돌과 바윗길로서 많은 체력이 소모되는 길이라고 할 수 있다.

이 능선을 오색에서 시작해서 마등령을 거쳐 역으로 등산하는 사람도 적지 않게 볼 수 있다. 고통이 있으면 그 만큼 얻는 것이 있듯이 공룡능선길을 타다보면 발걸음 닿는 곳마다 기암절경이고 풍광이 빼어나서 탄식이 절로 나게 된다. 그래서 등산객들이 기를 쓰고 이 능선길에 오르는 것 같다.

버스안의 사람들이 모두 지쳐서 말없이 눈을 감고 있다. 서울로 출발 한지 얼마 안되어 옆자리에 있는 정국장이 말했다. "힘은 들었지만 아주 좋은 산행으로서 등산경력에 오를 만하다고…."

나도 목소리를 낮추어 얘기했다. “NO PAIN, NO GAIN”이라고.. 정국장이 고개를 끄덕거리며 환하게 웃었다. 그 웃는 모습이 설악산만큼 신선해 보였다. (2007.5.26)

백두산 등정기(白頭山 登頂記)

백두산의 동남쪽은 북한, 북서쪽은 중국지역이다. 중국에서는 장백산(長白山)이라고 부르고 있다. 북한지역은 아직 갈 수 없기 때문에 중국을 통해 북서쪽으로만 등정할 수 있다.

흔히 백두산을 다녀왔다고 하면 북쪽(북파) 능선을 대부분 차로 이동해서 5분 정도 걸은 후 천지가 내려다보이는 곳에서 기념촬영하고 내려오는 것을 의미한다. 이는 등정이라기 보다는 관광에 가까운 것….

통일문제연구협의회가 주최하는 백두산 공동워크샵에 참가하는 동안 백두산 천지를 돌아볼 기회를 얻었다. 등산을 좋아하는 나로서는 모처럼 얻은 좋은 기회이었기에 서파(西坡)능선의 트래킹을 선택했다.

앞으로 백두산 등반을 하려는 분들께 도움이 될까하여 우선 백두산 중국지역에 대하여 간단히 소개해 본다.

백두산 중국지역은 크게 북파와 서파로 나뉜다. 천지를 중심으로 북파는 험준한 산세를 자랑하며 서파는 완만한 고산지대를 이루고 있다. 아직 덜 알려진 서파지역은 영화 '사운드 오브 뮤직'의 장면을 떠올리게 하는 광활한 초원지대에 야생화가 흐드러져 새로운 모습을 보여준다. 대자연의 아름다움을 그대로 간직하고 있는 것이다.

고산화원으로 불리는 야생화 군락지에는 6월 중순부터 9월 중순까지 큰원추리, 금매화, 노란만병초, 하늘매발톱, 바이칼 꿩의 다리, 산용담, 개불알꽃 등 이름만큼이나 아름답고 다양한 수많은 종류의 야생화가 자태를 뽐내며 백두산을 찬연하게 수놓는다.

서파능선 종주는 11시간이 넘는 장시간 코스이기 때문에 완주할 수 있는 체력여하가 문제된다. 나도 백두산 종주산행에 대비하여 사전에 월출산, 마이산, 계룡산, 북한산 등 7~9시간 종주 코스를 거친 바 있다.

2,000m가 넘는 고지대이기 때문에 심장이나 혈압이 약한 사람은 가급적이 코스를 피함이 현명할 것이다.

백두산 서파능선코스는 중국 길림성 이도백화진으로 가서 백두산 산문(山門)까지 차로 이동한 후 서파코스 돌계단을 오르는 것부터 시작된다.

1,200여개의 돌계단을 오르고 나면 5호 경계비가 나타난다. 근 1시간정도 계단을 오르고 나면 자신의 체력이 어느 정도인지 가늠이 된다. 선두 group에 끼면 문제가 없겠지만 후미에 뒤쳐지는 경우, 이후 전개되는 10시간에 걸친 본격적인 종주 코스에는 참가하지 않는 것이 현명하다. 북한산을 2번 정도 연속해서 오르내리는 정도의 코스로 보면 무방할 것이다.

해발 1,500m 백두산 서파산문에서 천지까지의 산기슭은 완만한 구릉, 여기서 자생하는 원시림과 관목사이 군데군데 자연의 모습 그대로 광활한 초원을 이룬다. 이름모를 산새들의 청아한 울음소리와, 만년설(萬年雪)속을 흐르는 물소리는 대자연의 오묘한 합창이라고 할 수 있다.

그래서 「산속의 친구는 수풀 속의 새요, 세상의 맑은 소리는 바위에 흐르는 물이라, 산중친우림간조, 세상청음석상천(山中親友林間鳥, 世上淸音石上泉)」이라고 하지 않았던가….

5호경계비에서—마천루—청석봉—백운봉—녹명봉—차일봉으로 이어지는 해발 2,500m가 넘는 영봉들을 5시간 정도 쉬지 않고 up-down을 하는 과정에서 장엄한 천지(天池)를 여러 각도에서 감상하게 된다.

천지를 둘러싼 화구벽은 호반(湖畔)에서 300~500m 높이의 기암절벽과 천태만상의 괴석단애로 이루어져 대자연의 신비감을 더해주고 있다.

눈을 멀리 동남으로 돌리면 장군봉이 보이며, 아래를 내려다보면 처녀원시림이 푸른 치마처럼 둘러 있다. 순식간에 운무에 휩싸였다가 또 삽시간에 걷히는 사이로 봉우리에 올라 망연히 천지와 하늘을 바라보면 도무지 하늘 끝까지 창망일색(蒼茫一色)의 수해(樹海)가 펼쳐져 민족의 영산(靈山)으로서 일대 장관과 가이없는 위엄을 드러내고 있다. 과연 천지(天池)가 신분(神盆)이라고 불리고 있는 것이 명불허전(名不虛傳)임을 알 수 있다.

지난달에 중국이 자랑하는 황산(黃山)에 오른 적이 있다. 풍이 심한 중국인들은 「황산을 보고나면 중국의 다른 산은 보지 않아도 된다. 황산귀래불간악(黃山歸來不看岳)」이라고 하면서 황산을 천하제일기산(天下第一奇山)이라고 하고 있다.

그러나 내가 다녀본 경험에 의하면 황산은 처음부터 끝까지 돌계단으로 이루어진 등산로여서 자연의 묘미가 덜 할뿐 아니라, 산의 생김새가 기기묘묘는 하되, 백두산처럼 장엄하거나 신비하고도 숙연한 맛은 느끼기 어렵다고 생각된다. 그저 북한산 같은 명산(名山) 몇 개를 옮겨 놓은 것이 황산의 모습이라고 할 수 있겠다.

백두산 천지는 직경은 4.5km 둘레는 11.3km이며 수심은 최심부(最深部)가 312m라고 한다. 천지의 물은 맑아서 거울과 같다고 하나, 트래킹 중에 본 천지는 얼음이 얼은 상태였다. 태양과 구름과 안개와 기후의 상황에 따라 천지의 모양은 주변 봉우리와 어우러져 천변만화(千變萬化)하며 때로는 장엄하고 때로는 신비하며 때로는 괴이하고 적적하여 도저히 그 실체를 종 잡기가 힘들다.

망망무제(茫茫無際)의 대자연속에서 문득 운무가 걷히고 신비스러운 절경이 눈앞에 펼쳐지면 오로지 「아아아~」라는 감탄사만 연발될 뿐 달리 말이 나오지 않는다.

원래 백두산(白頭山)의 명칭이 멀리서 보면 산봉우리가 화산재와 만년설로 뒤덮여 있어 희다고 하여 「白頭」라고 했다지만, 어떤 때는 장대비가 쏟아지는가 하면 또 별안간 햇빛이 나서 천지의 모습을 완연히 드러내주고, 또 순식간에 운무에 휩싸여 한치 앞을 볼 수도 없는 극심한 변화가 하루에도 백두번이 이루어진다고 하여 우리말로 「백두산」이라는 산악 guide의 죠크가 그냥 빈말이 아님을 실제 체험할 수 있다.

우리 선인들의 정신적 본향으로 숭경하여 온 무구청정(無垢淸淨)의 별건곤(別乾坤)을 무아의 경지에서 헤메다가 등반시작 10시간만에 장백폭포에 이르렀다. 높이 50m가 높은 거대한 물줄기가 운무와 더불어 힘차게 떨어지며 비말(飛沫)이 충천한데 그 하류 천변에서는 80° 이상의 뜨거운 온천수가 솟아나 계란을 익혀 먹으면 맛이 일품이다.

나는 수년전 세계에서 가장 크다는 브라질의 「이과수」 폭포를 본 적이 있다. 이과수 폭포는 과연 거창하고 기괴하여 엄청난 굉음을 내면서 세차게 흘러내리고 있었다. 그러나 그 물빛은 싯누런 색깔이었고 이렇다 할 감동을 받지 못했다. 이에 비하면 장백폭포는 마치 천상에서 거대한 흰 비단 두 폭을 내리운 듯한 절묘하며 신비스러운 느낌을 불러일으킨다. 마치 조물주가 단애에 극치의 산수화 한 점을 그린 것과 같다고 할 것이다. 백문(百聞)이 불여일견(不如一見)이리라….

장백폭포 건너편의 산봉우리는 만년설로 뒤덮여져 있다. 마치 여인의 풍만한 유방과도 같은 산용(山容)은 우유빛으로 빛나며 눈부신 여름철의 햇살을 받고 맑은 하늘 밑에 고요히 누워있다.

억겁의 세월 쏟아져 내리는 장백폭포와 수만년 녹지 않는 만년설 봉우리는 천신만고, 험준을 헤치고 하산길로 들어서는 필자 같은 인간들을 내려다보면서 무엇을 생각할까? 「부질없이 오락가락 한다」고 웃지나 않을 런지….(2006.6.)

명산에 오르면 세상이 보인다

2부

녹음계류
(綠陰溪流)

* 울울창창 녹음이 우거진 계곡의 물소리는 청아하기만 하다.

가파른 암릉길의 다락능선

주례를 서느라고 토요산행을 못했다. 그래서 일요일 아침 배낭을 둘러메고 집을 나섰다. 오래간만에 도봉산 자운봉(740m)을 오르려고 지하철 1호선을 탔다.

날씨는 맑은데 무척 더웠다. 어제 비가 내렸기 때문에 대지와 수목들이 물을 머금어 더욱 후덥지근했다. 다락능선을 타고 포대능선을 거쳐 자운봉에 올랐다가 망월사를 들려서 하산하는 코스를 선택했다.

다락능선을 타려면 지하철 1호선 '망월사 역'에 내리면 된다. 3번 출구로 나오면 산악인 엄홍길기념관이 나온다. 기념관 옆으로 해서 식당거리를 따라 쭈욱 올라가면 산행입구에 도달하게 된다. 심원사(心願寺) 오른쪽 능선길로 올라가는 길이 다락능선 길이다. 등산로 초입에 '포대능선 2.8km, 자운봉 3.0km'라는 표지판이 세워져 있다.

다락능선이라는 이름은 옛날 다락원이 이곳에 있었다고 하여 붙여졌다고 한다. '다락'이라고 하여 아늑한 '다락방' 또는 과자나 사탕을 넣어 두었다가 꺼내서 손주들에게 주는 그런 낭만적인 것으로 생각하기 쉽다. 그러나 그것은 오산이었다.

다락능선은 암릉의 봉우리를 수 없이 오르 내려야하는 험준한 능선이다. 실제 한번 등산해 보면 실감하게 된다. 이 능선을 경계로 하여 서울시 도봉구와 경기도 의정부시가 구분되기도 한다.

11시 30분부터 심원사를 기점으로 산행을 시작했다. 홀로 산행이기 때문에 산행속도를 내 나름대로 여유롭게 할 수 있었다. 그러나 저러나 날씨가 너무나 더웠다. 30분 정도 치고 올라가는데도 온 몸에 땀이 흐른다. 머리에서 흘러내리는 땀을 막기 위하여 손수건으로 이마를 질끈 동여 맸다. 그래도 얼굴에서 흐르는 땀방울이 대지에 뚝뚝 떨어진다.

암봉 올라가는 길에 밧줄 또는 철줄이 드리워져 있어 위험성은 적은 편이다. 그러나 계속 바윗덩어리를 오르내리는 것은 사람을 지치게 만든다. 일요일이라 그런지 다락능선을 타는 등산객들도 적지 않았다. 그러나 헉헉대기는 모두 마찬가지였다. 능선길이 험해서 그런지 거의가 모두 젊은 등산객들이었다. 나와 같은 60대 연배는 이 능선길에서는 발견하기 어려웠다.

내가 무리를 하는 것이 아닌지도 모르겠다.

다락능선을 타면서 힘들기는 북한산의 의상능선과 흡사하다는 생각이 들었다. 등산 초보자인 경우에는 가급적 다락능선을 피하고 여성봉이나 오봉능선을 선택하는 것이 무난할 것이다.

그러나 암릉길은 험난한 대신에 또 그만큼 스릴이 있다. 암봉에서 펼쳐지는 경치도 일품이다. 암봉에 올라 모처럼 시원한 바람을 쐬면서 조망해 본다. 건너편에 수락산과 불암산이 지척이다. 의정부와 도봉구의 수많은 아파트 군락지가 끝도 없이 펼쳐져 있었다. 다락능선 맞은편 봉우리도 암벽의 흰 절벽이 햇빛을 반사하고 있었다. 서북방향으로 선인봉, 만장봉, 자운봉의 세 봉우리가 우람하게 하늘로 솟아있었다.

도봉산은 암봉이 즐비하다. 그래서 가는 길(道)마다 봉우리(峰)를 만나게 된다고 하여 산 이름을 도봉산(道峰山)으로 명명했다고 한다.

다락능선의 암릉길을 계속 전진하는 데, 내 앞에 어린 소년이 힘 있게 산을 오르내리는 모습이 보였다. 초등학교 저학년생 정도 되어 보인다. 소년은 등에 작은 배낭을 메고 자기 아버지보다도 앞서 가볍게 암릉의 줄을 잡고 오르내리는 것이었다. 신통하고 대견스럽다. 소년의 이마에도 땀이 송글송글 맺혀있기는 마찬가지였다.

“그래, 다른 또래들은 집에서 TV를 보거나 또는 컴퓨터 게임에 몰두하고 있을 텐데 소년아, 너는 이 명산에 이렇게 힘차게 아빠 따라 등산을 하다니. 참으로 기특하구나, 너는 씩씩하게 클 것이며 또한 호연지기(浩然之氣)를 길러 큰 사람 구실을 할 것이야,.."

나 혼자 속으로 중얼 거리며 소년과 그 아버지 곁을 스쳐 지나갔다. 두 시간 반에 걸쳐 천신만고 끝에 포대능선에 올랐다. 포대능선 올라가는 마지막 암벽길은 무척 가파롭고 길기 때문에 저절로 '어잇! 얏!' 하는 기합소리가 나왔다.

드디어 포대능선에 올라섰다. 바람이 부는 가운데 산새소리가 요란하다. 흡사 "너희들 여기 올라오느라고 고생했지?"라고 얘기하는 것 같았다. 자운봉은 포대능선에서 0.3km의 거리인데 Y계곡으로 추락위험이 있어 우회하여야 한다.

도봉산은 전체적으로 산세가 웅장하고 봉우리 마다 기기괴괴한 형상을 한 암봉이 수없이 많았다. 산은 오른 만큼 보여준다. 도봉산에서 가장 높은 자운봉에 오르니 사통팔달 (四通八達) 경기도 일원과 서울시가 한눈에 들어온다. 백운대에 올라 멀리 인천 앞바다를 바라보는 것과 마찬가지이다. 수도권에 이러한 명산을 두고 있다는 것은 참으로 행운이다.

자운봉에서 북쪽으로 뻗은 길이 포대능선이다. 대공포 진지가 있었다고 해서 붙여진 이름이다. 포대 능선길은 1.4km의 거리이다. 포대능선 길에서 사패산 쪽으로 직진하다가 오른쪽으로 꺽어 내려가면 망월사에 이르게 된다.

망월사에 도착한 시각은 15시 10분 경이었다. 망월사 법당(낙가보전: 洛迦寶殿)으로 들어갔다. 법당 안에는 스님 한분이 서서 목탁을 두드리고 있었다. 불자 몇 사람이 절을 하고 있었으며, 왼쪽 구석에서는 보살 한분이 '관세음보살'을 연호 하고 있었다.

나도 방석을 가져와 절을 하기 시작했다. 70배(拜)정도 하니, 얼굴이 온통 땀투성이가 된다. 손수건으로 땀을 닦아 가면서 108배를 마쳤다. 법당에서 나와서 절 마당 나무 그늘 밑에서 잠시 숨을 골랐다. 망월사는 신라시대 때의 절인데 그 규모가 상당했다.

선덕여왕 시절에 지었다는 이 절은 경주 월성을 바라보면서 왕실의 융성을 기원했다고 해서 망월(望月)이라는 이름을 가지게 되었다고 한다.

근대에 만공. 한암. 용성. 전강. 금오. 춘성 같은 선지식을 배출한 절이기도 하다. 춘성(春城)스님은 만해스님을 시봉하면서 불교를 공부한 큰스님이다. 한 겨울에도 불 한번 지피지 않고 장좌불와 했으며 항아리에 물을 채워 놓고 들어앉아 졸음과 싸우며 수행하기도 했던 스님으로 유명하다.

춘성스님이 망월사에 계실 때에는 망월사에는 아예 이불이 없었다고 한다. '이불이란 부처와 이별하는 것'이라면서 이불을 몽땅 불태우고, 잘 적에는 방석으로 배만 덥고 잠깐 눈을 붙인 뒤 다시 일어나 정진하곤 했다는 것이다. 끝없는 정진 끝에 대자유인이 되었던 스님의 열반송이 허허롭다.

"만월청산에는 나무 한 그루 없구나
절벽에서 한 발 나아가야 대장부라
여든일곱 해의 생애가 부질없으니
붉은 화로에 떨어지는 한 조각의 눈과 같구나."

스님이 열반했을 때 몽땅 말라 죽었다던 천중선원 뒤쪽의 소나무는 다시 자라 푸른빛이다. 삼라만상이 무상하지 않은 것이 어디 있으랴.

눈을 들어 낙가보전의 기둥들을 보니 기둥에 쓰인 한문글귀가 모두 관세음보살을 찬양하는 내용이었다.

會於觀音如來會上(회어관음여래회상)
聞熏聞修金剛三昧(문훈문수금강삼매)
仍號觀音跡居寶陀(잉호관음적거보타)
示現此土謳和無方(시현차토구화무방)

欲識大聖感應有實(욕식대성감응유실)
道峰山頂秋月春花(도봉산정추월춘화)

"일찌기 관세음여래회상께서
문훈문수 금강삼매를 닦으셨네
그로 인하여 관음이라 불리면서 보타산에 계시며
이 땅에 나타나셨으니 그 방편이 끝이 없구나
관음의 감응이 헛되지 않음을 알고자 하는가?
도봉산 정상의 가을 달 봄 꽃이로세."

대선사들의 큰 말씀을 어찌 나 같은 속인이 짐작할 수 있으리오. 이는 젓가락으로 대해의 깊이를 알고자 하는 것과 다름없는 우매한 짓일 것이다.

툭툭 털고 일어나 계단 옆에 있는 암반수로 목을 축였다. 축대를 따라 내려가느라니 터 밭에 핀 꽃 사이로 하얀 나비 두 마리가 여름을 희롱하고 있었다.

조금 내려가니 원도봉 계곡의 폭포에 떨어지는 물소리가 우렁찼다. 나뭇잎 사이로 은빛 햇살이 물줄기에 언뜻언뜻 비친다. 하얀 물방울들이 마치 작은 악보를 그리고 있는 것과 같이 아름답다.

그냥 지나치기 아까워서 반석 위에 앉았다. '유심은 걱정이요 무심은 즐거움이라.' 잠시라도 마음을 텅 비우고 대자연속에 앉아 있으니 이 얼마나 즐거운 것인가, 넉넉한 산기운이 온몸을 감싸는 가운데 나도 모르게 뿌듯한 행복감에 젖어든다.

내려오는 길에 큰 바위에는 세로로 〈南無阿彌陀佛: 나무아미타불)글자가 각인되어 있다. 거석문화의 일종일 것이다. 이끼 낀 돌탑 역시 마찬가지일 것이다.

하산 밑자락에는 '엄홍길' 대장의 소년 시절 집터에 표지판이 세워져 있었다. 엄홍길 씨는 세계 최초로 히말라야 8,000m봉 16좌를 완봉한 세계적인 산악인이다.

좀 더 내려가니 민가가 보인다. 하산 종착지에 도달한 것이다. 시계는 17시 30분경을 가리키고 있었다. 심원사－다락능선－자운봉－포대능선－망월사－원도봉계곡－원도봉주차장의 10km 거리를 6시간에 걸쳐 등산한 셈이다.

원도봉 주차장 내려가는 길에 민가에서 웬 농악대 소리가 난다. 대문이 열려 있어 들어가 보니 울긋불긋한 도포를 입은 무속인이 내림굿을 하느라고 작두를 타고 있었다. 넓찍한 마당 앞쪽에는 한복 차려입은 부녀자들이 장구와 징 등을 두들기고 있었다. 작두 타는 무당 앞뒤 쪽에는 부녀자 네명이 단을 받쳐주고 있었다.

오늘날과 같은 최첨단 21세기에도 무속은 숨 쉬고 있는 것이다. 삼각산이나 도봉산 같이 산기운이 좋은 곳에는 예로부터 무속인들의 발길이 끊이지 않았다. 오늘 그 현장을 목격하게 된 것이다. 언제까지 이러한 무속이 이어져 갈 것인지? 북소리 울려 퍼지는 가운데 하늘에는 여름철 뭉게구름이 두둥실 흘러가고 있었다.(2010.7.5)

무더위 속의 조령산(鳥嶺山)

조령산은 괴산과 문경사이에 있는 소백산맥 줄기의 산(1,017m)이다. 조령산에 오르려면 이화령(548m)을 기점으로 하여 산행을 시작하는 것이 통상적이다.

산을 넘는 고개를 '재'라고 한다. 한자로는 령(嶺)으로 표기한다. 고개(峙, 峴)나 재는 될 수 있으면 힘을 덜 들이고 쉽게 넘어가려는 길이기 때문에 산줄기 중에서 낮은 부분인 잘록이를 지나게 마련이다. 잘록이는 지역상 골짜기에 많다. 그래서 고개 또는 재의 길은 골짜기를 따라 시작되는 경우가 많다.

괴산과 문경은 산지가 많은 지역인 까닭에 고개가 많다. 그 중에도 새재와 하늘재 그리고 이화령고개가 손꼽힌다. 조령(鳥嶺)은 '새 鳥자'에 '산 고개 嶺', 그래서 '새재'라고 불린다. 새들이 넘나드는 통로로 새도 쉬어가는 고개라는 뜻이 있다. 문경새재라고 부르게 된 것도 영남사람들이 이 고개를 넘어 서울로 가는 국도이었기 때문이다.

8.2(토), 주말임에도 불구하고 고속도로는 밀리지 않았다. 고속도로 휴게소도 붐비지 않았다. 화장실 역시 뒤에서 줄서서 기다리지 않고 즉시 해결할 수 있었다. 아마도 태풍 나크리(NAKRI)호가 북상 중이라고 해서 그럴 것이다. 산행버스가 이화령에 도착한 시각이 09시 30분 이었는데 설피산악회 버스 외에 다른 산악회버스는 한 대도 눈에 띄지 않았다.

준비운동으로 대충 몸을 푼 후에 왼쪽 능선 길을 따라 산행을 시작했다. 오늘 산행 경로는 이화령－조령샘－조령산－안부－신선암봉－마당바위폭포－시방댐－절골(신풍리)이었다. 5시간 전후가 소요될 것으로 예측되었다.

산행 기점인 이화령에서 정상까지의 거리는 3.5km, 조령산으로 올라가는 등산로는 비교적 완만한 편이어서 별로 힘들임이 없이 1시간 만에 조령샘에 도착할 수 있었다. 걸려있는 플라스틱 바가지로 샘물을 마셔보니 오장육부까지 시원해지는 것 같다.

조령샘에서 한 동안 휴식을 취한 후, 다시 배낭을 메고 통나무 계단을 따라 20여분 올라가니 헬기장에 도착되었다. 능선 길 숲은 온통 소나무와 전나무, 떡갈나무 등이 그늘을 이루고 있었다. 헬기장에 올라 왼쪽을 바라보니 산들이 첩첩한데 저멀리 월악산의 웅자도 가물거린다. 다행히 비는 오지 않는데 무덥고 습기가 있어 온몸이 벌써 땀으로 젖어있었다.

헬기장에서 조령산 정상까지 가는 능선 길에는 야생화들이 많이 피어 있었다. 야생화는 언제 보아도 아름답다. 산행객들의 피로를 씻어준다. 그 순수한 아름다움은 보는 이로 하여금 경탄을 자아내게도 한다.

주위를 둘러보니 원추리도 만개해 있었다. 숲속에는 동자 꽃이 여기저기 많이 피어 있었다. 주홍빛 뺨을 자랑하는 동자 꽃의 모습을 보니, 누구에게나 듬뿍 사랑을 받는 귀염둥이가 웃고 있는 것 같았다.

아름다운 야생화에 눈길을 팔리면서 조령산 정상에 올랐다. 정상에는 설피산악회원들 이외에는 아무도 없었다. 정상 표지석을 온통 전세낸 듯 여유로운 표정으로 사진들을 찍고 있었다.

정상에서 얼마간 내려가니 전망대에 이르게 되었다. 장엄한 풍경이 한 눈에 들어온다. 충청도와 경상도를 가르는 능선의 찬란한 출렁임이 장관이다. 진경산수화(眞景山水畵)의 한 폭이 황홀하게 눈앞에 펼쳐지고 있었다.

주흘산과 조령산이 쌍벽을 이루고 있는 가운데 동에서부터 대미산(1115m), 포암산(961m), 월항삼봉(847m), 부봉(914m), 마역봉(910m), 신선봉(968m), 백화산(1,063)등의 자세가 융융하다. 백두대간이 힘차게 달리는 가운데 저 멀리 속리산과 월악산도 시야 권에 들어온다.

신북천을 끼고 동으로 돌면 하늘재(525m)가 이어지고, 이화령 한 가운데 골짜기를 파고들면 새재(625m)가 된다. 이 융융한 첩첩산중의 산허리인 조령에서 임진란 때 왜군을 맞이했으면 능히 막아낼 수도 있었을지 모른다.

최근에 개봉된 "명량"이라는 영화의 한 장면이 떠오른다. 충무공이 불과 판옥선 12척을 가지고 명량해협에서 조수간만(潮水干滿)의 차를 이용하여 왜선 330척을 불태우며 기적과 같은 대승을 거둔다. 왜선들이 참패도주하자 이 전투장면을 산위에서 가슴조리며 지켜보던 수많은 백성들이 이순신 장군이 탄 배를 향하여 엎드려 큰 절을 올린다. 이 장면에서는 관객 누구나 눈물을 흘리게 된다.

임진왜란 시절(1594), 신립(申砬)장군은 조령에서 가토 기요마사(加藤清正)와 고니시 유키나가(小西行長)가 거느린 왜적을 막아 내려하지 않고, 충주의 탄금대에서 배수진을 치고 물리치려다가 8,000여명의 전사와 함께 신립 자신도 수중고혼이 되고 만다. 애석하기 그지없다.

탄금대(彈琴臺)는 가야의 우륵이 가야금을 연주하던 경치 좋은 곳이다. 수백 년이 지난 오늘에도 남한강의 물은 유유히 흐르건만, 신립장군의 한을 달래는 장한곡(長恨曲)은 누가 있어 가야금 줄을 뜯을 것인가!

소백산맥 줄기를 형성하면서 백두대간을 힘차게 달리는 산천을 보니, 자연의 무궁함에 숙연해진다. 산천은 만고의 주인인데 비하여 인간은 그저 백년 동안 잠시 다녀가는 손님에 불과한 것이다.(山川萬古主, 人間百年賓).

전망대에서 하산 길로 접어들었다. 안부 쪽으로 내려가는 중에 종당 비가 뿌리기 시작했다. 모두들 우의를 꺼내서 입었다. 이렇게 비가 오면 신선암봉쪽은 위험해서 피함이 타당하다. 왜냐하면 조령산은 오르기는 쉬워도 신선암봉을 거쳐 하산하는 길은 힘들고 위험한 코스이기 때문이다. 특히 신선암봉 가는 데는 수없이 로프를 잡고 바위를 오르내리는 난코스들이 있어 자칫하면 사고가 나기 쉬운 곳이다.

그래서 신선암봉을 포기하고 안부에서 왼쪽 능선 길로 하산하기 시작했다. 날씨가 그간 가물었다가 오래간 만에 비가 내려서 그런지 비를 환호하는 버섯들이 여기저기에서 모습을 드러내고 있었다.

약 삼십분쯤 지나자 빗줄기가 가늘어지고 멈추기 시작했다. 골짜기 너른 공터에서 간단히 식사를 했다. 오늘의 하이라이트는 회원 중 젊고 힘이 좋은 회원 한사람이 배낭에 큰 수박 한통을 꺼내 쪼개서 20여명의 산악 회원에게 대접했던 때였다. 수박의 무게가 9kg에 이른다고 한다. 그 무거운 수박을 3시간 넘게 짊어지고 다니다가 화원들에게 대접하는 그 정성이 놀랍기만하다. 산의 큰 마음을 그대로 펼쳐 보이는 것 같은 풍경이었다.

식사를 마친 후 골짜기를 따라 하산하는 능선 길은 가파르지 않았다. 지난달의 어답산 하산 길은 무척이나 가파로웠다. 비온 뒤라 숲의 나무들은 정말 싱싱했다. 골짜기 여기저기에 피어있는 야생화 역시 비에 젖어 그 생명력이 한층 돋보였다.

역경을 겪어야 인간이 될 수 있고, 뜨거운 불길에서 단련을 받아야 명검(名劍)이 될 수 있다고 한다. 찬 서리 비바람 속을 묵묵히 이겨내고 이처럼 계절이 되면 어김없이 찬란하게 대자연을 수놓고 있는 야생화가 그저 대견스럽기만 하다.

숲을 벗어나 임도를 따라 절골 마을로 접어들었다. 밭에는 참깨 꽃이 하얗게 피어있었다. 그 뒤로 옥수수 밭이 줄지어 있었다. 마을 길옆에 봉선화가 빨갛게 피어 있었다. 봉선화가 나로 하여금 오래간만에 옛날로 돌아가게 했다. 누님이 봉선화 꽃잎을 백반가루에 찧어 손톱에 감싸 매던 그 시절이 그립기도 했다. 그 봉선화 옆에 코스모스가 피기 시작하고 있었다, 바람이 휘익 부니 코스모스가 부러질 듯이 휘어진다. 비록 연약해서 바람에 흔들려도, 코스모스가 피면 천하에 가을이 오고 있음을 알리는 위력이 있다.

돌담 옆의 나리꽃도 활짝 웃고 있었다. 이렇게 외떨어진 산촌에서 홀로 자생하면서 겸손한 자세로 살아가는 들꽃들의 모습이 아름답다. 인간세상을 둘러보면 저마다 잘난 체하는 과시 병에 걸린 사람들이 얼마나 많은가, 또 선거 때만 되면 저마다 애국자를 자처하며 나서는 자가 그 얼마나 되는가, 산천과 수목은 우리에게 많은 것을 일깨워주고 있다.

포장도로 건너편에 산행버스의 모습이 보인다. 고속도로가 막히질 아니하여 산행버스는 오후 7시경에 잠실역에 도착했다. 서울거리에는 가는 비가 내리고 있었다. (2014.8.3.)

겸허를 일깨워 준 어답산(御踏山)

횡성은 강원도 서남부에 있는 인구 4만여명의 비교적 작은 군에 속한다. 어답산(御踏山 789m)은 강원도 횡성군 갑천면에 위치하고 있다. 한강기맥이 북쪽으로 병풍을 이루고 태기산이 동쪽에 손에 잡힐 듯 펼쳐진 곳으로 횡성댐을 품고 있다. 어답산의 유래는 삼한의 하나인 진한의 태기왕 전설에서 유래한 것으로서 태기왕이 신라의 박혁거세에게 쫓겨 이곳 어답산으로 피해 왔는데, 왕이 밟은 산이라 하여 어답산이라 했다는 것이다.

어답산을 내려오면 병지방 계곡을 만나게 된다. 계곡물이 맑고 청정하기로 이름이 나있다. 병지방리(兵之方里)는 옛날 진한의 태기왕이 이곳에서 병졸을 키운 곳이라고 한다. 태기왕이 피묻은 갑옷을 벗어 이곳 계천(桂川)에서 씻었다고 해서 갑천(甲川, 官垈川)이란 이름이 붙여졌다고도 한다.

오늘 산행은 횡성온천 - 선바위 - 300년 장송 - 낙수대 - 어답산 - 소봉 - 백암 - 산뒤계곡의 등산로였다. 4시간 정도의 산행거리였다.

09;45분경에 산행버스에서 내려 간단한 체조를 한 후, 횡성온천 건물의 왼쪽 길을 100m 쯤 가로질러 전진하자 오른쪽으로 숲속의 등산로가 나타났다. 그 능선 길의 나무계단을 따라 본격적으로 산행을 시작했다. 산행 들머리는 야산 비슷했으나 어느 정도 올라가니 수목의 줄기가 굵어지면서 키 큰 소나무와 참나무들이 울창했다. 날씨는 본격적인 여름철로 접어들어 반 시간 정도 치고 올라가니 벌써부터 이마에 땀방울이 맺히기 시작했다. 숲길은 아직 손때가 묻지 않은 원시상태의 모습을 간직하고 있었다.

언제나 이렇게 숲길을 걸을 때는 한결 마음이 편안해진다. 이제 도회지를 벗어났다는 시원스러움을 맛보기도 한다. 주지하는 바와 같이, 전화를 처음 발명한 사람은 알렉산더 그레엄 벨(BELL)이다. 벨연구소에 가면 벨의 흉상(胸像)이 세워져 있는데, 그 흉상 아래에 “가끔 일상에서 벗어나 숲속으로 뛰어들라. 그러면 종전에는 전혀 볼 수 없었던 그 무언가를 발견할 수 있으리라”라는 문구가 새겨져 있다고 한다.

그렇다! 숲이 우리에게 주는 영향은 정말로 크다. 안데스의 울창한 산림은 지구의 산소량의 큰 부분을 메꾸고 있다. 산소량이 풍성한 이러한 숲속을 거니느노라면 한결 정신이 맑아지면서 기분이 삽상(颯爽)해진다. 숲은 자애로운 어머니처럼 우리를 언제나 감싸안고 편안하게 해준다.

한 시간쯤 오르니 선바위가 나타난다. 거창한 바위가 우뚝 서서 만고풍상을 이겨내고 있는 모습이 늠름하다. 이처럼 거대한 암석이 햇볕을 쪼이면서 내뿜는 원적외선은 찜질방에서 전기로 돌을 달구워 발산시키는 인공의 적외선과는 차원이 다를 것이다. 선바위 옆에 설치된 벤치에 앉아 휴식을 취하며 심호흡을 했다. 날씨는 무덥고 바람이 없어 오름길의 산행은 온몸을 땀으로 적시게 했다. 수건을 꺼내서 머리를 질끈 감아 이마에서 흘러내리는 땀을 막아냈다.

다시 배낭을 메고 10여분 쯤 올라가느라니 무덤이 한 개 쓸쓸히 놓여있다. 횡성의 오지에 속하는 어답산, 이 높은 곳에 무덤을 쓸 정도이면 당시에는 행세깨나 하는 집안이었을 텐데 세월이 지나 이제는 풀만 자란 황량한 모습이다. 세월은 무상하기만 하다. 가신 분은 모습이 없건만, 무덤 한 구석에 피어 있는 이름 모를 야생화는 계절이 왔음을 알리고 있었다.

무덤을 지나 얼마간 올라가니 매우 우람하고 장중한 소나무 한 그루가 능선 옆에 우뚝 솟아 있었다. 300년 장송이라고 안내판에 소개되어 있다. 나무 중에서 소나무는 가장 의연하고 품격이 있다. 찬서리 눈보라에도 푸른 빛을 결코 변치 않고 있다. 소나무 송(松)자를 파자(破字)해 보면, '나무목'(木)에 '존칭할 공'(公)이 합쳐진 것이다. 나무들 중에서 존경칭호를 받을 수 있는 나무가 소나무라는 뜻으로 풀이된다. 그래서 예로부터 소나무를 선비의 기상과 절개로 표현했다.

절개에는 남녀의 구분이 없어, 송이(松伊)라는 명기도 다음과 같은 시조를 읊었다.

솔이 솔이라 하니 무슨 솔로 여기는다.
천심절벽의 낙락장송이 내 귀로다.

길 아래 초동의 접낫이야 걸어볼 줄 있으랴.

〈소나무, 소나무 하니 무슨 소나무로 생각하는가, 천 길이나 되는 절벽 위에 우뚝 솟아 있는 소나무가 바로 나인 것이다. 길 아래 지나 가는 나무꾼 아이들의 작은 낫으로 어찌 걸어볼 수 있으랴.〉 자신이 비록 기녀이기는 하지만, 서리발처럼 차고 매운 자세와 고고한 절개를 가진 몸이라는 것을 이 시조를 통하여 잘 표현하고 있다.

소나무가 이처럼 품격있고 의연한 나무임에도 어답산의 장송에는 수많은 등산객들이 너나 할 것 없이 이 소나무에 걸터앉거나, 비스듬히 기대거나, 심지어 엎드린 자세로 사진 찍기에 여념이 없다. 소나무도 300년쯤 세월이 흐르면 할아비처럼 관대해져서 그저 귀엽다고 허허 웃는지도 모르겠다.

장송에서 안부를 거쳐 낙수대로 오르는 길은 내리막과 오르막이 거듭되는 길이었다. 낙수대로 오르는 가파른 오르막에서 보폭을 넓게 하여 위로 오른발을 떼어놓는 순간, 갑자기 오른쪽 다리 뒤에 "따악~! '하는 큰소리가 났다. 누가 내 오른쪽 종아리를 등산 스틱끝으로 찌른 줄로 알고 뒤를 휘딱 돌아 보았다. 그러나 내 뒤에는 아무도 없었다. 그래서 다시 발을 떼어 놓으려고 하는 순간 종아리가 아파서 도저히 발을 디딜 수가 없었다. 할 수 없이 길 옆에 주저앉아 종아리를 걷어보니 도무지 그 원인을 알 수가 없었다. 그런데 오른발만 떼어 놓으면 종아리가 땡기고 아프기만 했다. 그때서야 아하! 이것이 말로만 듣던 종아리 근육이 파열 된 것이구나!

나는 평소에 걷는 것을 좋아해서 충무로 전철의 긴 환승계단도 걸어 올라가곤 했다. 공룡능선도 당일로 주파했고, 화계사의 철야 3천배도 9시간에 걸쳐 거뜬히 해 냈었다. 100대 명산도 거의 모두 섭렵했다. 그래서 누구보다도 체력에는 자신이 있었다. 산행을 할 때에도 대부분 앞장을 서곤 했었다. 그러다가 오늘 단단히 혼나게 된 것이다. 자만심을 버리고 겸허한 자세를 가지라고 산신령님께서 채찍으로 나의 종아리 근육을 터트리신 것이다. 나의 오만 방자함을 크게 꾸짖으신 것이다. 나는 걷기가 너무 힘들어 배낭을 열고 가지고 다니던 파스를 몇 장 발랐다. 그러나 통증은 그대로 였다. 얼마간 휴식을 취한 후 절름거리며 낙수대로 향했다.

낙수대는 천지개벽 당시, 낙수대 아래까지 물이 차올라 바위에 걸터앉아 낚시를 하였다고 하여 붙여진 이름이라고 안내판에 적혀 있었다. 과연 천지개벽 당시에 낚시를 할 수 있는 장비가 있었을까? 그러나 낙수대에서 바라보는 횡성호와 이를 둘러싼 겹겹의 산줄기들은 7월의 녹음과 함께 장관이었다.

낙수대에서 정상까지는 10분도 안 걸리는 거리였다. 정상에는 '장군봉 789m'라는 조그마한 표지석이 있었다. 산행들머리에서 정상까지 2시간이 소요된 셈이다. 여름 더운 날이어서 그런지 정상에는 아무도 없었고, 설피산악회 회원들 만이었다. 오늘 어답산을 전세받은 셈이었다.

날씨가 쾌청했다. 그래서 정상에서 주위를 둘러보니 사면 팔방의 모든 경관들이 한 눈에 들어온다. 어답산을 중심으로 동으로는 태기산, 서쪽으로는 병지방리로 이어지는 협곡이 보이고 그 너머로 멀리 오금산, 가리산이 아스라이 보인다. 남쪽으로는 매화산, 그리고 북으로는 홍천 땅의 공작산 줄기 등이 가물거린다. 이 강산의 장엄함과 아름다움은 언제나 감격적이다. 경관의 황홀함이 잠시 다리의 통증을 잊게 해 준다.

어답산 정상에서 왼쪽능선으로 빠지면 원점회귀의 산행길이 된다. 그러나 설피산악회는 병지방 계곡의 물놀이를 즐기기 위해서 정상에서 직진해서 산뒤계곡길로 하산했다.

하산길은 급경사를 이루고 있는 험난한 등산로이었다. 상수리나무와 참나무 그리고 소나무들만이 빽빽이 들어찬 숲길이었다. 수목은 울창하고 급경사일 뿐 아니라 바람이 한 점도 없어 흡사 밀림지대를 탐사하는 것처럼 진땀을 흘렸다. 수목만으로 채워져 태고의 모습을 그대로 간직하고 있는 곳은 보기에 좋으나, 산행하는 입장에서는 더위를 식혀줄 계곡의 물소리가 그리울 뿐 이었다.

고생을 하면서 한 시간쯤 내려오니, 드디어 병지방 계곡줄기에 도달했다. 계곡과 어답산 사이에는 임도가 갈라놓고 있었다. 임도를 따라 절룩거리며 내려갔다. 다리근육이 파열된 후 너무 걸어서 그런지 종아리가 부어오른 것 같기도 하고 땡기는 아픔은 더해가는 것만 같았다.

'건강을 잃고 나야 비로소 건강의 가치를 안다'는 말이 언뜻 생각났다. 평소 같으면 이러한 임도를 얼마나 휘파람 불면서 즐겁게 걸었겠는가. 그런데 지금은 절뚝거리며, 뒤에 쳐져서 빨리 산행길이 끝나기만을 바라다니~ 금석지감(今昔之感)일 뿐 이었다. 절뚝거리는 나의 모습을 고소하다고 웃는 것일가 또는 가엽다고 동정하는 것일가, 숲길 옆의 붉은 나리꽃이 활짝 핀 채 미소 짓고 있었다.

임도가 끝나는 지점에 다리가 보이고 다리 아래로 병지방리 천(川)이 흐르고 있었다. 모두들 물에 들어가 산행의 고달픔과 더위를 씻었다. 산행일정을 모두 마치고 귀경버스에 오른 것은 오후 3시경이었다. 횡성읍내에 가까운 곳에 있는 음식점에서 먹은 횡성불고기는 과연 맛이 있었다. 가격에 비해 량이 적은 것도 그 맛 때문일 것이다. 횡성쇠고기 맛이 정평이 있듯이 횡성 우시장 역시 전국적으로 규모가 큰 소시장으로 유명하다.

고속도로가 별로 막힘이 없어 서울의 잠실역에 오후 7시가 채 안 된 시각에 도착했다. 지방산행 중 모처럼 일찍 도착한 시간이다. 절뚝거리며 버스에 내려 택시를 잡아타고 돈암동 집에 도착했다. 아파트 경비원 아저씨가 놀라면서 나를 부축하려고 한다. 창피하기도 해서 부축을 사양하고, 왼발만의 깽깽이 걸음으로 집안에 들어섰다. 자초지종 설명한 후 마련해 준 소염제를 먹으면서 얼음찜질을 했다. 한결 고통이 사라지는 것 같았다. 산이 아무리 좋다하더라도, 역시 인간은 가족이 있는 자기 집이 최고라는 생각이 저절로 들었다.(2014.7.6)

어머니처럼 넉넉한 지리산(智異山)

학창시절에 '지리산' 하면, 우선 큰 산이라는 점과 동시에 '빨치산' '공비토벌' 등이 연상되었었다. 한국전쟁의 상흔이 아물지 못한 때이었고 또 '멸공통일'이 국시(國是)의 하나였던 때 였었다.

그리고 한편 한자로는 지이산(지혜智,다를異)이라고 쓰고, 읽기는 왜 '지리산'으로 읽는지 그것도 궁금했었다. 지리산의 장엄함과 드넓음이 이곳에 머무르는 사람을 지혜롭게 만드는 것일까, 예로부터 지리산에서 '지혜로운 이인과 기인들'이 많이 배출되었다고 한다. 최치원, 이인로, 조식, 도선국사와 서산대사 등이 이곳에서 은거했었다고 한다.

지리산은 높이로도 한라산(1,950m)에 이어 두 번째로 높은 산이다(1,915m). 지리산의 넉넉함은 마치 드넓은 어머니의 치마폭을 연상시킨다. 그도 그럴 것이 지리산은 동서의 길이가 2백여 리에 달하고, 남북으로 백여리를 걸쳐 있다. 5개시. 군 (남원, 구례, 하동, 산청, 함양)을 싸안고 있다.

하나의 산맥이라고 해도 무방할 정도로 지리산은 광활하다. 한없이 깊고 넓은 품안에 수많은 생육(生肉)들을 담고 있는 곳, 바로 대자연이 그 자체가 어머니 품과 같은 곳이 지리산이다.

산이 높고 골이 깊은 만큼 지리산은 곳곳에 절경을 이루고 있다. 이러한 지리산의 절경들을 온전히 감상하려면 여러 차례 지리산에 다녀와야 할 것이다.

지리산 절경 중에서도 노고단에서 보는 운해(雲海), 반야봉의 낙조(落照), 벽소령의 달빛, 바래봉의 철쭉, 불일폭포의 거창한 물줄기, 연하봉의 별천지 같은 분위기, 천왕봉의 장엄한 일출(日出), 칠선계곡의 오색영롱한 물보라, 피아골과 뱀사골의 가을 단풍 등이 뛰어나다.

6월 셋째 토요일(6.21), 잠실역에서 아침 7시에 출발한 산행버스는 4시간 반만인 11시30분경 성삼재에 도착했다. 성삼재에서 노고단 까지는 2.8km, 노고단 올라가는 길은 다소 가파른 계단길이다.

아침부터 날씨가 흐리더니 노고단 올라가는 계단 밑에 이르렀을 때, 빗방울이 떨어지기 시작했다. 6월의 푸르름은 한층 여름을 재촉하는데, 비와 더불어 지리산 전체가 운무에 휩싸여 있어 신비로움을 연출하고 있었다. 우의를 꺼내서 걸치니 후덥지근하다. 궂은 날씨에도 불구하고 노고단 정상에는 등산객들의 울긋불긋한 옷차림이 수를 놓고 있었다.

지리산 주맥(主脈)은 노고단에서 최고봉인 천왕봉에 이르기 까지, 서쪽에서 동쪽을 향해 한일자(一字)형상으로 뻗어있다. 그 길이는 백리를 넘는데 마치 커다란 용 한마리가 힘차게 용틀임 하면서 날아가는 모습이다. 오늘은 날씨관계로 저 멀리 천왕봉의 웅자(雄姿)를 볼 수 없음이 아쉽기도 했다.

노고단에서 기념촬영을 한 후, 왼쪽 숲길로 꺾어 들었다. 노고단에서 돼지령까지는 2.1km의 거리이다. 돼지령을 지나 노루목 쪽으로 향했다. 노루목에서 중식을 해결한 후 삼도봉으로 향했다. 노루목 고개에서 반야봉으로 오르지 않고 오른쪽 길로 접어들어 삼도봉 쪽으로 전진했다.

노루목에서 삼도봉은 1km의 능선길로서 20분정도가 소요되었다. 삼도봉에 도착한 시각은 14시40분경이었다. 성삼재에서 약 3시간 정도 걸린 셈이었다. 이 봉우리를 기점으로 해서 경남과 전남, 전북 3개도가 준별된다고 해서 삼도봉(三道峰. 1,533m)이라고 한다. 우리나라에서 삼도봉의 표지석이 제대로 갖추어 진 곳은 민주지산(1,241m)이다. 충북과 전북, 경북도를 구분하는 봉우리로서 용틀임의 표지석이 예술적이고 거창하다. 경북 영주의 어래산(1,063m)의 삼도봉은 경북과 충북, 강원을 구분하는 봉우리이다.

삼도봉을 지나 나무계단을 따라 내려가니 비교적 널따란 언덕이 나타난다. 이곳이 화개재이다. 옛날 사람들이 물물 교환하던 생활의 터전이다. 여기서 반선(9.2km)에 이르는 북쪽 사면의 계곡이 그 유명한 뱀사골 계곡이다.

뱀사골은 뱀이 죽은 골짜기라는 뜻이라고 안내판에 씌여 있다. 1,300년 전 송림사에서는 해마다 칠월칠석이면 법력이 높은 승려를 뽑아 불공을 드리면 신선이 되는 행사가 있었다. 매년 이어지는 이 행사를 이상하게 여긴 고승이 그 해에 뽑힌 승려의 옷자락에 독을 묻혀 보냈다. 그런 다음날 발견한 것은 죽어있는 이무기였다. 결국 송림사는 매해 승려 한명씩을 이무기의 제물로 바쳐온 셈이었다. 이무기가 죽은 골짜기라는 뜻의 뱀사골이 되었다는 것이다.

그러나 뱀사골을 정작 산행해 보면, 계곡줄기가 마치 뱀의 형상처럼 꾸불꾸불 끊임없이 이어져 내려옴을 알 수 있다. 그 계곡사이로 물줄기가 기운차게 흐르고 있다. 그래서 내 나름대로 추측하기를, 뱀사골이란 뱀이 죽은 것이 아니라, '뱀'자에 또 '뱀사'(蛇)자가 합쳐서 이루어진 '뱀골'을 강조하는 말이 아닌가 생각된다, 이는 흔히 우리가 역전앞'이라고 말하는 것과 같기도 하다.

쓸모 없는 생각을 하면서 계곡을 따라 하산하느라니, 계곡 곳곳에 야생화의 아름다운 모습이 눈에 들어온다. 시원한 계곡 물소리와 이따금 들리는 청아한 산새 소리는 도시의 소음에 찌든 귀를 말끔히 씻어주는 것만 같다.

뱀사골 계곡은 평탄하기는 하지만 그렇다고 하여 결코 만만하게 볼 것은 아니다. 거의가 너덜길의 연속이었다. 습기가 차고 비가 뿌려서 돌이 미끄러워 자칫하면 다칠 우려가 있다. 내딛는 발 끝에 신경을 쓰다보면 정작 아름다운 자연의 풍광은 소홀해지기 마련이다.

산행시간이 5시간이 넘어서서 다리에 힘이 빠지기 시작할 무렵, 간장소(沼)에 도착했다. 화개재를 넘어 온 소금장수가 미끄러져 소금지게와 함께 빠져서 소금이 간장이 되었다는 연못이 간장소라고 한다. 깊이가 얼마나 되는지 물이 파랗다 못하여 검은 빛깔을 띄고 있었다. 여기서 푸욱 쉬고 세족(洗足)이라도 했으면 얼마나 좋을 가하고 생각했으나 뱀사골 주차장에 18시까지 도착해야하기 때문에 계속 전진할 수밖에 없었다.

요즘 같은 이러한 가뭄에도 소(沼)를 만들어내면서 끊임없이 흐르는 물줄기를 보니, 그 옛날 남부군들이 왜 지리산 골짜기를 본거지로 했는지를 알 수 있을 것 같았다.

칠선계곡이나 뱀사골계곡 모두 30리 넘게 뻗쳐있으며, 곳곳에 소(沼)를 이루고 있는 절경을 이루고 있어, 심신을 수련하고 도력(道力)을 증진시키기에는 안성맞춤인 곳이다, 그래서 그런지 지리산 심산유곡에서 신통력을 얻었다고 하여 혹세무민(惑世誣民)하는 사람들도 가끔 나타난다.

60년대에 세상을 떠들썩하게 했던 모교주도 그 중의 한사람일 것이다. 토굴에서 수도하다가 신통력을 얻었다고 하여 도인행세를 하다가 음욕의 늪에 빠져, 결국 신도들에 의하여 비참한 최후를 맞게 된다.

그 후 70년대 초반에도 이상한 도인이 나타났었다. 만지기만 하면 병이 고쳐진다고 하는 신통력을 지녔다는 사람이었다. 그 역시 병을 고치고자 찾아온 여인들과 타락의 늪에 빠져 허덕이기는 마찬가지였다. 다행히 자기가 악령의 지배에 의하여 비행을 저지르고 있음을 참회하고 그 표시로 자기의 남성을 거세했다. 그러자 그를 따르던 신도들이 하나 둘 그의 곁을 떠났다. 여인들은 남자구실을 못하는 그에게서 차갑게 돌아섰던 것이다. 그는 버티지 못하고 지리산의 운해(雲海)속으로 사라졌는데 이후 그를 보았다는 사람은 아무도 없다고 한다.

뱀사골을 벗어나는 지점에 있는 와운교(臥雲橋)를 지나니, 화장실이 설치되어 있었다. 화장실에서 주차장으로 가는 길은 두 갈래였다. 위쪽은 평탄한 포장도로이고, 아래쪽은 나무계단으로 이어진 숲길이었다. 뱀사골 내려오는 길이 만만치 않아 다리에 힘이 빠진 터라 평탄한 윗길을 선택했다.

3시간에 걸쳐 뱀사골을 내려오는 동안 울울창창 우거진 원시림, 끊임없이 소리 내며 흘러내리는 물줄기, 그리고 하얀 포말을 이루는 소(沼)는 마치 한 폭의 수채화를 보는 것처럼 아름답고 싱그러웠다.

이처럼 좋은 산천 속에서 행보를 해서 그런지, 반선(半仙)마을로 접어들게 되니, 어느덧 나도 절반정도 신선이 된 듯하다는 느낌이 들기도 했다. 가을철에 단풍이 들면 풍광이 보다 찬란할 것이다. 그때 뱀사골 계곡의 바위에 걸터앉아 계곡의 폭포수를 바라보게 된다면 자질구레한 근심걱정들은 저절로 사라지리라.

뱀사골 주차장에 도착해서 지리산 줄기를 다시 한번 바라 보았다. 운무가 자욱한 가운데 그 모습을 도무지 종잡을 수가 없다. 참으로 광활하고 장엄하다는 느낌만이 들었다. 그리고 지리산 골짜기는 어느 곳이건 너무나 길고 후미진 원시자연상태라는 생각이 든다.

지리산 기슭의 산청군 삼장면의 골짜기도 매우 깊고 후미진 곳이다. 그래서 서부경남 일대에서는 '그 사람 삼장 갔다'면 못 찾는 것으로 알라는 뜻으로 통한다. 도시에서나 마을에서 남의 돈을 떼어 먹었거나 강도짓 등을 저지르고 지명수배가 되더라도 일단 삼장으로 숨어들기만 하면 찾아내기는 틀렸다는 것이다.

최근 언론에서 세월호참사의 주된 원인을 제공한 '유병언'이가 지리산에 들어갔다고 보도한 적이 있었다. 만일 그가 지리산으로 스며들었다면 찾아내기는 지극히 어려울 것이다. 지리산은 그처럼 광활하고 그 골짜기는 깊고 끝 간 데를 알 수 없을 정도로 유현(幽玄)하기 때문이다.

어쨌든 간에 서울에서 아침에 출발하여 성삼재를 산행 기점으로 하여 노고단 - 임걸령 - 삼도봉 - 화개재 - 뱀사골 - 제승교 - 뱀사골주차장에 이르는 19km의 35,000여보의 산행거리를 당일에 주파하고 상경했다는 것은 자긍심을 가질만한 산행이라고 할 수 있겠다.(2014.6.23.)

산기운 그윽한 용화산(龍華山)

토요일 아침 일찍 서둘러 동서울터미널에 나가 춘천행 버스에 몸을 실었다. 춘천에는 오봉산, 삼악산, 용화산의 세 개 명산이 있다. 오봉산과 삼악산은 이미 다녀보았기에 이번 산행지를 용화산으로 잡았다.

용화산은 해발 875m의 산이다. 춘천과 화천군의 경계에 있는 산으로 춘천호와 소양호 그리고 파라호가 펼쳐지는 100대 명산의 하나인 산이다. 서울을 출발한지 1시간 30분만에 춘천 시외버스터미널에 도착했다.

춘천시외 버스터미널에서 택시를 타고 중앙동까지 가서 그곳에서 화천행 버스를 갈아타려고 했다. 그런데 젊은 택시기사가 화천가는 '대동운수 버스'는 하루에 다섯 차례 밖에 운행되지를 않아 시간을 맞추기가 어려울 것이라고 한다. 그래서 기왕지사 택시를 탄 김에 용화산 자연휴양림까지 삼만원 내고 택시로 이동했다.

용화산 자연휴양림 들어가는 입구인 양통마을 지나느라니 산악회버스 한 대가 주차하고 있었다. 사여교 근처에서 삼십명 가량의 산악회원들이 준비 운동으로 몸을 풀고 있었다.

하얀집을 지나 휴양림 관리사무소에 도착한 시각은 오전 10시였다. 서울을 떠난지 2시간 반에 산행기점에 도착한 것이다. 이제는 전국도로망이 잘 정비되어 있어 웬만한 곳은 얼마든지 당일 산행이 가능하게 되었다.

산행은 여럿이 하면 즐겁다. 그러나 나름대로 사색하면서 자연을 감상하려면 홀로 산행이 제격이다. 관리사무소 왼쪽의 등산로로 접어들었다. 사위는 조용하고 숲 속에 등산객은 나 혼자뿐이었다. 나의 정다운 친구인 돌멩이와 풀과 나무에게 웃으면서 감사의 인사를 했다.

계곡을 따라 사여령쪽으로 쭈욱 따라 올라갔다. 아침햇살이 숲 속에 언뜻 언뜻 비치는 가운데 이따금 산새소리가 청아하다. 강원도 무공해지역의 산새소리가 더욱 맑은 것처럼 들린다.

나무특유의 향내가 물씬 나고 있었다. 깊은 산속의 나무가 각종병균과 해충, 곰팡이로부터 자기보호를 위하여 내뿜는 피톤치드(phytoncide)가 신선한 공기 속에 충만하다. 듣건대 피톤치드는 나무 생육이 가장 활발한 초여름에서 늦가을까지가 많이 생성되며 다른 계절보다 10배의 효과가 있다고 하니 오늘 되도록 산행을 쉬엄쉬엄 오래하리라.

30여분 정도 올라가느라니 등산로 오른쪽 길가에 보라색과 흰색이 어울려져 있는 싸리꽃이 환하게 웃으며 맞이한다. 이렇게 산새소리, 바람소리를 들으며 아름답게 피어있는 꽃을 보느라면 무한한 기쁨에 젖어들게 된다.

산행시작 1시간 만에 사여령에 도달했다. 고개언덕에는 젊은 남녀 등산객 한 쌍이 휴식을 취하고 있었다. 자기네들은 배후령 쪽에서 오는 길이라고 한다. 답답한 도심을 벗어나 명산에서 산행을 즐기는 젊은이들이 대견하고 싱그럽기 만하다.

사여령에서 잠간 휴식을 취한 후 고탄령 가는 길로 접어들었다. 능선 길은 매우 완만하고 아름다웠다. 낙엽이 쌓여 발의 촉감이 푹신했고 나무들이 무성하여 그늘이 드리워져 시원했다. 나뭇잎에는 물기가 스며있어 생명의 아름다움을 내뿜고 있었다. 이따금 만나는 기이한 모습의 암석은 산행의 묘미를 더해주고 있었다.

11시 35분경에 고탄령에 도착했다. 고탄령에서 여러 명의 등산객들을 만날 수 있게 되었다. 그들은 나와는 역순으로 양통마을에서 용화산을 거쳐 고탄령으로 오고 있는 사람들이었다. 고탄령에서의 경치는 볼 만 했다. 융융한 소나무의 힘찬 기상과 산세의 넉넉함이 잘 어우러져 있었다. 산천은 사계절을 통하여 우리에게 이렇게 아름다움을 선사하고 있다. 고맙기 이를 데 없다.

사시(四時)를 잘 그려낸 시인은 도연명이다.

봄물은 사방의 못에 가득하고
여름 구름이 마치 기이한 봉우리 같구나.
가을 달 밝게 천지를 환히 비추고
겨울 산꼭대기에 외로운 소나무 빼어나구나.
(春水滿四澤, 夏雲多奇峰,
秋月揚明輝, 冬嶺秀孤松)

바위틈에 기대어 소나무를 바라본다. 해바라기를 하다보니 어느덧 졸음이 온다. 이렇게 아름다운 산수 간에 졸다가 그냥 세상 인연을 다하는 것도 좋을 것 같다는 생각이 들었다. 몹쓸 병에 걸려 병원에서 고통 받기보다는 신선한 대자연 품에 그대로 안겨버리는 것이 편안하리라. 인연따라 세상에 왔다가 또 인연 따라 세상을 떠나는 것이 인생이라면 말이다. 혼자 산에 다니다 보면 이런 저런 망상을 하게 된다. 망상을 툭툭 털고 일어섰다.

고탄령에서 안부까지는 1.5km의 거리였다. 부드러운 능선길이 이어지는 가운데 몇 군데 암벽을 만나게 되었다. 다행히 암벽에는 로프가 드리워져 있어 오르내리기에 위험함이 없었다.

용화산은 육산이라고 할 수 있다. 나는 용화산은 산 이름에 '용'龍자가 들어 있어서 가파른 석산으로 짐작했었다. 전에 경남의 사천 땅에 있는 와룡산(臥龍山)은 바위가 많은 석산이었음이 연상되었기 때문이었다. 그런데 정작 산행을 해 보니 능선이 부드러운 것이 칠갑산 못지않게 편안한 육산이었다.

잠시 숨을 돌릴 겸 암벽에 올라서 연무 속에 겹겹이 병풍을 두르고 있는 산들을 관망했다. 긴 숨을 몰아 쉬어 본다. 오장육부가 시원해진다. 이 맛에 새벽잠을 설치며 강원도 땅에 와서 등산을 하는 것이다. 바위 옆에 핀 흰

꽃이 앙증스럽다. 암석 옆에 절묘하게 잘 어우러져 있다. 바위틈으로 다람쥐 한 마리가 쫑긋거린다.

안부에 도착한 시각은 12시 15분경이었다. 안부에서 용화산 정상까지는 1.3km의 거리이다. 거리는 짧아도 역시 정상으로 가는 길은 어렵고 험했다. 용화산 오르는 왼쪽 능선은 위험구간으로 등산로가 폐쇄되어 있었다. 오른쪽 능선으로 우회한 후 가파른 길을 몇 번 오르락 내리락하면서 정상에 도착한 시각은 13시 15분경이었다. 산행을 시작한 후 3시간이 소요된 것이다.

정상에는 3층 석단이 쌓인 가운데 용화산이라는 화강암 표지석이 세워져 있었다. 흡사 기제사를 지내는 석단의 모습이었다. 아닌 게 아니라 옛날에는 가뭄이 들면 화천군수가 이곳에서 기우제를 지내기도 했다고 한다. 요즘도 해마다 열리는 용화축전 때는 산신제를 지낸다고 한다.

용화산 정상 주위의 널찍한 광장에는 산행객 수십 명이 벅적대고 있었다. 정상의 구석 그늘진 곳을 찾아 간단히 중식을 해결한 후 하산 길로 들어섰다. 새남바위에서 큰 고개에 이르기까지의 바위능선에서 바라보는 경치가 일품이었다. 마치 북한산의 인수봉을 떠다놓은 듯 엄청난 화강암이 하늘을 찌르고 솟아있었다. 인근지방의 암벽 클라이머들이 즐겨 찾는 곳이란다. 멀리 만장봉 꼭대기에 물개가 웅크리고 있는 듯한 바위의 모습도 눈에 들어온다. 암벽 틈으로 엄청난 음이온의 기운이 쏟아져 나오는 것 같다.

큰 고개에서 사여교 쪽으로 하산하는 계곡 산길은 너덜 길의 연속이었다. 한참 내려가니 계곡물 소리가 들린다. 좀 더 내려가 물이 제법 흐르는 곳에서 세족(洗足)을 했다. 계곡물이 하도 차가워서 발을 오래 물속에 담글 수가 없었다.

문득 눈을 들어 맞은편을 보니 바위틈에 누가 먹다버린 막걸릿병 여러 개가 큰 비닐봉투에 담긴 채 버려져 있었다. 도대체 술병 들고 산에 와서 술을 다 먹었으면 빈 병은 온전히 챙겨서 도로 가져가야 할 것이 아닌가? 산행의 기본예절도 지키지 못하는 사람들을 볼 때마다 기분이 상한다. 쓰레기를 본 나마저 그냥 간다면 산신령님께서 노하실 것 같아 하는 수 없이 왼손에 쓰레기를 챙겨 들고 하산했다.

한참 내려가니 이윽고 폭발물 처리장의 철조망이 나타난다. 이곳이 산행의 종점인 곳이다. 시계를 보니 15시 35분경이었다. 산행시작으로부터 약 5시간 남짓 걸린 셈이다. 사여교 쪽으로 내려가는 길은 넓고 평탄했다.

산행이 끝나는 시점에서 빗방울이 후드득 떨어지기 시작했다. 시골 버스 정류장으로 향하는 길옆에는 밤꽃이 한창이었다. 아카시아 꽃 대신에 밤 꽃 향기가 진동하는 계절에 접어든 것이다.(2010.6.21)

신비하고 험준한 암봉의 팔영산(八影山)

고흥에서 가장 높은 산이 바로 팔영산(609m)이다. 고흥읍에서 동쪽으로 25km 떨어진 소백산맥의 맨 끝부분에 위치한 산으로 8개의 봉우리가 남쪽을 향해 일직선으로 솟아있다.

중국 위왕의 세수대야에 팔봉이 비치어 이름 지어졌다는 등 수많은 전설을 간직한 산이다. 융융한 자태를 뽐내는 이 산은 산세가 험준하고 기암 괴석이 많다. 정상에 오르면 저 멀리 대마도까지 조망되는 등 눈 앞에 펼쳐지는 다도해의 절경이 일품인 산이다.

팔영산에는 예전에 화엄사(華嚴寺), 송광사(松廣寺), 대흥사(大興寺)와 함께 호남 4대사찰로 꼽히던 능가사(楞伽寺)가 자리 잡고 있다. 그리고 경관이 빼어난 신선대와 강산폭포 등 명소가 많다. 남동쪽 능선 계곡에는 팔영산 자연휴양림이 잘 조성되어 있다.

2009.8.12(화), 날씨는 다소 흐리지만 고흥 땅을 밟았다. 고흥에서 과역까지 간 후 팔영산 버스를 타려고 했다. 그러나 팔영산행 버스는 1시간 간격으로 있어 수시로 출발하는 과역까지 군내버스를 탔다.

과역에서 팔영산이 있는 능가사 까지는 도보로 빨리 걸으면 30분 정도 걸린다. 그러나 초행길이라 택시를 잡아타고 능가사로 향했다.

50대 중반쯤 되어 보이는 택시운전기사가 나보고 어디서 왔느냐고 하기에 '서울에서 팔영산 등산하려고 내려왔다고 했다.' '아니, 아무리 산을 좋아해도 이렇게 꾸물대는 날씨에 팔영산 등산이라니….'

다소 놀래는 운전기사에게 나는 웃으며 얘기했다. '원래 나는 역마살이 있는 몸이라 이렇게 혼자 지방을 떠돌아 다니길 좋아해서요….' 능가사 입구까지 4천원의 택시요금을 지불했다. 운전기사는 웃으면서 팔봉을 다 타고 내려와서 연락주면 택시를 다시 능가사에 대겠다고 한다. 그러마하고 능가사 일주문으로 들어섰다.

하도 절에 다녀서 이제는 절의 외모만 보더라도 절의 연륜을 짐작할 수가 있게 되었다. 능가사는 오래된 냄새가 사천왕문을 들어설 때 흠씬 느껴졌다. 사천왕은 동서남북 4개 방위를 지키는 수호신이다. 사천왕문을 지나니 그 왼쪽에 동종이 눈에 들어온다. 능가사의 동종은 보물(제1557호)로 지정되어있다. 원래 동종이란 절에서 시간을 알리거나 대중을 모을 때 사용되는 것이다.

가까이 다가가보니 종의 양식이 특이하다. 종을 매다는 용뉴부분에는 두 마리의 용이 여의주를 물고 있다. 종의 뒷부분에는 보살입상을 조각되어 있다. 종의 중앙부분에 팔괘(八卦)의 문양이 특이하다.

조선 숙종때인 1698년에 주조된 이래 이 종소리를 듣고 모였다가 또 사라진 사람이 얼마인가? 종은 영원한데 인간만이 부질없이 오고 가는 것이구나.

대웅전 올라가는 계단 옆에 하얀색과 빨강색의 봉숭아 나무가 반갑다. 옛날 여인들이 손톱에 봉숭아 꽃물을 빨갛게 들이곤 했었지. 그 순수와 자연스러움이 이제는 사라지고 형형색색의 인공적인 매니큐어 색깔로 바뀌었지. 울긋불긋한 도깨비같은 매니큐어 색깔은 요란스럽고 경박한 느낌이 든다. 새삼 순수가 그리워지는 것이다.

대웅전에 들어가 부처님께 삼배의 예를 올렸다. 일어서서 천정을 올려다보니 수십 마리의 백학들이 너울너울 춤을 추고 있었다. 측면을 돌아보니 용이 꿈틀거리며 비등하는 모습이 웅혼하다. 후불탱화와 벽화 등이 생생한 것으로 보아 최근에 다시 개수되었음을 알 수 있다.

대웅전 뒤에는 응진당(應眞堂)이 자리 잡고 있었다. 들어가 보니 중앙에 삼존불이 모셔져 있고 좌우에 나한(羅漢)등이 배열되어 있었다.

불교에서 나한이란 남방소승불교에서 최고의 깨달음을 얻었음을 가리키는 말이다. 그러나 넓은 의미로는 소승(小乘) 대승(大乘)을 막론하고 최고의 깨달음을 얻은 성자를 가리키는 말이기도 하다.

능가사는 대웅전과 응진전이 앞뒤로 의연하게 자리 잡고 있다. 그 뒤로 팔영산의 연봉들이 병풍처럼 둘러치고 있으니 가히 발심하기 좋은 사찰이라는 생각이 들었다.

절 옆길로 나가는 문 옆에 '능가사 사적비(事蹟碑)'가 세어져 있었다. 비문에 따르면 능가사는 신라때(417년) 아도화상(阿度和尙)이 보현사라는 이름으로 이곳에 처음으로 절을 세웠다.

이후 임진왜란때 모두 불탄 것을 인조때(1644년) 정현대사가 불사를 하면서 능가사라는 이름으로 개칭하여 오늘에 이르고 있는 것이다. 사적비는 자연석 좌대위에 귀부를 올리고 그 위에 비신과 이수(비석의 지붕)를 갖춘 모습이었다.

사찰구경을 마치고 절 왼쪽의 길을 따라 등산로로 접어들었다. 도립공원이고 자연휴양림이 조성되어있는 곳이라 도로가 시원스럽게 나 있었다.

왼쪽 길은 온통 대나무 숲이 무성하다. 바람이 스쳐지나 갈 때마다 대나무 소리가 요란하다. 바람은 스쳐 지나가면 그 뿐이다. 대나무는 바람에 휘청했다가 다시 자기 본연의 꼿꼿한 자세를 취한다.

자연휴양림시설 언덕에 팔영소망탑이 세워져 있다. 제1봉으로 향하는 들머리에 들어섰다. 능선 오르막에는 하얀 참깨꽃들이 방긋 웃고 있었다.

오늘 등산 코스를는 점암면 능가사→ 흔들바위→ 제1봉 유영봉(儒影峰 491m)→ 제2봉 성주봉(聖主峰538m)→ 제3봉 생황봉(笙簧峰 564m)→ 제4봉 사자봉(獅子峰 578m)→ 제5봉 오로봉(五老峰 579m)→ 제6봉 두류봉(頭流峰 597m)→ 제7봉 칠성봉(七星峰 598m)→ 제8봉 적취봉(積翠峰 591m)→ 능선안부→ 탑재→ 능가사(9km, 5시간 정도)로 잡았다.

능가사를 기점으로 팔영산을 오르는 코스는 갈림길에서 제1봉으로 가는 왼쪽 능선길과 그리고 제8봉으로 가는 오른쪽 능선길이 있다. 양쪽의 능선길을 사이에 협곡이 전개되고 있다.

계곡에는 장맛비로 인하여 맑은 물이 청아한 소리를 내며 흐르고 있었다. 이름 모를 산새도 즐겁게 자연을 노래하고 있었다. 한여름의 매미는 나무숲속에서 요란스럽게 노래하고 있었다.

이렇게 산에 홀로 와도 숲에 친구들이 많아서 결코 외롭지 않다. 흐르는 계곡물도 나의 친구, 쭉쭉 근심 걱정 없이 자란 수목들도 나의 친구, 산새와 다람쥐도 나의 정다운 친구, 웅웅한 바위 역시 믿음직한 나의 친구이다. 삼라만상이 모두 같은 뿌리(天地同根)인데 친구 아닌 것이 무엇이 있으랴. 능선길 따라 올라가는 길이 마냥 즐겁고 여여(如如)하기만 하다.

능가사에서 제1봉까지는 2.7km의 거리, 이는 통상 오르막이라면 1시간 반 정도의 거리이다. 약 1시간쯤 능선길을 오르니 갑자기 날씨가 흐려지더니 비가 금시라도 내릴 것 같은 느낌이 든다. 언제나 우산과 우비를 챙겨가지고 다니므로 조그만 가랑비 정도는 맞을 각오가 되어 있었다.

능선길에 접어들어서 한시간여 걷는 동안 등산객을 한사람도 만나질 못했다. 평일이고 장마철이고 또 비가 내린다고 해서 그런지 산에는 나 혼자뿐이었다. 팔영산을 혼자 독채 전세얻은 셈이다.

흔들바위근처에서 산을 내려오는 중년 남자등산객 2사람을 만나게 되었다. 그들은 팔영산 팔봉을 타려고 왔으나 날씨가 비올 것 같아 1봉만 올랐다가 능가사 쪽으로 되돌아 하산한다는 것이었다.

나의 경우는 사정이 달랐다. 서울에서 마음 먹고 고흥땅에 왔는 데, 비가 조금 온다고 해서 산행을 포기하기는 어려운 것이다. 그래서 계곡물 소리를 들으며 그냥 앞으로 전진했다.

1봉 근처에 도착하니 세찬 바람이 불면서 비가 후두득 떨어지기 시작했다. 1봉인 유영봉의 정상에 도착한 시각은 오후 2시 5분이었다.

비가 뿌리고 연무가 가득하여 경치 감상은 접어두어야 했다. 안개가 자욱한 가운데 조그마한 정상 표지석이 비를 맞으며 외롭게 서있었다. 그 옆의 바위에 기대어 가만히 호흡을 가다듬어 보았다. 언뜻 바람이 휘익~ 부니 정상의 연무가 흩어졌다가 잠시 후 다시 운집한다. 정상에서 물 한 모금 먹은 후 제2봉 쪽으로 향했다. 팔영산 암봉은 생각보다 험준했다.

도봉산을 수없이 오른 나는 팔영산(609m)은 도봉산(740m)보다 낮아 비교적 오르기 쉬운 산으로만 여겼다. 그러나 그것은 나의 큰 오산이었다. 팔영산 연봉은 비록 규모는 도봉산의 자운봉, 만장봉, 선인봉, 주봉, 오봉의 암봉보다 작기는 해도 오르기는 훨씬 험준하고 어렵다.

깍아지른 듯한 암벽에 다행히 철계단이라든지 쇠줄 또는 쇠발받침이 마련되어 있다. 그러나 이렇게 비내리는 날에 암벽 오르기는 결코 쉬운 일이 아니다. 날씨는 비가 뿌리고 후덥지근하고, 암벽길은 험난하기만 해서 온몸은 땀으로 뒤범벅이 되었다.

'왜 이렇게 사서 비오는 날 고생을 하는지…. 산에 미쳐도 단단히 미쳤다는 생각이 들기도 했다. 정신 나간 사람은 비오는 날 광기(狂氣)가 발동한다

는데 나도 정신이 나가긴 분명히 나간 것이구나…. 이렇게 비오는 날 암봉 산행을 하다니..'

조심스러히 2봉을 거쳐 3봉인 생황봉에 오른 시각은 오후 2시56분경이었다. 각 연봉의 표지석은 똑같은 규격의 자그마한 돌에 봉우리 이름과 높이를 새겨놓고 있었다.

비는 아직도 그치질 않고 있었다. 3봉까지 온 마당에 이제는 되돌아 갈수도 없는 노릇이다. 되돌아 가는 것이나 또는 8봉까지 가서 하산하는 것이나 거리나 시간이 매일반 일 것이다.

4봉인 사자봉에 오르니 역시 암벽이 보다 웅장하고 힘찬 것을 감지할 수 있었다. 5봉을 거쳐 6봉을 오를 때 제일 고생을 했다. 6봉의 밑에서 올려다 보았다. 희미한 안개 속에 봉우리 정상은 어디인지 보이지 않는다. 그저 안개 속에 거대한 석벽만이 까맣게 솟아있었다.

쇠난간을 붙잡고 위로 오르기 시작했다. 뺨에는 비가 바람과 함께 뿌리며 스쳐지나간다. 한 구비를 오르면 또 다른 구비, 또 오르면 또 다른 오르막 쇠난간이 이어진다. 도대체 끝간 데를 짐작할 수 없는 급경사의 암벽길의 연속이었다.

갑자기 두려움이 느껴진다. 30년간 산에 오르면서 처음 느껴보는 두려움이다. 종래에는 그저 '산이 험하다, 또는 어려운 난코스이나.'라는 느낌은 들은 적은 많았었다. 그러나 지금 6봉을 오를 때 느끼는 것과 같은 공포감은 없었다.

'아아, 이래서 산을 타다가 조난을 당하는 것이구나~ 순간적으로 등반하다 사고를 당한 산악인들의 잔영이 오버래핑된다.

겁도 없이 혼자 산행 다니다가 오늘 벌을 단단히 받는 셈이다. 천신만고 끝에 간신히 6봉인 두류봉(頭流峰)정상에 올랐다. 해발 596m로 표시되어있었다. 고흥군에서는 각 봉우리 밑에는 그 봉우리에 대한 설명을 시조가락 형태로 적어 놓고 있었다.

두류봉 오르기 전에 표지판을 보니 이렇게 적혀있었다.
"건곤이 맞 닿는 곳 하늘 문이 열렸으니
하늘 길 어디메뇨 통천문이 여기로다.
두류봉 오르면 천국으로 통하노라."

과연 두류봉은 하늘을 찌를 듯이 솟아 있는 암봉으로 하늘과 통하는 문이라는 표현이 어울리는 것 같다. '천국으로 통한다'고 했으니 자칫 실족하면 정말 하늘나라로 갈 수도 있는 위험한 오름길이다. 해서 산꾼이든 아니든간에 비오는 날이나 눈오는 날에는 절대로 이곳에 올라서는 안 될 것이다.

오르막이 힘들듯이 두류봉의 내리막 역시 쉽지 않았다. 연무 자욱한 가운데 표지석만 보일 뿐, 하산길 표지판을 발견할 수가 없어서 한참동안 주저했다. 다행히 이 봉우리를 다녀간 산악회들의 리본이 매달린 나무들이 있었다. 리본을 기준으로 하산 길을 찾아내려가 7봉으로 향했다.

6봉에서 7봉가는 길은 비교적 용이했다. 연봉을 오르내리는 길에는 크고 작은 바위들이 기묘한 형태로 서 있었다. 바위기둥과 바위기둥 사이에 큰 돌이 얹혀져 있기도 하고 각종 짐승의 형태를 띤 돌들도 산재해 있었다.

6봉에서 혼이 난 나는 이제는 조심조심, 천천히 그리고 자연 속의 하나의 짐승같은 존재가 되어 동물적인 감각으로 위험에 대처하고자 했다. 이윽고 7봉인 칠성봉(七星峰)에 도착하니 한시름이 놓인다. 그 다음 부터는 위험한 가파른 길이 없는 셈이다. 역시 칠성님이 도와주신다고 생각하니 안심이 되기도 했다.

땀에 흠뻑 젖어 8봉을 거쳐 탑재에 도착한 시각은 오후 4시 57분경이었다. 임도를 가로질러 능가사 쪽으로 하산했다. 계곡물소리가 청아하여 돌 위에 걸터앉아 탁족(濯足)을 했다. 한결 개운하다.

비는 하산하는 도중에 그쳤다. 산행들머리인 참깨밭에 도착한 시각은 오후 5시 57분경이었다. 결국 5시간 30분정도 등산을 한 셈이다.

절에 들어서면서 휴대폰으로 아침에 탔던 택시 기사에게 연락했다. 절 경내에는 아무도 없고, 흰 개 한마리만 서성거리고 있었다. 보아하니 암캐인데 새끼를 낳아서 젖이 축 늘어져있고 배는 홀쭉 붙어 있었다. 새끼들에게 젖은 빨리고 대신 제대로 먹질 못해서 그런 것일 게다. 배낭에 무어 먹을 게 있으면 주련만, 과일 몇 쪽 밖에 없으니 안됐다는 연민의 정이 느껴진다.

이런 저런 생각을 하는데, 어느새 택시가 와서 빵빵 거린다. 반갑다. 능가사에서 과역까지는 9천원이라고 한다. 끄덕이고 택시에 오르니 운전기사가 웃으면서 얘기한다. "이렇게 비오는 날은 팔영산을 등산해서는 안되지요. 10여년전 눈 오는 날, 이곳 고교남학생 4명이 팔영산에 올랐다가 조난 당했지요. 결국 길을 찾다가 4봉인 사자봉 절벽에서 떨어져 숨진 것을 5일만에 발견했지요. 그 이후에 비가오거나 눈이 오는 날은 등산객들의 출입을 제한했었지요. 도립공원 입장료 천원씩을 받다가 등산객들의 항의로 입장료가 없어진 후, 출입통제할 사람도 없어진 것이지요. 하여튼 이렇게 비 오는 날 혼자 팔영산을 등산했다니 굉장합니다. 허 허~"

과역으로 향하면서 다시한번 팔영산을 뒤돌아 보았다. 우뚝 솟은 연봉들이 하늘을 찌를 듯이 위세가 당당하다. 과연 100대 명산의 반열에 오를 정도의 명산임에 틀림없다. 용이 바다를 향해 내달리는 형상의 기백으로 신선이 구름 속에 앉아 있다는 운중선좌(雲中仙坐)의 형국이다.

멀리서 팔봉이 마치 뭉게구름을 타고 산꾼들을 부르는 것 같다. 날씨 좋은 날 다시 찾아오리라. 팔영산아~ 그 때 기뻐서 내가 손을 들면 너 또한 기다렸다고 하면서 반갑게 맞이해 주려므나….(2009.8.15.)

잣나무 숲이 우거진 축령산(祝靈山)

7월에 들어서면서 녹음이 본격화되어 온 산에 푸르름이 넘쳐나고 있다. 푸르름은 계곡에 흐르는 시원한 물줄기와 함께 여름의 더위를 식혀주고 있다. 자연의 신비스러움와 고마움을 느끼며, 7월 둘째 토요일(7.11) 청량리 버스장류장에서 축령산행 버스(330-1)에 올랐다.

축령산은 경기도 남양주 땅에 있는 해발 884m높이의 산으로 100대 명산의 반열에 올라있는 산이다. 나로서는 금년에 두 번째 방문하는 셈이다.

한자로는 '祝靈山'으로 표기된다. 그 옛날 이성계가 이곳으로 사냥을 나왔다가 산세가 웅장하고 신비스러워 산신령님을 축원하는 산신제를 올렸다고 한다. 그런 연유로 붙여진 산이름이라고 한다.

축령산은 일반교통편이 불편한 곳이다. 마석에서 1시간 30분 간격으로 있을 뿐 접근하기가 용이치 않다. 그래서 토요일임에도 불구하고 등산객은 별로 많질 않았다.

그대신 자연휴양림시설은 잘 마련되어 있다. 통나무집, 야영장, 잔디광장, 전망대, 물놀이 시설 등이 잘 구비되어있다. 한여름 가족들의 놀이장소로는 제격이라고 생각되기도 했다.

오늘산행은 제1주차장→ 암벽약수→ 수리바위→ 남이바위→ 헬기장→ 축령산정상→ 절고개→ 잔디광장→ 임도삼거리→ 제1주차장으로의 회귀 코스로 잡았다.

내친김에 축령산 옆의 서리산을 거칠가도 생각했으나 서리산 가는 길은 숲길이 아니기 때문에 생략했다. 관리매표소에서 입장료(1,000원)을 내고 산행들머리에 들어선 시각은 11시 30분이었다. 청량리에서 버스를 탄 시각은 9시 30분경이었다. 등산로 입구에서부터 키가 20m가 넘는 잣나무들이 주변의 소나무와 물푸레나무등과 어울려 울창한 숲을 이루고 있었다.

해방전에 산자락을 빙돌아 심어놓았던 손가락 굵기의 어린 묘목들이 60여년이 지난 지금은 한 아름의 큰 나무로 자라 국내 굴지의 잣나무 숲을 이루고 있는 것이다.

숲길을 따라 올라가는 왼쪽계곡에는 어제까지 쏟아진 장대비로 계곡물이 하얀 포말을 내며 흘러가고 있었다. 나뭇잎 역시 기름을 칠한 듯 반짝거리며 푸르름을 한껏 자랑하고 있었다.

숲에서 뿜어져 나오는 무한한 산소는 도심에서 마신 혼탁한 공기를 모두 바꾸어 주는 것 같이 싱그러웠다. 이따금 숲속의 나뭇가지사이로 비치는 햇살은 잠자는 내영혼을 일깨워 주는 듯 신비롭기만 하다.

약 20분정도 올라가니 커다란 암벽이 나온다. 그 암벽아래에 약수가 흘러나오고 있었다. 같이 동행한 정 국장(局長)이 떠주는 암벽수를 마셔보았다. 물맛이 그만이고 차가워서 오장육부까지 시원해지는 것 같다.

거기에서 또 한 20분 정도 치고 올라가니 수리바위에 이르게 되었다. 수리바위는 독수리가 날개를 접어 몸을 웅크리고 앉아 서북쪽을 응시하고 있다고 하여 붙여진 바위이름이다. 형상이 독수리와 비슷하게 생기기도 했다. 날개쭉지격인 바위틈에 소나무 한 그루가 뻗어 나와 있는 모습이 특이했다. 흡사 도봉산 여성봉 꼭대기의 바위틈새에 자라고 있는 소나무와 비슷했다.

능선길 왼쪽으로는 울울창창한 나무들이 거대한 숲을 이루고 있다. 울창한 수림과 따스한 햇살, 신선한 공기는 도심에서 벗어났다는 해방감을 만끽하게 한다. 흐르는 땀을 씻으며 산마루에 흘러가는 구름들을 바라보면서 내면세계와 대화를 나누어 보기도 한다.

숲들은 말이 없이 조용하다. 숲길을 걸으면 언제나 아늑하고 편안한 행복감에 잠기게 된다. 그리고 모든 사람을 차별함이 없이 다 받아주는 숲의 넉넉함이 부러운 생각이 들기도 한다.

수리바위에서 얼마간의 휴식을 취한 후, 다시 능선길 걷기를 계속했다. 수리바위에서 남이바위에 이르는 길은 오르막의 바윗길이다. 다소 어려운 코스이기는 해도 요소요소에 매어져 있는 로프줄이 많은 도움을 준다.

수리바위에서 남이바위까지는 약 1km의 거리였다. 한 50분정도 오르니 남이(南怡)장군바위에 오르게 되었다. 여기가 축령산에서 전망이 좋기로 손꼽히는 곳이다.

과연 남이 바위에 오르니 사면팔방이 전혀 막힌 데가 없이 트여져있다. 옛날 남이장군이 이 바위에 올라 호연지기(浩然之氣)를 길렀다고 한다.

남이장군은 조선 세조때 인물이다. 17세 나이로 무과에 급제하여 '이시애' 란을 평정한 후, 27세에 병조판서에 오른다. 그러나 그는 역모죄라는 누명을 쓰고 28세에 형장의 이슬로 사라진다. 남이장군은 억울하게 사라졌으나, 그가 읊은 칠언절구(七言絕句)는 아직도 인구에 회자되고 있다.

"백두산 돌 칼 가는데 다 쓰이고, 두만강 물 말먹여 없애리. 남아나이 이십대에 나라를 평안케 못하면, 후세에 그 누구가 대장부라고 칭하리오

[白頭山石磨刀盡, 頭滿江水飮馬無.

男兒二十未平國, 後世誰稱大丈夫]

과연 청년장군의 늠름한 기상과 호쾌한 기운이 절로 느껴지는 시(詩)라 아니할 수 없다. 남이장군 바위를 거쳐 헬기장에 도착했다. 헬기장 주변에는 고추잠자리들이 떼지어 한가롭게 날라다니고 있었다. 한여름이 되어가고 있는 것이다.

조금 있으려니까 40대쯤 되어 보이는 남자가 초등학생 아들을 데리고 능선길에서 헬기장으로 올라오고 있었다. 부자(父子)가 산행하는 모습은 언제

보아도 보기 좋다. 초등학생 어린 녀석의 해맑은 모습과 구슬 땀방울이 맺히는 이마가 대견스럽기만하다.

헬기장에서 정상까지는 지척의 거리였다. 정상에 오른 시각은 13시 30분 경. 산행깃점으로부터 2시간이 소요된 것이다. 여유롭게 주변경치를 음미하면서 산행했기 때문에 다소 시간이 더 걸린 셈이다.

정상의 돌탑앞에 까만 표지석이 세워져 있었다. 축령산 884.2m'라고 새겨져있다. 그리고 돌탑 옆의 게양대에는 태극기가 바람에 휘날리고 있었다.

축령산 정상에서 사방을 조망해본다. 광주산맥이 가평군에 이르러 명지산과 운악산을 솟구쳐 놓은 다음, 좀 더 나아가다가 한강을 앞에 두고 축령산을 빚어놓은 것이다. 가까이로 천마산과 주금산, 그리고 서리산이 손에 잡힐 듯하다. 그리고 축령산 주위 사방으로 크고 작은 산들이 겹겹이 병풍을 둘러치고 있는 장관이다.

정상에서 푸르뫼 산우들과 기념촬영을 한 후 하산 길로 접어들었다. 하산길을 조금 내려가다가 바람이 잘 들고 그늘진 넓은 장소를 골라, 같이 온 산우들과 점심시간을 즐겼다.

회원중 한사람이 별미를 챙겨 와서 모두들 환호한다. 그녀가 준비해 온 '충무김밥'은 원산지인 통영의 맛과 진배가 없었다. 그리고 두루마리처럼 싼 음식을 초고추장에 찍어 먹어보니, 6성급호텔의 음식을 뺨칠 정도로 감칠맛이 있었다. 알고 보니 그녀는 이미 일급조리사 자격을 취득한 전문가였다. 역시 전문가는 솜씨가 달랐다. 프로는 프로인 것이다. 산행중에 이렇게 일품요리를 맛보는 것도 근래에 드문 일이었다. 신선한 공기와 더불어 마음을 같이하는 사람들과 더불어 음식을 같이하는 것은 기쁨이며 행복 그 자체라는 생각이 든다.

더구나 정상을 힘들게 밟고 난 후, 마치 숙제를 해결한 학생처럼, 즐겁고 홀가분한 기분에서 맛있는 식사를 한다는 것은 등산의 백미중의 하나일 것이다.

우리들보고 맛있게 먹으라고 가끔 숲속의 산새가 음악을 연주해 주기도 한다. 바위 틈새로 예쁜 다람쥐가 왔다 갔다 한다. 등산객들이 무슨 먹거리라도 남겨두지 않나해서 일 것이다. 인간이나 동식물이나 대자연의 입장에서 보면 별 차이가 없는 존재일 것이다.

식사와 휴식을 충분히 한 후 하산로를 따라 내려갔다. 절고개에 도착하니 바로 전면에 서리산이 웅크리고 있다. 절고개 주위에는 산나물이 많아 이를 채취하는 사람이 여기저기에 허리를 구부리고 있었다. 산길 옆에 핀 야생화들은 이렇게 예쁜 자기들의 모습을 카메라에 어서 담으라고 방긋 웃고 있었다.

절고개에서 왼쪽 길로 꺽어 들어 제1주차장길로 들어섰다. 잔디광장으로 내려오는 왼쪽계곡에서는 끊임없이 소리 내며 흘러가는 계곡물줄기가 시원스럽다. 물과 바위와 숲과 산새가 어우러져 대자연의 음악을 연주하고 있는 것이다.

좀 더 내려오니 임도삼거리가 나온다. 임도를 따라 내려가느라니 오른쪽에 산등성이에서 폭포가 요란한 소리를 내며 하늘에 비단폭을 걸쳐놓고 있었다. 청산은 푸르기만 하고 물은 소리를 내며 아래로 아래로 흘러가고 있었다. 이를 그려낸 조선 중종 때의 학자 김인후의 시조가 절묘하기만 하다.

"청산도 절로 절로 녹수도 절로 절로
산 절로 절로 수 절로 절로 산수간에 나도 절로 절로
그 중에 절로 자란 몸이 늙기도 절로 절로 늙으리라.."

잔디광장을 거쳐 관리매표소에 도착함으로써 축령산 산행은 모두 종료되었다. 시계는 16시 10분을 가리키고 있었다. 약 4시간 40분 동안 숲에서 마음껏 즐거운 시간을 가진 것이다.

회원중 한사람이 말했다.

"아침에 머리가 아프고 몸이 시원 칠 않아서 등산을 할가 말가 망설이다가 나왔는 데, 막상 산행을 하고 나니 머리가 말끔해지고 새로운 힘이 충전된 것 같은 느낌이 든다"고….

그러면 그렇지! 축령산은 잣나무와 소나무가 무성한 숲길로 유명한 산. 숲의 나무에서 내뿜는 피톤치트(Phytoncide)라는 방향성물질이 몸과 정신을 맑게 함은 의학계에서도 상식으로 통하고 있는 것이 아닌가?

동네 어귀에 내려와 마석으로 나가는 순환버스를 기다리는 중에도 융융한 산기운이 온몸을 감싸 도는 것 같은 느낌이 들었다. (2009.7.12.)

파로호가 펼쳐지는 해산(日山)

파로호와 해산은 강원도 화천군에 있다. 파로호는 화천댐의 건설로 만들어진 호수이다. 해산은 일명 일산(日山)이라고도 한다. 아침해를 가장 먼저 받는다고 해서 붙여진 이름이라고 한다. 해산은 해발 1,190m의 비교적 높이가 있는 산으로서 아직 사람의 발길이 별로 닿지 않은 원시상태의 숲을 보존하고 있다.

마침 '월' 산악회에서 해산 등산계획이 있길래, 푸르뫼 산우들과 함께 8월 30일(토) 참가 했다. 이 날은 처서인데 일기는 쾌청하여 산행에 아주 좋은 날씨였다. 베이징올림픽도 끝나서 그런지 산행객들이 엄청 많았다. 산악회에서 당초계획보다 산행객이 넘쳐나서 임시로 버스 1대를 추가 했다. 해산으로 가는 등산객은 72명이나 되었다.

아침 7시에 버스는 예정대로 사당역을 출발했다. 버스가 3시간을 넘게 달려 어느덧 가파른 산길로 접어 들었다. 문득 차창을 통해 내다보니 산 아래 파아란 호수가 그림처럼 펼쳐져 있었다. 물위에 흰 물새가 날고 있는데 저 멀리 화천수력발전소가 눈에 들어온다. 1943년 준공된 이 발전소는 화천댐의 물을 수로를 통해 아래로 끌어내 발전하는 댐-수로식 발전소로 유명하다.

산행버스는 해산터널을 지난 지점에서 등산객들을 하산시켰다. 터널이 끝나는 지점의 왼쪽의 산길을 따라 11경부터 산행이 시작되었다. 1시간 정도 올라가니 고지 위에 헬기장 표시가 되어있다.

헬기장에서 사방을 둘러보니 온통 산들이다. 크고 작은 산들이 2중3중으로 겹겹이 이어지고 있다. 과연 화천(華川)이 원시상태의 산간지역임을 실감할 수가 있다. 이러한 지형관계로 아직도 원시상태의 숲과 그리고 산천어가 생동하는 청정지역이기도 하다.

등산로에 사람의 발길이 뜸해서 그런지 풀이 무성하게 자라있다. 또 나뭇가지와 잎들이 옆으로 나와 얼굴을 스치기도 한다. 얼굴을 긁히지 않기 위하여 스틱을 1자로 곧게 세우고 숲길을 헤쳐 나가기도 했다.

해산의 능선은 한없이 부드럽고 완만했다. 해마다 떨어진 낙엽이 그대로 쌓여있다. 발을 밟을 때 마다 푹신푹신한 감촉이 좋다. 마치 양탄자 위나 또는 잔디 위를 걷는 것과 같은 느낌이었다.

산등성이를 도는 모퉁이에 난(蘭)이 바위틈에 보라색 꽃을 피우고 있었다. 참으로 아름답고 정갈한 모습이다. 예전에는 좋은 꽃나무를 발견하면 이를 캐다가 집에 가지고 가고 싶은 충동이 있었다. 그러나 산행을 오래 하다보니 이제는 생각이 바뀌었다. 난은 있는 그 자리에 그대로 두고 감상해야 한다는 것을 새삼 깨달은 것이다.

식물도 감정이 있다는데 난이 이 경치 좋고 이웃들이 많으며 공기 좋은 자리에서 자기 생명력을 즐기고 있는데 인간이 함부로 이를 캐서 공해지역인 도시로 옮긴다는 것은 난으로 보아서는 감옥살이를 하는 고통과 같을 것이다..

해산의 숲속에는 쓰러진 고목들이 유난히 많다. 이끼긴 고목줄기에 벌레들이 수많이 기생하고 있다. 쓰러진 나무는 저렇게 미생물들에게 봉사하다가 결국은 썩어서 흙으로 돌아갈 것이다.

이 쓰러진 나무도 치우지 말고 그대로 두는 것이 좋을 것이다. 자연을 미화시킨다고 함부로 치우고 길을 내고 하는 것은 오히려 자연의 오묘한 질서를 파괴하는 행위가 될 수도 있다. 자연은 태고적부터 그 스스로 '보이지 않는 손'에 의하여 절묘한 조화를 이루어 나가는 것이기 때문이다. 그러니 자연 상태 그대로 보존하는 것이 자연을 가꾸는 비결일 것이다.

등산로 옆에 군데군데 흙이 파헤쳐져 있다. 해산의 숲에는 심마니가 찾을 정도의 각종 약용식물이 많다. 약초를 캐느라고 파헤쳐 놓은 것이다. 2년전 방태산에 갔을 때 약초 캐간 흔적이 어지럽게 되어 있었다. 그러고 보니 해산도 방태산처럼 육산이고 습기가 많은 것을 알 수 있다.

6봉에 도착하여 땀을 닦으면서 오른쪽을 보니 저 멀리 파로호의 물줄기가 그림 같다. 정선의 백운산 정상에서 내려다보는 동강의 물줄기처럼 한 폭의 동양화가 펼쳐져 있는 것이다.

이러한 아름다운 산천의 모습은 땀을 흘려 등산했을 때 비로소 얻어질 수 있는 것이다. 비행기 타고 편안하게 둘러보아서는 이러한 경관을 감상할 수 없을 것이다. 제아무리 잘 찍어서 영상물로 올려놓아도 이러한 감동을 주지는 못하는 것이다. 실제 체험을 통해서만 진정한 감동을 얻게 되는 것이리라.

3시간쯤 지나 해산 주봉(1,100m)에 이르게 되었다. 작은 표지목 옆에 돌무더기가 50cm가량 쌓여져 있었다. 주봉에서 기념촬영을 한 후, 능선길로 다시 들어섰다. 주봉에서 이어지는 숲길은 원시림답게 나무들이 울창했다. 소나무, 단풍나무, 고로쇠나무, 피나무, 생강나무, 박달나무, 상수리나무 등이 저마다 자랑하고 있다.

큰 나무를 타고 칡넝쿨이 솟아오르고 있다. 소나무같이 큰 나무를 만나면 칡이 몇 길을 하늘로 솟아오르지만 잡풀 속에 엉키다 보면 석자도 높이를 가지지 못한다. 본래 칡은 높이 솟는 나무는 아니지만 드높은 나무 사이에 자라다 보면 나무를 타고 함께 솟아오르는 것이다.

사람 역시 주변의 영향을 받지 않을 수 없다. 좋은 친구를 두다 보면 그들을 닮게 되고 나쁜 친구를 사귀다 보면 함께 물들어가는 것일 게다. 등산을 하면서 숲과 대화를 나누다 보면 얻는 것이 적지 않다.

숲길의 산행을 끝내고 '비수구미' 계곡으로 접어들었다. 계곡의 물은 한없이 맑고 깨끗했다. 흐르는 계곡수를 마셔보니 시원한 무공해 청정수였다.

누구라 할 것 없이 모두 수통에 물을 담았다.

계곡이 끝나는 지점에 작은 도로를 만나게 되었다. 도로 양옆에는 야생초들이 조용히 가을 문턱의 햇볕을 즐기고 있었다. 노오란 달맞이 꽃이 웃고 있었다. 짚차 한 대가 다닐 정도의 신작로 인데 길 복판에 풀들이 자라고 있는 것으로 보아 평소에 사람이 다니질 않았음을 알 수 있다.

동행중 누군가가 말했다. 해산에 헬기장이 여러 개 있고 또 참호들이 군데군데 있는 것은 한국전쟁 때 이곳 화천지역이 피아간에 공방이 치열했던 곳이라고…. 그래서 이 신작로도 아마 그 당시 군사용으로 닦여진 것일 게라고….

잠자리가 한가로이 날라 다니는 신작로 길을 걸으면서 생각해 본다. 무릇 사람으로 세상에 태어났으면 제대로 한번 인생을 살아보아야 하는데, 김일성의 불장난으로 아까운 젊은이들이 꽃 한번 피워보지도 못한 채 그 얼마나 많이 이 낯선 산과 계곡에서 희생되었던가. 산등성이에서 비목(碑木)의 노래소리가 들리는 것 같다.

비수구미 계곡이 끝나는 곳에 비수구미 마을이 있다. 비수구미 마을은 세 가구에 7명의 주민이 살고 있다고 한다. 비수구미 계곡은 때 묻지 않은 곳으로 현재 수달이 살고 있는 곳이기도 하다.

마을 나루터에서 배삯(3천원)을 지불하고 작은 모터 보트에 올랐다. 파로호를 가로질러 버스가 있는 주차장 건너편으로 가기 위함이다.

파로호의 물결은 잔잔하고 녹색이었다. 파로호(破虜湖)란 명칭은 한국전때 중공군 3개 사단을 격멸했다고 하여 당시 이승만대통령이 친필 휘호로 내린 이름이라고 한다. 주변 경치가 뛰어나 이승만대통령 별장이 있기도 한 곳이다.

비수구미 계곡과 파로호에는 어족이 풍부하다. 열목어, 쏘가리, 어름치, 잉어, 붕어, 빙어, 뱀장어, 누치, 모래무치, 참게 등 다양한 어족들이 서식하고 있는 것이다. 그래서 파로호가 국내제일의 낚시터이기도 하다. 특히 화천의 빙어축제는 전국적으로 유명하다.

버스주차장에는 산악회에서 음식을 준비해 놓고 있었다. 비록 밥과 김치에 불과했으나 6시간에 걸친 산행을 마친 뒤라 음식은 꿀맛 같았다.

(2008.8.31.)

무더운 날의 연화산(蓮花山)

연화산은 경남 고성군에 위치한 해발 528m의 산이다. 산의 형상이 연꽃을 닮았다고 하여 붙여진 이름이다. 옥녀봉, 선도봉, 망선봉의 세 봉우리로 이루어져 있는 100대 명산의 하나이다. 산세가 순하고 산행이 수월한 산이라 하여 평소에 마음에 두고 있었다. 마침 대학이 방학 중이라 고성땅을 밟아 보기로 했다.

고성버스터미널에 도착한 후, 군내 버스정류장에서 개천면 가는 버스로 갈아탔다. 고성의 지방 버스는 에어컨 시설이 전혀 되어있지 아니했다. 그러나 버스 창문을 열어놓으니 차가 달리는 대로 시원한 자연풍이 들어온다.

날씨가 하도 더워서 그런지 버스에 오르내리는 사람마다 손에 부채가 하나씩 들려 있었다. 한여름 더위에도 길옆 나무에서는 매미소리가 요란했다. 뜨거운 햇볕을 받아 논에는 벼가 무럭무럭 자라고 있었다. 아마 올해도 벼농사는 풍작일 것이다.

버스가 산등성이를 돌 때마다 이름 모를 야생화가 반겨준다. 한없이 조용하고 평화로운 시골 모습이다. 버스에는 승객이 고작 10명도 안되었다.

나는 배낭에서 사과를 3개 꺼내서 깎았다. 쪼각을 낸 다음 승객들에게 돌아가며 권했다. 시골 승객들은 웃으면서 스스럼없이 맛있게들 먹었다. 자기 음식을 남이 맛있게 먹을 때 그를 보고 있으면 참으로 기쁘다.

운전기사에게는 특별히 큰 사과쪼각을 주었다. 젊은 운전기사 역시 고맙다고 하면서 맛있게 먹었다. 모두들 수영에서 박태환 선수가 금메달을 땃다고 기뻐하며 칭찬들 한다. 지방 사람들은 아직도 순박하고 때가 덜 묻었음을 새삼 느낀다.

버스는 1시간쯤 후 연화산 등산로의 옥천사입구에 내려준다. 아스팔트 길로 쭈욱 연화산 도립공원쪽으로 올라갔다.

연화산 도립공원으로 들어서니 공룡발자국 화석지가 나온다. 거대한 공룡의 인공조형물과 함께 안내 표지판이 세워져 있다. 고성에는 공룡서식지로서 공룡박물관이 세워져 있기도 하다. 도립공원 매표소에서 입장료 1,300원을 내고 옥천사 길로 올라갔다. 평일이고 날씨가 무더워서 그런지 사람들이 별로 없다.

오늘 산행코스는 옥천소류지→ 옥천사→ 청련암→ 황새고개→ 남산→연화산→적멸보궁→ 느재고개→ 연화1봉→암벽쉼터→ 도립공원 주차장의 10km 거리 약5시간으로 잡았다.

옥천사 일주문에 도착하니 "蓮華山 玉泉寺"라는 현판이 눈에 들어왔다. 가까이 가보니 국전 심사위원이었던 서예가 청남 오제봉(菁南 吳濟峯)선생의 글씨였다. 마음먹고 일필휘지한 글씨가 힘차다.

일주문을 지나 조금 올라가느라니 현수막 두 개가 눈에 들어왔다. 하나는 옥천사에서 고시공부하던 학생이 외무고시에 합격했다고 하여 걸려있다. 또 하나는 불교신자인 황우석박사의 연구를 승인을 하라는 현수막이다. 세속을 멀리해야할 불교가 이제는 세속과 민감하게 호흡하고 있음을 새삼 느끼게 한다.

옥천사는 신라 문무왕 때 의상대사가 창건한 고찰이다. 본찰은 하동 쌍계사이다. 경내에는 고려시대 동으로 만든 옥천사 임라명반자를 비롯한 문화재들이 많다.

그러나 옥천사에 유명한 것은 옥천샘이다. 대웅전 뒤의 절벽아래에 있는 옥천샘은 아무리 가물어도 마르지 않고 일정하게 샘솟는 것으로 이름나 있다. 위장병과 피부병에 탁월한 효과를 보이고 있다고 한다.

물은 수평일 때 동쪽에서 서쪽으로 흐르나, 옥천은 서출동류(西出東流)하는 감로수라 한다. 물도 암물과 숫물이 있다고 한다. 옥천사의 옥천샘이 암샘이고 연화산 돌무덤아래에 있는 샘이 수샘이라고 한다.

옥천사에서 경배를 마친 후, 왼쪽 등산로를 따라 11시 30분경부터 본격적인 산행을 시작했다. 연화산 봉우리 올라가는 길은 내륙지방의 산길과 다름이 없었다. 울창한 숲길에 토질은 육산으로 부드럽고 흙냄새가 향긋했다.

산길에는 등산객이 한 명도 없었다. 나혼자 연화산을 전세 낸 것 같은 생각이 들었다. 적적하거나 외롭지는 않았다. 돌과 풀, 나무와 새들이 모두 나의 친구가 되어주기 때문이다.

한시간쯤 치고 올라가니 안부가 보이고 이윽고 남산(420m)에 오르게 되었다. 소나무 몇그루가 둘러싸고 있는 가운데 자그마한 붉은 화강암의 표지석이 세워져 있었다.

남산 정상에도 사람은 아무도 없었다. 남산에서 약간의 휴식을 취한 후 연화봉쪽으로 향했다. 옥천사에서 연화봉까지는 2.4km의 거리이고 남산에서 연화봉까지는 1.5km이었다.

안부로 내려가서 다시 연화봉까지 숨가쁘게 치고 올라갔다. 날씨가 무더울 뿐 아니라 바람도 전혀 없었다. 온 몸은 땀으로 범벅이 되었다. 등산할 때 땀을 많이 흘리는 경우 팬티까지 흠씬 젖게 마련이다. 그런 다음 땀방울이 바지 아래를 타고 내려가 등산화까지 스며들게 된다. 연화산 산행이 그러했다.

왜 이런 고생을 사서 하는지 나도 가끔 의문이 들 때도 있다. 그러나 땀에 젖어서 정상에 올라보라. 그 얼마나 뿌듯하고 상쾌한 기분이 되는 지를 … 등산은 이렇게 땀 흘리는 맛에 하는지도 모르겠다.

어쨌든 땀에 젖어 연화산 정상에 도착한 시각이 14시경이었다. 옥천사에서 두시간 반 정도 걸린 것이다. 정상에 올라올 때까지도 전혀 사람은 구경할 수가 없었다.

다만 정상에서 숨을 돌리느라니 중년 남녀 한쌍이 정상으로 올라오고 있는 것이 눈에 들어왔다.

40대 중반 쯤 되어 보이는 여자등산객이 앞장서고, 그 뒤로 50대 초반쯤 되어 보이는 남자가 뒤따르고 있었다. 요즘 등산에서도 여성이 남성들보다 오히려 산을 수월하게 오르내리는 것을 목격하곤 한다.

그들이 기념촬영을 하는 데 나보고 사진을 찍어달라고 한다. 여자는 묻지도 않는데 말을 한다. 서울 사는데 연화산이 명산에 속한다고 하여 일부러 남편을 대동하고 등산을 왔다는 것이다. 여자는 자기는 산행을 좋아해서 100대 명산을 거의 모두 가 보았다고 한다. 과연 모습을 보니 옹골차고 다부져 보였다.

그 여성에 비하여 남편되는 사람은 단단치 못한 모습인데 등산도 별로라고 한다. 가정평화를 위하여 마지못하여 부인을 따라 나왔다고한다. 더운 날씨에 고생께나 한다고 생각되었다.

그들과 잠시 얘기를 나눈 후, 배낭을 다시 메고 적멸보궁쪽으로 향했다. 적멸보궁 가는 길 표시가 제대로 되어 있질 않았다. 차도를 건너 옆 산을 가다보니 한시간쯤 후 헬리콥터장이 나오고 30분쯤 더 올라가니, 정상에 "시루봉"이라는 팻말이 나온다.

결국 길을 잘못 들어 다른 봉우리를 하나 더 오르게 된 것이다. 다시 산을 내려와 적멸보궁의 길을 찾았다. 적멸보궁이란 부처님 진신사리를 모신 곳을 뜻한다. 부처님의 진신사리를 모셨기 때문에 적멸보궁에는 따로 불상을 모시지는 않는 것이 특색이다.

그런데 연화산의 적멸보궁은 달랐다. 삼존불이 그냥 불상으로 모셔져 있는 것이다. 의아스럽기도 했다. 적멸보궁에서 경배를 마치고 산 아래에 내려오니 17시 30분경이었다. 6시간정도 산행을 한 것이다.

연화산의 주위 봉우리들은 모두 연꽃봉우리마냥 둥그렇게 솟아 있었다. 연꽃 속을 헤매며 한여름에 흠뻑 땀을 흘린 것이다.

시골버스를 타고 고성으로 되돌아 오는 길에 해는 저물었다. 산모퉁이를 돌아 바다가 열리는 곳을 바라보니 조그마한 고깃배의 불빛이 바다위에 떠 있다. 어디선가 숲속에서는 소쩍새의 울음소리도 들렸다.

길 따라 산 따라 헤매는 나의 경우도 저렇게 떠다니는 돛단배와 무엇이 다를 것인가, 지방 산행을 마치고 홀로 올라오다보면 때로는 인간의 순수한 내면세계를 볼 수 있는 기회도 있다. 소쩍새 울음소리를 들으면서 인간은 누구나 외로운 존재라는 생각이 들기도 했다.(2008.8.17)

언제가도 싱그러운 북한산(北漢山)

지루한 장마비가 그친 일요일(7/27)아침, 푸르뫼 회원들은 구파발 전철역에 모여 북한산으로 향했다. 한여름 햇볕은 따갑기만해서 사람들이 얼굴을 가리기 일쑤이다. 그러나 여러 날의 장대비가 그친 후 비치는 햇빛은 반갑기만하다.

북한산성의 계곡은 맑은 물이 철철 넘쳐흐르고 있었다. 물기를 머금은 나뭇잎은 푸른 하늘 아래 더없이 싱싱했다. 숲속에서 작은 새가 푸드득~ 하늘로 날아오르고 있었다. 나뭇가지의 매미는 한여름을 요란하게 노래하고 있었다.

북한산을 수십차례 다녀보았지만 계곡 중에는 북한산계곡과 우이계곡이 제일 볼만하다고 생각한다. 이 두 계곡은 계곡이 크고 넓을 뿐 아니라 수량이 풍부하고 물소리가 우렁차다. 게다가 계곡을 감싸 안은 주변경관이 탁월하다.

오늘 산행은 계곡초입부터 가슴을 설레이게 한다. 저멀리 백운대, 만경대, 노적봉등이 연무에 휩싸여 있고, 양옆으로 원효봉, 염초봉, 의상봉 등이 늠름하게 호위하고 있다.

고색창연한 대서문을 지나 산성계곡을 끼고 중성문 쪽으로 향했다. 포말을 그리며 쏟아져 내리는 계곡물에 등산객들의 환호성이 여기저기서 들린다. 정말 시원하고 볼만하다. 모두들 오늘 산행하기를 백번 잘했다고들 한다. 정말 행복하고 상쾌한 산행이다.

중성문을 지나 중흥사지 갈림길에 이르렀다. 여기서 왼쪽으로 올라가면 용암문을 거쳐 위문에 이르게 되며 백운대에 오를 수 있다. 그 반면 오른쪽 길을 택하면 대남문이나 청수 동암문으로 갈 수 있다.

갈림길에서 잠시 휴식을 취하고 있느라니 백인여자 등산객 2명이 백운대 길을 묻는다. 가는 길을 일러주었다. 감사하다고 환히 웃으며 떠나는 그 젊은 외국 여성들의 모습이 북한산의 초목만큼이나 싱싱하고 밝았다. 청춘은 그 자체로서 언제나 아름다운 법이다.

우리들은 행궁지를 지나 남장대지에 올랐다. 표지판으로 보아 5km 정도의 거리를 온 지점이다. 남장대지에 오르니 눈앞에 펼쳐지는 풍경은 과연 장관이었다.

오른쪽으로는 백운대와 인수봉, 그리고 만경대가 삼각형으로 하늘을 찌를 듯 우뚝 솟아있다. 눈을 왼쪽으로 돌리니 의상능선상에 여러 봉우리가 힘차게 자리잡고 있다. 의상봉, 용출봉, 용혈봉, 증취봉, 나월봉, 나한봉 등이 하나의 산악등줄기에 돋아난 톱니처럼 수려하게 솟아있다. 마치 설악산의 공룡능선과 흡사한 모습이다.

북한산의 화강암 산수화가 눈앞에 전개되고 있는 것이다. 이 화강암 덩어리는 1억5천만 년 전에 격렬한 지각변동으로 생겨난 것이라고 한다. 북한산의 기암절벽이 화강암의 절리와 단층작용으로 이루어졌다고 한다. 화강암지대는 흙이 깨끗하고 투수성이 높아 물을 정화시켜주기 때문에 북한산은 물은 아무 계곡의 물을 마셔도 관계없다. 다만 사람들이 하도 많이 넘나들어 오염이 되기도 한다.

북한산의 기기묘묘한 아름다움을 소금강에 비유하기도 한다. 옛날 설악산이 금강산과 대결하고자 북상하다가 북한산을 와 본 후 그 절경에 탄복을 하고 기가 꺽여 설악동으로 되돌아 갔다고 하는 일화가 있다.

미인은 어느 각도에서 보아도 아름답다. 명산 역시 그러하다. 어느 등산로를 오르더라도 모두 경관이 수려하다. 북한산 국립공원은 등산로가 40여 개에 이른다고 하지만, 그 어느 길을 택하더라도 오르는 이에게 명산다운 당당한 기품과 넉넉함을 선사한다. 능선길을 걸으면서 산수의 아름다움을 만끽했다.

청수 동암문을 지나 아래쪽에 있는 넓은 바위에서 꿀맛 같은 점심을 한 후 우리들은 사모바위 쪽으로 향했다. 사모바위는 비봉능선의 뒤쪽에 있는 바위로서 관복을 입을 때 쓰던 모자인 사모(紗帽)와 형상이 비슷하다고 해서 붙여진 이름이다.

사모바위 너른 터에 이르니 사람들이 모여 웅성대고 있다. 가까이 다가가 보니 중년남자 한사람이 쓰러져 있다. 탈진하여 호흡이 곤란하다고 한다. 다행히 그 사내의 주위에 119구조대원이 있어 산소마스크를 씌운 채 구조작업을 하고 있었다. 이제는 산악사고가 나더라도 119구조대가 신속히 대처함으로써 재난구조에 별문제가 없다고 한다. 고마운 일이 아닐 수 없다.

사모바위를 지나 비봉아래 왼쪽길인 승가사 길로 하산했다. 하산 길의 계곡 역시 물은 맑고 시원했다. 비온 후의 북한산은 어느 곳을 가더라도 수량이 풍부하고 산기운이 싱싱했다. 온몸에 싱싱한 산기운이 도는 것 같은 5시간에 걸친 산행이었다.

서울시민은 참으로 행복하다. 이러한 명산을 지척에 두고 있으니….
우리 또한 행복하다.
이러한 좋은 명산에 좋은 산우들과 산행할 수 있으니….(2008.7.28)

바위 기운 융융한 도봉산(道峯山)

찌는 듯한 무더위가 계속되고 있다. 이러한 폭염에서는 등산도 주춤하기 마련이다. 더욱이 토요일(7.12) 새벽에 비가 내려 오늘 등산이 어렵지나 않을가 생각했다. 그러나 다행히 아침에 비가 그쳤다. 오히려 간밤에 비가 와서 더위를 다소나마 식혀준 효과가 있었다.

푸르뫼 회원들은 구파발에서 송추행 버스를 탔다. 역시 송추행 버스에는 대부분 등산객으로 만원을 이루고 있었다. 송추골의 등산안내소를 지나 곧바로 여성봉으로 올라갔다. 여성봉은 해발 490m이지만 오르막길이어서 1시간정도 치고 올라가는데 이마에 땀이 구슬처럼 흐른다.

여성봉에는 전설이 있다. 옛날 백제 땅에 한 소녀가 사랑하는 청년을 전쟁터로 내보낸다. 고구려의 침범에 맞서 백제를 지키고자 싸움터로 나선 청년은 개로왕이 전사하던 한성 전투에서 함께 목숨을 잃고 만다. 소녀는 부모와 함께 고구려의 손길을 피해 도봉산 깊숙히 숨어든다. 그리고 오로지 첫사랑인 청년만을 그리워하며 서른 중반의 나이로 숨을 거둔다. 이를 불쌍히 여긴 천상의 옥황상제가 무수한 세월동안 남정네의 사랑을 받으라며 바위로 환생을 시킨 것이 바로 여성봉이라는 것이다. 그 마즌편에 남성상징인 오봉을 다섯 봉우리 만들어 놓았다.

산행에는 오래간만에 홍교수가 참여했다. 몇 달만에 산행을 한다고 하여 다소 걱정했으나, 홍교수는 별로 어려움 없이 거뜬하게 등산을 하는 저력을 보였다.

산에는 나무가 우거져 그늘이 졌을 뿐만 아니라 간혹 바람이 쏴아~ 하고 불어 서늘함을 느끼게 했다. 새벽에 내린 비로 등산로에는 흙먼지가 나질 않았다. 등산하기에 최적의 조건이 갖추어져 있는 것이다.

여기에 푸르뫼 인적 구성도 산을 좋아하는 정예회원들이었다. 다정한 사람들과 같이 산행한다는 것은 행복이요 즐거움이다. 우리는 5시간에 걸친 산행 내내 유모어를 주고 받으며 웃음이 그치질 않았다. 언제 이렇게 일상생활에서 마음껏 웃을 수 있는가?

외국의 한 조사에 의하여 장수자의 공통점은 그들의 주위에 친구들이 많다는 것이 밝혀졌다. 동물의 세계에서도 마찬가지이다. 쥐는 평균 600일 정도를 생존한다고 한다. 여러 마리가 함께 있을 때에는 700일 살고, 또 사람들이 먹이를 주면서 보살펴 주면 950여일을 산다는 것이 실험으로 증명되기도 했다.

등산도 마찬가지이다. 뜻이 맞는 다정한 사람들과 함께 다닐 때 산행의 즐거움은 배가 되는 것이다.

여성봉에 올라 오봉 쪽을 바라보니 오봉(660m)의 모습이 늠름하고 장쾌하다. 여성봉이 수줍은 처녀라면 오봉은 씩씩한 사나이라고 할 것이다. 여성봉에서 오봉이르는 능선은 환상적이다. 소나무들이 많을 뿐 아니라 오른쪽으로 저 멀리 북한산의 웅장한 모습도 눈에 들어온다.

오봉을 거쳐 야영장에서 각자 배낭의 음식들을 꺼내서 복분자 몇 잔과 함께 점심식사를 맛있게 할 수 있었다. 산행에 또 다른 즐거움이 있다면 이렇게 음식을 나눠 먹는 것일 것이다. 언제나 총무는 준비를 많이 해가지고 와서 동행인들을 즐겁게 한다.

점심을 거의 끝내가고 있는 무렵에 빗방울이 후드득 떨어진다. 그러다가 잠시 후 그친다. 문사동 계곡을 따라 하산하다가 금강암 못 미친 지점에서 우리는 계곡으로 내려가 발을 담그었다. 한여름이지만 계곡물은 차거웠다. 4시간의 산행의 피로가 다 씻겨 내리는 것 같았다.

금강암을 지나 매표소로 향하는 길부터 장대같은 비가 내리기 시작했다. 산행이 끝난 지점부터 비가 쏟아지니 오늘은 참으로 운이 좋다고 모두들 웃었다. 빗속의 도봉산을 뒤돌아 보니, 울울창창한 숲속에 연무만이 자욱하다.

우리는 도봉산역에서 융융한 산기운을 몸에 담은채 다음산행을 기약했다.(2008.2.13.)

미륵산(彌勒山)에 올라 한산도를 바라보며

미륵산(彌勒山)은 경남 통영시에 있는 해발 461m의 산이다. 일명 용화산이라고도 부른다. 미륵이란 석가모니 부처님이 입멸하신 후 56억7천만년 후에 이 세상에 내려와 중생을 구제한다는 부처님을 말한다. 그래서 도탄에 빠진 백성을 구제한다고 철원땅에서 궁예가 일어나 스스로를 미륵이라고 칭하기도 했다. 이 또한 미륵신앙에 터 잡은 것이었다.

통영하면 충무이고, 충무하면 이순신장군이다. 그래서 통영시에 이순신장군을 모신 충렬사가 있는 것이다. 마침 대학에서 하계교원 연수장소로 통영을 선정했기에 2일째 되는 날 미륵산에 오르는 기쁨을 가지게 되었다. (2008.6.24)

미륵산은 산이름 자체가 불교 냄새가 물씬 풍긴다. 그래서 용화사, 관음암, 도솔암, 미래사 등 유서 깊은 사찰이 많이 자리 잡고 있다.

대학의 스쿨버스가 용화사광장에 도착한 시각은 09시 30분이었다. 오늘 산행로는 용화사광장→ 관음사→ 도솔암→ 안부→미륵치→ 미륵봉→ 다시 역순으로→ 용화사광장의 4km남짓의 거리였다.

산행초입에 세워진 표지판에는 '미륵산 정상 1.9km, 관음사 0.4km'로 표시되어 있다. 오르막 산길은 대체적으로 1시간에 1.8km를 잡으면 넉넉할 것이다. 그렇다면 미륵산 정상을 감상하고 다시 되돌아 오는 데는 도합 2시간정도이면 충분할 것이다. 물론 하산길에 도솔암에 들려 108경배를 드리는 시간도 포함해서 대충 그렇게 어림 잡았다.

관음암을 지나 도솔암 가는 길에 도솔암의 유래를 적은 표지판이 있다. 하산할 때 읽어보기로 하고 등산로를 따라 계속 치고 올라갔다.

남해안의 산이기 때문에 산행 길에 남해안의 시원한 바다가 보일 것으로 생각했으나 이는 오산이었다. 도솔산 올라가는 숲길은 통상의 산길과 다름없었다. 남해가 시원하게 펼쳐지는 곳은 '작은망' '큰망' 등 전망(展望)할 수 있는 암릉에 올라서야 비로소 시야가 트인다.

안부에 다다르니 '미륵산 정상 0.8km,용화사광장 1.1km'라는 안내판이 서

있다. 안부에서 미륵치에 도달하니 남해의 크고 작은 섬이 그림처럼 펼쳐져 있다. 과연 절경이다. 그러나 도솔산 정상에 이르는 등산로에는 암릉과 바위가 많아 조심해야 할 산행길이다. 가파른 암벽사이에 설치된 철계단을 오르니 시원한 바람이 흐르는 땀을 식혀준다. 지척의 거리에 미륵산 정상인 미륵봉에 태극기가 바람에 펄럭이고 있다.

암반으로 된 미륵산 정상에는 미륵봉이라고 쓴 조그마한 정상표석이 세워져 있고 그 옆에 태극기를 건 깃대가 있었다. 용문산 정상이나 북한산 백운대의 모습과 흡사했다.

한려해상의 크고 작은 수 많은 섬들이 한눈에 들어왔다. 저 멀리 아래로는 통영항의 배들이 보이고 통영항 너머로는 고성의 벽방산, 마산의 무학산들이 보인다. 동쪽으로는 한산도가 자리 잡고 남쪽으로는 욕지도, 매물도 등의 섬들이 사이좋게 바다위에 웅크리고 있다. 서쪽으로는 사량도의 지리산, 남해의 금산이 아름답게 물위에 떠 있다. 청명한 날에는 멀리 대마도까지 시계에 들어온다고 한다.

과연 미륵산 정상에서 바라보는 한려해상은 천하절경이라고 아니 할 수가 없다. 내가 본 지중해의 경치 또는 뉴질랜드나 호주의 바다경치도 이보다 더 아름답지는 못한 것이라고 생각된다. 아무리 천재화가라 하드라도 이 자연의 절경을 그대로 온전히 그려내지는 못할 것이다.

한산도를 바라보고 있노라니 작년에 다녀온 제승당(制勝堂)이 눈에 어른거린다. 제승당을 찾아갔을 때 충무공께서 우국충정을 읊었다는 수루(戍樓)에 올라가 본적이 있었다.

"한산섬 달밝은 밤에 수루에 혼자 앉아
 큰 칼 옆에 차고 깊은 시름을 하는 차에

어디서 일성호가는 남의 애를 끊나니"

세계해군사상 25전 25승이라는 전무후무한 기록을 세운 큰 영웅의 그림자가 세월의 흐름에 관계없이 우리민족의 가슴에 드리워져 있다.

임진왜란의 7년 전쟁은 노량해전에서 종식된다. 왜의 수군 500척이 노량앞바다에 이르자 충무공은 조선수군을 지휘하여 양쪽으로 왜군을 협공, 무려 300척 이상의 왜선을 격침시키고 약 2만명에 이르는 왜군들을 섬멸시켰다. 그러나 전투과정에서 적의 유탄을 맞아 53세의 나이로 충무공은 장렬하게 전사한다. 그러나 영웅은 죽어가면서도 아군의 사기가 떨어질 것을 염려하여 "나의 죽음을 적에게 알리지 말라"고 유언한 일화는 영원히 우리의 심금을 울리고 있다.

남해의 푸른 바닷물을 바라보고 있노라니
문득 충무공께서 바다와 산을 두고 맹세한 서원(誓願)이 생각난다.

"바다에 맹세하니 어룡이 꿈틀거리고,
산에 다짐하니 초목도 내 마음을 아네."
(誓海魚龍動, 盟山草木知)

한산도에서 제작한 두 자루 칼에 새긴 검명(劍名) 또한 충무공의 정신을 잘 나타내고 있다.

"석자 칼로 하늘에 맹세하니 산하도 표정을 바꾸네.
(三尺誓天山河動色)
한번 휘둘러 모조리 쓸어내어 그 피로 산하를 물들이리라."
(一揮掃蕩血染山河)

이렇다할 이유도 없이 평화스러운 이 땅을 침범하여 무고한 양민을 살상하는 왜적들을 쓸어버리겠다는 장군의 결연한 의지가 칼에 제대로 새겨져 있는 것이다.

아, 아, 충무공께서 나라를 지켜주시었기에 오늘 우리는 이렇게 미륵산 정상에 올라 한려해상의 아름다움을 만끽할 수가 있는 것이리라….

남해바다의 아름다움을 원 없이 감상한 후 하산길로 접어들었다. 하산길에 도솔암에 들렀다. 대웅전에는 젊은 스님 한분이 목탁을 두드리며 독경을 하고 있었다. 그 오른쪽에는 중년부인이 열심히 기도를 드리고 있었다. 나와 H 교수는 대웅전 왼쪽에서 108배를 올렸다. 산기운이 넉넉해서 그런지 108배를 올리는 과정에서 땀은 흘러도 피로감은 도무지 느끼질 못했다.

도솔암은 용화사의 부속암자이다. 고려 태조때(943년) 도솔선사에 의하여 창건된 암자이다. 창건에 얽힌 설화가 안내판에 잘 적혀있다. 도솔선사는 17세에 출가하여 25세까지 지리산에서 수도하다가, 이곳 미륵산으로 옮겨와 바위굴에서 호랑이 한 마리와 함께 여러 해를 지냈다. 어느날 호랑이가 입안에 꽂인 비녀를 뽑아 주었더니 처녀를 한명 업어와 선사에 내려 놓았다. 처녀는 전라도 보성군 배이방(裵吏房)의 딸로 혼인날을 받아놓고 목욕을 하다가 호랑이에게 잡혀왔다고 하였다. 도솔선사가 처녀를 보성땅 부모에게 데려다 주니 처녀의 부모는 은혜에 감사한다며 금 300냥을 주었다. 선사는 그 돈으로 이 암자를 지었다 한다.

도솔선사가 호랑이와 함께 기거했다는 도솔굴은 도솔암 왼쪽길로 올라가면 된다.

도솔암 구경을 마친 후 관음암에 들렀다. 돌거북 위에 세워진 석탑의 모습이 정교하고도 아름다웠다. 탑 오른쪽으로 올라가니 관세음보살 입상이 자비스러운 미소를 머금고 중생들을 어루만져주고 있었다. 관음암은 주위

경관이 특이했다. 암자를 둘러싸고 있는 'ㄷ자' 형태의 산중턱까지는 모두 대나무숲이다. 그 대나무숲 위로 소나무가 울창하게 들어차있는 2층 구조의 절묘한 모습을 이루고 있었다. 선방으로 수도하는 데는 아주 적절한 곳이라는 생각이 들기도 했다.

산행을 마치고 용화사 주차장에 도착하니 11시 20분경이었다. 그러고보면 산행시간이 2시간이 채 못되는 셈이다. 10년이 넘게 산을 정기적으로 다니는 덕으로 108배를 하고도 다른 등산객들과 보조를 맞출 수 있게 된 것이다.

좋은 산을 오르고 나면 몸도 마음도 가쁜하다. 미륵산 산행이 그러한 것이다. 상경한 후에도 한동안 미륵봉에서 본 한려해상의 절경이 눈에 어른거렸다.(2008.7.1.)

비온 후의 청계산(淸溪山)

토요일에 비가 오는 바람에 토요등산을 못했다. 그래서 일요일에는 비가 오건 말건 개의치 않고 배낭을 꾸려 집을 나섰다. 지난 토요일에는 하루종일 계속해서 비가 내렸다.

주5일 근무제가 실시된 이후 등산을 좋아하는 나는 더 바빠졌다. 토요일은 주로 지방의 100대 명산을 각종 산악회를 따라 다니고, 일요일은 서울 근교산으로 가서 지방산행의 피로를 풀곤 하기 때문이다.

이러한 덕분으로 27km에 달하는 공룡능선도 철야 11시간에 걸쳐 당일로 주파할 수 있게끔 되었던 것이다. 10년 이상 계속해서 산행을 한 경우에는 어쩌다가 한 주라도 등산을 거르게 되면 그 다음 주는 어쩐지 몸이 찌부듯하고 개운치 못한 법이다. 흡사 애연가가 금연을 했을 때 무언지 모르게 쫓기는 초조한 심정이 되는 것과 마찬가지일 것이다.

나는 집이 강북이기 때문에 대개 가까이 있는 북한산을 즐겨 오른다. 그런데 지난달 말경에 북한산 의상봉코스에서 등산객 여러 명이 산행중에 낙뢰에 맞아 아까운 목숨을 잃는 사고가 발생했다. 그래서 오늘은 안전한 육산(肉山)인 청계산으로 방향을 정했다.

산행할 때 나는 언제나 돈암동 떡집에 들린다. 떡 맛이 끝내준다. 산에 가지고 가서 여러 친구들에게 권해보면 정말 맛있다고 한다. 이 떡을 먹다가 다른 떡은 맛이 없어서 거의 손이 가지 않는다.

언젠가 떡방아간 주인을 동네 목욕탕에서 만났을 때, "떡이 유별나게 맛있는 비결이 무어냐?"고 물어 본 적이 있었다. 사십대의 인상이 텁텁한 떡방아간 주인은 "고교를 마친 후 무조건 서울로 왔더니 그때 취직한 것이 떡집이어서 20년간 부지런히 떡 만드는 법을 배웠더니, 이제는 이렇게 떡을 잘 만들게 되었다"고 한다. 법 없이도 살 수 있는 순진하고 근면한 사람이다. 그 부인 역시 전형적인 시골 아주머니 타입으로 부부가 꼭두새벽부터 가게문을 열어 떡을 팔고 있다.

나는 떡집 아주머니 들으라고 일부러 큰소리로 떡집 주인에게 말하곤 한다.

“여보 주인양반! 젊었을 때 부지런히 일해서 돈 벌어 놓아야 늙어서 편한 법이오, 그리고 술 적게 마시고, 항상 부인말에 따라야 집안이 편하고 잘 되는거야, 명심하시게….”

그러면 떡집부인은 좋아서 소리내 웃으며 남편에게 이렇게 말한다.

“여보! 빨리 공책 가지고 와서 말씀하는 것 받아 적어요. 뭐해요? 어서….”

우리는 다 같이 한바탕 웃는다. 한 동네에 오래 살다보면 한집안 식구같이 되는 법이다.

성신여대역에서 지하철 타고 양재역에 도착한 후, 청계산가는 버스로 갈아 탔다. 일요일이라 버스에는 등산객으로 만원을 이루고 있었다.

청계골에 다다르니 낯익은 청계산의 모습이 보인다. 나의 경우 그동안 청계산은 적어도 백번은 넘게 등산했다. 그래서 이제는 눈감고도 어디가 어딘지 알게끔 되었다. 10년 전부터 매주 일요일이면 고교동창들의 청계산 등산모임이 있기 때문이다.

관악산이 돌산으로 남성산이라고 한다면, 청계산은 육산으로서 산세가 부드럽고 완만해서 여성산이라고 할 수 있다. 북한산의 경우에는 흙도 있고 바위도 있어서 남성과 여성을 두루 갖춘 중성의 산이라고 할 수 있다. 어쨌든 청계산은 서울시와 과천시, 의왕시와 성남시를 아우르고 있는 비교적 큰 산으로 인기명산 20위에 올라 있기도 하다.

오늘 산행코스는 원터골→ 갈매재→ 쉼터→ 헬기장→ 매바위→ 매봉→ 혈읍재→ 마왕굴→ 석기봉→ 이수봉→ 천수샘→ 어둔골→ 정토사(옛골)로 잡았다.

혼자가면 이렇게 자기 취향대로 코스를 선택할 수 있어서 좋다.

청계골 굴다리를 지나 등산길로 접어들었다. 돈많은 서초구 관할지역이라 그런지 산길이라든지 표지판, 나무계단 등이 매우 잘 되어 있었다. 심지어 내려와서 신발을 청소하는 공기청소기까지 입구에 마련되어있다.

쉬지 않고 원터골 쉼터까지 쭈욱 치고 올라갔다. 비온 뒤가 되어서 그런지 습기가 차서 땀이 비오듯이 흐른다. 올라가는데 나무계단에 땅방울이 뚝뚝 떨어진다. 40분쯤 올라가는 데도 숨이 턱에 닿는다. 돌문바위에서 세바퀴를 돌면서 소원을 빌었다. 내 마음속의 탐진치(貪嗔癡) 3毒을 없애 달라고….

국선도를 하는 나의 입장에서 보면, 청계산에서 땅기운이 좋은 곳의 하나로는 매바위 올라가기 직전의 나무계단 위치를 꼽을 수 있다. 올라오느라고 지친 상태에서도 그 지점에 오면 힘이 저절로 솟구쳐서 계단을 두 개씩이나 오르게 된다.

3년전 눈이 하얗게 내렸을 때 그 나무계단 지점에서 올려다보니 하늘이 온통 푸른 쪽빛 바다를 보는 것 같은 환상적인 경치를 맛본 적이 있다. 아직도 기억에 생생하다.

매바위(578m)에 올라서니 날씨가 아직 흐리고 안개가 자욱해서 경치를 조망할 수가 없었다. 다만 매바위 부터는 시원한 바람이 불어 한결 더위를 식혀주었다.

매봉까지는 불과 100m거리이므로 매봉(582.5m)으로 가서 표지판 바위를 두팔로 껴안아본다. 온갖 풍상을 이겨낸 바위의 기(氣)를 받고자 함이다.

바위 뒷면에는 청마(靑馬) "유치환" 선생님의 시 한 구절이 새겨져있다.

"내 아무 것도 가진 것 없건만은

머리위에 항시 푸른 하늘 우러렀으매
이렇듯 마음 행복하여라”

시인의 정결하고 순수한 마음이 가슴에 닿는 것 같다.

매봉에서 잠깐 휴식을 취한 후 옆길로 조금 들어가서 큰 바위에 걸터앉아 떡으로 요기를 했다. 매봉까지 오는데 걸린 시간은 1시간이었다.(11:40)

산은 여럿이 오면 즐겁고, 둘이서 오면 오붓하며, 이렇게 혼자 오면 자유스럽고 넉넉해서 좋다. 물 한모금 마시고, 바위에 걸터앉아 이 생각 저 생각 해 본다. 망상(?)해수욕장을 몇 번 왔다갔다 한다.

문득 이 묵직한 바위가 부럽기도 하다. 사시사철 좋은 경치를 언제나 굽어 볼 수도 있고, 또 인간세상처럼 오욕에 찌들 필요도 없으며, 심각한 고민과 뼈아픈 후회를 할 필요도 없으니….

그래서 “유치환”님의 “바위”라는 시가 가슴에 와 닿는 것이다

바 위

내 죽으면 한 개 바위가 되리라
아예 애련(哀憐)에 물들지 않고
희노(喜怒)에 움직이지 않고
비와 바람에 깎이는 대로
억년 비정(非情)의 함묵(緘黙)에
안으로 안으로만 채찍질하여
드디어 생명을 망각하고
흐르는 구름

머언 원로(遠露)
꿈꾸어도 노래하지 않고
두 쪽으로 깨뜨려져도
소리하지 않는 바위가 되리라. 〈柳致環〉

바위 아래로 새가 푸드득 거리며 날아오른다. 비온 뒤라 그런지 새소리가 오늘따라 한결 맑은 것 같다. 저마다 생명의 환희를 노래하며 스스로 넘치는 희열을 숲속에서 자랑하고 있는 것 같다. 문득 나도 모르게 소년 같은 센치한 마음이 되살아 나기도한다. 자연 속에서 순수해 지는 것 같다. 자연과 생명의 소리가 사람들의 고달픈 마음을 어루만져 주는 것 같다. 집에서 배낭 꾸리고 나온 것이 백번 잘했다는 생각이 든다.

바람에 풍겨오는 풀향기가 코에 스친다. 솔가지에 스쳐가는 바람소리가 상수리 나무에 부딪치는 소리와 함께 절묘한 음향을 내고 있다. 숲속에서의 이 아늑하고 포근한 정감은 산꾼들만이 향유하는 행복일 것이다.

십여분 동안 바위에 앉아 휴식을 취한 후 다시 매봉을 거쳐 혈읍재 길로 접어들었다. 혈읍재 가는 길에 "이수봉을 어느쪽으로 가는지?"를 어느 노부부가 묻길래
"저도 그 길로 가니 저를 따라 오세요" 하고 앞장 섰다. 노부부는 과천에 사는데, 과천으로 갈려면 이수봉으로 가서 왼쪽으로 내려가야 한다는 것이다. 칠십이 넘은 고령의 부부가 함께 등산하는 모습은 보기에 아름답다.

혈읍재 조금 못미쳐 작은 바위봉우리에서의 조망이 아주 일품이다. 저멀리 관악산이 보인다. 그 밑으로 과천청사가 오밀조밀 자리 잡고 있다. 청계산 밑으로는 서울대공원과 각종 놀이기구, 현대미술관이 보이며, 좀 떨어진 곳에 과천경마장이 자리잡고 있다.

눈을 왼쪽으로 돌리니 만경대가 보인다. 그러고 보면 청계산은 만경대(618m)를 깃점으로, 서쪽으로 관악산, 남쪽으로 국망봉을 거느리고 있는 형국임을 알 수 있다.

매봉에서 혈읍재까지는 약 삼십분이 소요되었다. 혈읍재에서 길은 세갈래로 갈린다. 왼쪽으로 내려가면 옛골이 나오고, 중앙길을 따라 산위로 올라가면 석기봉으로 가게 된다. 오른쪽으로 가면 마왕굴을 거쳐 헬기장에 이르게 된다.

나는 노부부께 마왕굴 길을 권했다. 이 길은 하도 많이 다녀서 어디에 줄이 있는지, 어디에 바위가 튀어나왔는지, 어디가 미끄러운지가 입력이 되어 있다. 그러나 산길은 언제나 조심이 제일이다. 비온 뒤에 길도 미끄러우니….

마왕굴에 먼저 도착한 나는 거기서 노부부가 올 때까지 휴식을 취했다. 커다란 바위 밑으로는 비가 온 뒤여서 맑은 물이 콸콸 쏟아져 흐르고 있었다.

마왕굴 안내판에는 그 옛날 지조를 지킨 송산(松山) 조견(趙狷)선생의 내력이 적혀 있었다. 고려말의 선비, 조견선생은 이성계가 나라를 세운 후, 이태조가 직접 찾아와 벼슬자리를 주어도 이를 거절하고 청계산에 들어와 은둔생활로 일생을 마쳤다는 것이다.

원래 이름은 조윤(趙胤)이었으나, 고려가 망한 후, 산에 들어가 이름을 견(狷)으로 고치고 자(字)도 주인을 따르는 종견(從犬)으로 지었다고 한다. 청계산에서 선생이 운둔생활을 할 때, 상봉에 올라가면 개경까지 만경(萬景)이 보인다고 하여 만경대(萬景臺)라고 불리우게 되었다는 것이다.

대학에 있을 때에는 곧잘 바른 소리를 하다가도, 벼슬자리에 임용되면 즉시 말을 180도로 바꾸는 요즘의 학자들과 비교하면 조견선생은 하늘과 땅만큼의 차이일 것이다. 충신의 절개를 후세에 알리려고 그런지 마왕굴 주변에 매미소리가 요란하다.

이윽고 노부부가 마왕굴에 도착했다. 내가 노부인께 "영감님따라 산에 다녀서 그런지 산을 잘 타십니다." 했더니, 부인 대답이 의외였다.

"저 양반이 월남전 참전용사이지만 큰 수술을 했기 때문에 내가 산길의 보호자로 따라다니는 거예요."

하긴 남자는 나이가 들어도 어린애와 다를 바 없다고 하니, 몸이 성치 않는 사람은 직접 따라 다녀야 안심이 될 것이다. 노인 영감은 1936년생으로 72살이라고 한다. 연세에 비하여 외견상으로 더 젊어보였다. 부인이 뒤에 멀리 떨어져오자 헬기장에 도착한 노인영감이 얘기했다.

"수년전에 이스턴호텔에서 출발하는 등산모임 때 여자들과 찍은 사진이 발각된 후 저렇게 등산길에 쫓아 다닌다"고...

누구 말이 맞는지 잠시 혼란스럽다. 나는 얘기했다. "부인 말에 잘 따르세요. 젊었을 때 외도 많이 했잖습니까, 그러니 이제는 부인께서 하자는대로 따라야겠지요,"

노인영감도 이 말에 수긍하면서 "그렇지 않아도 요즘 집에서 꼼짝도 못한다"고 하면서 웃는다. 이수봉 길로 접어드는 헬기장에서 노인부부와 헤어졌다.

작별 인사할 때 노인영감은 "청계산에 대하여 상세하게 설명해준 것과 길안내를 잘 해준 것이 고맙다"고 하면서 등산장갑을 벗고 오른 손을 내밀었다. 예의를 갖춘 분이라는 생각이 들었다.

장갑을 끼고 악수를 청하는가 또는 장갑을 벗고 청하는가에 따라 사람의 됨됨이를 알 수 있다. 악수를 한다는 것은 손과 손을 통하여 친밀도와 정감을 통하는 것인데, 장갑을 낀 채로 상대방의 맨손을 잡는다는 것은 그 사람의 인격형성 자체에 다소 문제가 있다고 볼 수 있다. 상대방을 배려함이 없는 행동이라고 할 수 있기 때문이다.

나는 헬기장 왼쪽 길로 내려가 동자샘에서 여분의 빈 물통에 물을 가득 받았다. 노모를 갖다드리기 위함이다. 어머니는 이제 90세가 다 되었는데 다른 데는 이상이 없으나 노안(老眼)이라 앞이 보이질 않는 것이 안타깝다. 산에 올 때마다 물 한통씩을 받아다 드리면, 노모가 그렇게 좋아 할 수가 없다. 돈이 드는 것도 아니다.

동자샘에서 물을 받은 후 다시 헬기장으로 올라와 이수봉 가는 길로 접어들었다. 이수봉가는 길은 매봉 올라가는 길에 비하여 길이 넓고 평탄했다. 육산이라 맨발로 산행하는 사람들도 심심치 않게 눈에 띈다. 건강에 좋을 것이다. 황토흙은 죽은 뱀도 살려낸다고 하질 않는가,

노인네 부부는 지금쯤 아마 청계사 방향으로 내려가고 있으리라. 청계사는 신라시대 고찰이다. 2000년에는 이 절에서 "우담바라" 꽃 21송이가 피었다고 해서 화제가 되기도 했다. "우담바라"는 삼천년에 한 번씩 피는 꽃으로 염력과 신비의 상징으로 여겨지고 있다. 그러나 "우담바라"가 피었다고 하여 세상이 크게 달라지는 것은 없었다. 결국 "우담바라"는 우리의 마음속에서 피어나야 그 참다운 효력을 발휘하게 되는 것이 아닐는지?

이수봉에 도착하니, 이수봉 돌 표지판을 배경으로 남녀 등산객들이 삼삼오오 사진 찍느라고 정신이 없다.

이수봉(貳壽峰)!

그 옛날 정여창 선생이 무오사화를 예견하고, 자기 스승인 김종직과 김굉필을 이곳 청계산에 피신시킴으로써 두 목숨을 구했다고 하여 이수봉이라 명명했다는 것.

이수봉정상(545m)에는 몇 년전에 통신부대가 자리 잡았기 때문에 등산객

들은 정상을 끼고 샛길로 우회하여야 한다. 이수봉의 왼쪽 길로 접어들면 천수샘 약수터 길로 가게 된다. 오솔길인데 봄에는 진달래와 철쭉이 볼 만 하다.

약 이십분쯤 오솔길을 따라 내려가니 천수샘 약수터가 눈에 들어온다. 사람들이 몇몇 약수터 벤치에 앉아서 얘기를 하고 있다. 나는 이 천수샘 약수터에는 잊지 못할 추억을 가지고 있다.

4년전 어느 봄날, 고교동창들과 함께 청계산 하산 길에 이 샘에 도달 했을 때, 선녀같은 미인을 이 천수샘에서 목격하게 되었던 것이다.

까만 바지에 하얀색의 웃옷을 입은 여인의 모습은 멀리서 누가보아도 범상치 않은 미인임을 알 수 있었다. 삼십대 후반 또는 사십대 전반 쯤 되어 보이는데 몸 전체에서 풍기는 교양미와 지성미 그리고 정결미로 보아 대학에서 종교철학이나 또는 문학예술계통의 교수 같기도 하고, 또 어찌보면 성직자 같기도 했다.

대리석 같은 하얀 피부에 이지가 넘쳐흐르는 고운 눈매, 그 호수 같은 맑은 눈을 살짝만 뜨고 바라보아도 심장이 내려 앉을 것 같은 출중한 미인이었다. 나만 그렇게 느낀 것이 아니라 같이 있던 친구들 모두 같은 느낌이었다. 옥황상제께서 잠시 인간세상에 내려 보낸 선녀처럼 백옥같은 미인이었다. 가끔 손으로 무언가 가리키면서 단아한 얼굴에 잔잔한 미소를 띄우는 그 모습은 바로 화용월태(花容月態)라는 말 그대로였다. 아마도 내 생전에 다시는 이러한 미인을 만나보지는 못 할 것이다.

우리같은 속인은 도저히 그녀 옆에 가까이 갈 엄두가 안나서 멀리 떨어져서 그 신비롭고 우아한 미를 감상할 수밖에 없었다. 이상한 것은 미(美)가 워낙 뛰어나면 이성(異性)으로서의 감정은 일어나지 않고, 그 미 자체만을 감상하게 된다는 점이다. 이를 두고 옛말에 "미인을 보고도 음욕을 품지 않는다"(見美不淫)라고 했는지 모르겠다.

천상에나 있음직한 그러한 미인을 볼 수 있게 해준 청계산 산신령님께 대한 감사의 마음은 지금도 변함이 없다. 혹시 여성관계 전문가들은 나보고 꿈 깨라고 할는지 모른다. 그러나 나에게는 천수샘 선녀가 베아드리체같은 존재인 것은 여전하다.

추억의 천수샘을 지나 어둔골로 접어드니 계곡물 소리가 요란하다. 어제 비가 와서 계곡에 물이 넘쳐나고 있다. 보기 좋은 자연 풍광이 펼쳐지고 있는 것이다. 옛골의 정토사에 도착한 시각이 오후 2시 30분이었다. 원터골에서 아침 10시40분에 산행을 시작 했으니 총 3시간 50분정도를 산행을 한 셈이다.

정토사 경내의 백련지(白蓮池)에는 연꽃들이 대부분 꽃망울형태인데, 더러는 하얀 꽃을 활짝 터뜨리고 있는 것도 있었다. 연꽃은 진흙 속에 자라도 더러움에 물들지 아니하고 맑은 물에 씻기어도 요염하지 않다(出於泥而不染, 濯淸蓮而不妖). 꽃망울을 터트려 웃는 연꽃이 마치 관세음보살이 은은한 미소를 짓는 것 같다.

절에는 일요일인데도 보살 몇분만 왔다갔다 할 뿐 한가롭다. 이따금 극락전 뒷 숲에서 까마귀소리인지 또는 산새소리인지 "까악 까악" 하는 소리가 들린다.

햇볕은 따갑게 절마당에 비추고 있고…. 이렇게 해서 여름날은 또 지나가는가 보다. (2007.8.6)

넉넉한 품세의 남덕유산(南德裕山)

무더운 삼복더위가 찌는 듯하다. 아마도 이러한 날씨에는 불쾌지수 역시 높으리라고 생각된다. 비도 간단없이 내린다. 비가 올 확률이 높다고 한다. 그렇다고 하여 산 좋아하는 사람이 방구석에 딩굴 수는 없는 노릇이다. 비 맞으며 산에 가는 것이 훨씬 건강에도 좋을 뿐 아니라 정신적으로도 상쾌할 것이다.

산행을 10년 이상 꾸준히 하는 경우에는 등산이 흡사 밥 먹는 것처럼 습관화 된다. 그래서 어쩌다가 일주라도 등산을 하지 않는 경우에는 몸이 찌뿌듯하고 안절부절 하게 된다.

그래서 산꾼들은 비가 오나 눈이오나 웬만하면 산행길에 나서게 된다. 2007.7.28(토), 비가 내린다는 일기예보에 불구하고, Wanderung산악회에서 주최하는 덕유산(德裕山)등산모임에 합류했다. 사당역에서 07;00에 출발하므로, 5시반에 배낭메고 돈암동집을 나섰다. 혹서기(酷暑期)일 뿐 아니라 흐린 날씨 탓인지 버스에 탄 등산객은 불과 20명에 불과했다. 이런 경우 산악회는 대개 적자를 보게 된다고 한다. 그런 반면에 산꾼들은 두 좌석에 한명씩 앉게 되는 편안함을 누리게 된다.

차창으로 내다보이는 논에는 벼가 싱싱하게 잘 자라고 있다. 금년에도 풍년일 것 같은 생각이 들었다. 고래로 우리 민족에 있어서 쌀은 생명이고 신앙이었다. 사람이 죽어 저승 가는 길에도 쌀을 뿌렸다. 옛날 아버지들은 자기논에 물 들어가는 소리와 자식새끼들의 목구멍으로 음식 넘어가는 소리가 가장 듣기 좋다고 했다. 가뭄이 들면 자기네 논물을 밤새 지켰다, 당시 물도둑은 쌀도둑이나 마찬가지였다.

그리고 벼를 키운다는 것은 정성 그 자체였다. 볍씨를 고르고, 못자리를 만들고, 모를 내고, 피를 뽑고, 김을 메고, 벼를 베고, 이를 다시 훑고, 방아를 찧고, 마침내 쌀밥이 되어 입에 들어 갈 때까지 여든여덟번의 사람 손을 거쳐야 한다는 것이다. 그래서 열십(十)자 위아래에 여덜팔(八)자가 붙어 쌀미(米)자가 되었다고 한다. 사람이 나이 88세가 되면 이를 미수(米壽)라고 하는 것과 같은 이치이다. 또, “벼는 익을 수록 고개를 숙인다”고 하여 세상 살아가는 지혜로 삼기도 한다.

내가 초등학교 다닐 적만해도 보릿고개라는 말이 있었고, 옥수수가루와 우유가루로 식사를 때우기도 했다. 밥알 하나가 천금같이 소중한 것이었다. 기름이 자르르 흐르는 하얀 쌀밥에 고기국은 꿈같은 식사였다. 쌀밥을 먹어야 기운이 생긴다고 하여 기운기 (氣)자에도 쌀 미(米)자가 들어가 있는 것이다. 저 유명한 Robinson Crusoe도 무인도에서 홀로 지낼 때, 난파선에서 주운 볍씨를 4년간 키워서 식량을 해결했다고 하질 않는가,

그런데 언제부턴가 세상이 변하여 쌀이 남아 돌아가기 시작했고, 그와 더불어 농촌이 붕괴되기 시작했다. 농촌에 젊은이를 찾아보기 힘들게 되었고, 따라서 어린아이 울음소리와 농악소리도 듣기가 어렵게 되었다. 세상 참 많이 변한 것이다. 논의 벼를 바라보며 이런저런 생각을 하다보니 어느새 산행버스는 덕유산 자락에 도착했다.

덕유산은 영남지방(거창군, 함양군)과 호남지방(장수군, 무주군)에 걸쳐 있는 산으로 금강과 낙동강의 수원이 되는 산이다. 주봉인 향적봉(1,614m)을 중심으로 장중한 능선은 남서쪽으로는 무룡산을 지나 30여km나 이어져 남덕유산(1,507m)에 이른다.

정상에서 보면 동쪽으로 가야산이 잡히고, 서쪽으로는 지리산의 웅장한 자태가 펼쳐진다. 무주구천동(九川洞)계곡의 물소리가 그치지 않으며, 덕유평전의 야생화는 눈부시도록 아름답다. 월성재를 지나 내려오는 월성계곡은 한여름의 더위를 식혀주며, 중봉의 운해 역시 신비롭기만 하다. 그래서 덕유산이 100대 명산에 당당히 오른 것이리라…. 남쪽에서는 한라산과 지리산 그리고 설악산에 이은 4번째 높은 산이 덕유산이다.

백두대간이 남으로 힘차게 뻗어 내려오다가 한번 숨을 고르느라고 잠시 멈추었다. 그리고 또다시 힘차게 영호남에 걸쳐 솟구친 것이 바로 이 덕유산의 연봉들인 것이다. 산이 한 없이 후덕하고 넉넉하다고 하여 이름 지워진 덕유산! 산의 넉넉함은 실제 산행을 해 보면 알 수 있다. 산으로 들어가

보면 마치 어머니 품속 같고 큰누님의 잔등 같은 편안함을 피부로 느낄 수 있다.

육십령(嶺)고개는 옛날 이 산고개를 넘어올 때에는 산적이 많이 출몰하기 때문에 행인 육십명을 모아서 같이 넘어갔다는 데에서 유래된 재이름이라고 한다. 숲이 깊고 울창하여 도둑들이 많다보니 이 덕유산에는 사찰이 별로 없는 것이 특색이다. 고작 백련암과 영각사 2절만이 외롭게 지키고 있을 뿐이다.

빨치산(partizan)이 지리산에 본거를 두고 활동하다가 쫒길 적에는 이 덕유산에 와서 숨곤 했다고 한다. 그래서 지리산 - 덕유산 - 민주지산이 이른바 빨치산의 3루트라고 이르게 되었던 것이다. 마치 야생동물들이 은거지를 찾아 서식지를 형성하는 것과 같다고나 할까?.

덕유산은 북쪽의 북덕유산과 주봉인 황적봉. 그리고 무주구천동의 33경과 장수덕유산 및 남덕유산까지 국립공원으로 지정되어 있다. 지리산국립공원 다음으로 규모가 광대하다고 한다. 덕유산의 한 봉우리는 무주에서 시작되고, 또 한 봉우리는 장수에서 일어나는데, 장수의 봉우리를 남덕유산이라 하며 무주의 봉우리를 북덕유산이라 부르고 있다. 산 높이로 보면 북덕유산의 향적봉이 남덕유산보다 108m나 더 높다.

이번의 산행코스는 남덕유산코스였다. 산길은 영각매표소를 출발하여 남동릉을 따라 정산인 남덕유산에 오른 후, 월성재→ 삿갓봉→ 삿갓골재 대피소→ 황점마을로 내려오는 코스이다.

등산할 때마다 항상 느끼는 것은 산행은 처음 등산을 시작할 때가 가장 힘이 든다는 것이다. 처음부터 치고 올라가는 오르막길인 경우에는 더욱 힘든 법이다. 남덕유산은 처음부터 산정상까지 계속 치고 올라가는 너덜 길이었다. 날씨는 덥고 바람이 별로 없어 땀이 비오듯이 흐른다. 나는 등산할 때는 머리에서 흘러내리는 땀을 차단하기 위하여 이마에 수건을 동여매고 등산을 한다. 더운 날에는 동여맨 손수건을 계속 풀러서 땀을 짜내야 한다. 줄줄줄 … 땀방울이 물이 되어 흐른다. 여름날에는 통상 대여섯번 짜내야 한다. 그래도 얼굴은 땀범벅이 된다.

과연 덕유산은 숲이 울창하여 햇빛이 보이지 않는다. 나무숲에서 한 여름날 매미소리가 요란하다. 같은 매미소리라 하드라도 도시의 매미와 시골의 매미울음소리가 다른 것 같다. 도시의 아파트단지내 나뭇가지에 붙어서 우는 매미소리는 각박한 매연의 환경 속에서 살아남기 위한 울부짐이라면, 덕유산 숲속의 매미들은 그야말로 대자연을 한껏 즐기는 청량한 음악을 연주하는 것이라고 할 수 있다. 이렇게 같은 곤충의 울음소리도 듣기에 따라 다르게 느껴진다.

사람들의 말소리도 듣기에 따라 다르다. 같은 "바보야 당신은"이라는 말도 사랑스러운 예쁜 여자가 남자의 어깨를 탁치고 눈을 살짝 흘기면서 얘기할 때는 꿀 같은 애교의 말로 받아들일 수가 있다. 그런데 일을 잘못한 부하직원에 대하여 상사가 화를 내면서 "바보야 당신은"이라고 했을 때에는 일생동안 잊을 수 없는 뼈아픈 말이 될 수도 있는 것이다. 말이나 소리나 그 처한 환경에 따라 다르다는 것을 알 수 있다. 숲속의 매미소리 또한 그러한 것이다.

땀을 흠뻑 흘리며 너덜길을 한시간 쯤 치고 올라가니 드디어 능선이 나타나기 시작한다. 이곳이 영각재라는 고개마루 …. 저 멀리 크고 작은 연봉들이 겹겹이 둘러쳐 있는 것이 과연 백두대간의 장관이 아닐 수 없다. 영각재에서 남덕유산 정상 까지는 철계단이 즐비하다 소위 팔백여개의 철계단이 놓여 있는 것이다.

능선에 접어들어 약100m쯤 가니 남강의 발원지인 참샘을 알리는 말뚝과 이정표가 나오는데, 이 지점부터 시계가 트이며 남동릉의 절경지대를 감상할 수 있게 되었다. 절경을 맛보자고 한여름에 이 고생을 하고 있는 것이다. 기암괴석을 따라 가파르고 아슬아슬하게 드리워져 있는 수 많은 철계단을 오르다 보면 마치 강원도의 두타산을 타는 것과 비슷한 느낌이 들기도 했다 한 40분가량 능선길을 따라가니 드디어 남덕유산 정상에 다다랐다.

남덕유산 정상에는 바위돌이 우뚝 세워져 있는데 세로로 "남덕유산"이라고 큼지막하게 우리말로 새겨져 있었다. 물론 가로로 1,507m라는 표고도 표시되어 있다. 남덕유산 정상은 백두대간이 지나가는 분수령, 백두대간 산줄기는 금강과 낙동강의 수계를 이루며 서남쪽으로는 육십령, 덕유산 주능선쪽으로는 백암봉으로 이어진다. 남쪽 저 멀리로 지리산이 아득하게 보이고 북동쪽으로는 덕유산의 연봉들이 장쾌하게 이어진다.

남쪽으로 힘차게 뻗어 내려간 함양땅의 산줄기도 장엄하게 펼쳐져 있다. 정상 서쪽에 우뚝 서 있는 봉우리는 서봉으로 장수덕유산으로 불리우기도 한다. 반더룽 산악회에서는 산행지도를 상세하게 표시 했을 뿐 아니라, 지도 위에 친절하게 얇은 비닐을 씌워서 제공하고 있다. 해서 산꾼들은 비를 맞아도 지도를 볼 수 있고 또 아무리 땀을 흘려도 지도는 젖지 않도록 배려하고 있는 것이다. 참으로 고마운 산악회가 아닐 수 없다. 나는 10여년 각종 산악회를 따라 다녀보았으나 지도를 비닐에 싸서 제공하는 산악회는 오늘 처음 만난 것이다. 산악회 총무는 여성인데 50대 후반쯤 되어 보였다. 말하는 품세나 쓰는 용어로 보아 대학출신의 냄새가 풍겼다.

지도는 산악인들에게 나침반이나 다름없이 아주 중요한 것이다. 비닐에 싸서 제공하는 그 정성이 대견스럽고 고맙기만 할 뿐이다.

남덕유산 정상에 올라서서 조망을 하니, 과연 우리의 강산이 아름답고 융융함을 절감할 수가 있었다. 울울창창한 숲은 끝간 데를 모르게 수해(樹海)

를 이루고 있다.

그 숲에서 인간의 생존에 필요한 산소를 무궁하게 뿜어대고 있는 것이다. 그러니 숲이 고맙고 나무에게 감사드려야하는 것이다.

나무들도 영혼을 가지고 있다고 한다. 인도의 저명한 식물심리연구가는 1900년부터 30여년간 실험을 통해 식물에게도 어떤 특정한 기억능력의 감성이 존재한다는 것을 입증 했다. 식물은 바다속에서 살고 있었던 최초의 유기체로서 동물보다 시기적으로 앞서며, 동물세포는 변형된 식물세포일 뿐이라는 것이다.

실험결과에 의하면 식물들도 기억형식의 반사적 감성을 가지고 있어 그들 역시 만족을 표시한다는 것이다. 우리가 울창한 숲속에 들어가면 자기도 모르게 신성(神性)이 느껴지기도 하는 것이다. 아름드리 나무둥치는 하늘을 떠받치고 잎들의 퍼덕임을 요정들의 노래 같기도 하다. 드문드문 7월의 초록지붕을 뚫고 쏟아지는 햇살무더기는 흡사 신의 계시처럼 보이기도 한다. 그렇다! 숲에는 인간이 범접하지 못할 위엄이 있으며, 나름대로의 질서가 있고, 태고의 신비가 있는 것이다. 그래서 무지한 인간으로서는 알 수가 없기에 산신령님이 산천을 관장하고 계시다고 하면서 경외하고 있는 것이다.

사실 따지고 보면, 불교라는 종교도 나무와 많은 관련이 있다고 할 수 있다. 석가모니의 생애를 살펴보면 이를 알 수 있게 된다. 석가모니의 중요한 시기마다 나무가 등장하고 있다.

첫째는 룸비니동산에서 마야부인이 손을 짚고 서서 싯다르타를 분만했던 "아소카" 나무이다. '아소카'는 '고통 없음'을 뜻한다.

둘째는 부처가 깨달음을 얻었던 "보리수" 나무이다.

셋째는 부처가 그 나무아래에서 열반에 든 사라쌍수(沙羅雙樹)이다. 부처가 열반에 이르자 제철이 아닌데도 홀연히 꽃을 피웠고, 그 꽃 잎이 신들이 하늘에서 뿌리는 꽃 비와 섞여 석가모니의 온 몸을 염해 주었다고 한다. 이들 나무가 불교계에서는 받드는 3대 성수(聖樹)인 것이다.

전지전능하신 예수님도 십자가라는 나무에서 육신을 바쳐 인류를 구제하신 것이다. 이로보면 산꾼이건 아니건 가림이 없이 누구나 나무와 숲에 대하여 항상 감사드려야 할 것이다.

정상에서 아름다운 경치를 마음껏 감상한 후 천천히 서봉갈림길을 지나 주능선 쪽으로 발걸음을 돌렸다. 약 30분쯤 내려서니 사거리를 이루는 안부인 월성재에 닿는다.

이 지점에서 B조는 오른쪽 길인 월성계곡을 거쳐 황점마을로 빠지게 되고, 반면에 주력이 좋은 A조는 그냥 정면 능선길을 따라 삿갓봉으로 향하게 된다. B조에 비하여 한시간반정도의 산행거리가 추가되는 것이다.

나는 A코스인 삿갓봉코스를 탔다. 삿갓봉 가는 길에는 각종 야생화가 만발하고 있었다. 보라색의 비비추꽃, 노란색의 원추리꽃과 빨간색의 산나리꽃들이 저마다 아름다움을 다투고 있었다. 2년전 백두산 서파능선을 트래킹할 때 천지주변을 감싸고 눈이 부실정도로 피어있던 야생화를 다시금 보는 것 같았다.

월성재에서 삿갓봉을 거쳐 삿갓골재 대피소 까지는 1시간30분이 소요되었다. 능선에 간간히 불어주는 시원한 바람은 고맙기만 하다. 산천초목과 더불어 바람 역시 인간에 있어서 고맙기 한량없는 존재임에도 무엄하게 인간이 못된 것을 바람에 비유하고 있다.

"바람났다, 바람들었다."고 하질 않는가 하면, "바람잡는다" 등이 그것이다. 나만이라도 온갖 곡식을 익혀주는 풍신(風神)님을 존경하리라. 이렇게 산행길에 물 떨어질 때 불어주는 바람은 그 얼마나 갈증을 감소시켜 주는지 산꾼들은 잘 알고 있다.

다행히 삿갓골재 대피소 아래에 샘이 있어 물을 보충할 수가 있었다. 여름산행에는 물이 충분해야 한다. 물 떨어지면 아주 큰일이다. 그래서 오이라든지 과일종류를 여름에는 많이 가지고 다니는 것이다.

대피소에서 약간의 휴식을 취한 후 오른쪽 삿갓골로 내려서서 황점마을로 하산했다. 하산길은 길이 비교적 평탄하며 계곡의 물소리가 시원하다. 하산길을 1시간 30분쯤 내려가니 주차장이 눈에 들어온다. 시각은 오후 4시 30분이었다. 11시에 산행을 시작했으니 총 소요시간은 5시간 반쯤 걸린 셈이다.

산기운이 좋아서 그런지 산행 후에 다시 한번 역순으로 산행을 하고 싶은 생각이 들 정도였다. 앞으로 기회가 된다면 덕유산 종주코스(32km) 산행에 참가해 보고 싶다. (2007.7.30)

대마도 백악산(白嶽山) 산행기

대마도는 크기가 제주도의 40%정도로 거제도와 비슷한 면적이다. 남북으로 긴 고구마처럼 늘어져 있는데, 산지가 대부분(80%)이다. 인구가 3만5천명 정도라고 한다. 인구의 2/3가 노인들이고 또 혼자 사는 사람이 많다고 한다.

1박 2일 여정으로 대마도에 갔다. 부산에서 50km거리이기 때문에 부산에서 배를 타고 갔다. 서울역으로 가서 부산가는 KTX 5시15분 열차를 탔다.

부산여객터미널에 가서 09시 대마도로 가는 오션플라워(OCEAN-FLOWER)에 올랐다. 날씨는 흐렸고 대한해협 건너는데 파도가 쳐서 배멀미 하는 사람들이 여기저기에 있었다.

1시간 30분만에 대마도에 도착했다. 간단히 점심을 때운 뒤, 미우다 해수욕장을 둘러보았다. 규모가 작고 시설이 보잘 것 없으나 에메랄드 빛 바다가 하얀 모래밭과 함께 정갈하게 자리 잡고 있었다. 제철이 아니라 그런지 관광객만 몇사람 눈에 띌 뿐 한산했다.

대마도는 산이 많은 지형이라 시가지의 도로가 좁고 거의 좁은 산길을 따라 운행한다. 다니는 자동차도 대부분이 소형차이고 경차가 많다.

산길 자체가 폭이 좁아 관광버스가 비켜가기가 쉽지 않다. 불편하지만 무리하게 길을 내지 않는 일본인들의 절제된 면모를 드러내고 있다. 길 양쪽에는 삼나무와 원시림인 동백나무, 가시나무 등 아열대성 상록수가 울울창창 하늘로 뻗어 올라가 숲을 이루고 있다.

히타카츠의 수령 1,200년 된 은행나무가 인상적이었다. 표지판에 써 있기를 백제에서 가져다 심었다고 한다. 백제문화가 일본에 흔적을 남기고 있다.

일본땅에 한문을 전래해 준 이가 백제의 왕인(王仁)박사이다. 전남 영암땅에 가면 월악산 밑에 왕인박사 기념관이 있다. 한국을 방문한 일본인들이 영암에 오면 반드시 왕인박사를 찾아 본다고 한다. 그래서 그런지 대마도에 진안의 마이산(馬耳山)이 숫마이봉과 암마이봉이 있듯이 대마도의 백악산(白嶽山) 역시 숫봉(雄峰)과 암봉(雌峰)이 있다.

이튿날 일찍 백악산으로 출발했다. 한 시간쯤 달려, 08시40분에 백악산 근처 주차장에 내렸다. 저멀리 백악산의 두 봉우리가 힘차게 솟아있다. 주위에 운무가 휘감고 있어 신비한 느낌을 준다. 주차장에서 백악산 산행들머리까지는 아스팔트 포장 산길이었다. 아스팔트 길은 다소 지루하다. 등산객이면 대개 아스팔트 보다는 흙길을 선호한다. 나 또한 그러하다.

아스팔트길을 따라 40분가량 가니, 이윽고 백악산 등산구(白嶽登山口)라고 쓰인 표지판이 나왔다. 시타타케라고 불리우는 백악산은 해발 519m에 달하는 산이지만, 원시림이 빽빽이 들어찬 영산으로 불리고 있다. 곳곳에 신전(神殿)이 모셔져있다.

고대로부터 슈겐도(불교를 가미한 종교의 한파)수행자들의 영산으로 숭상되어 왔다고 한다. 원시림속은 공기가 맑아서 오장육부까지 씻겨내려 가는듯한 상쾌함이 온몸에 느껴진다.

"그래, 이 맛으로 산에 들어오는 것이야, 도시에서 느껴보지 못한 대자연의 정결한 품속에 안기고 싶어. 그래서 산에 오르는 것이야, 돌맹이 하나, 풀하나, 흐르는 계곡물 그리고 푸드득 나무사이를 날아드는 새들이 모두가 나의 친구들이야, 이 친구들을 보고 싶어 이렇게 배낭 메고 낑낑 거리는 거야" 혼자 중얼거리면서 천천히 백악산을 올라갔다.

30분 넘게 올라가니 막대기 솟을대문이 나온다. 신사분기점(神社分岐點)이다. 등산로 곳곳에 신(神)들을 모셔 놓은 돌탑이나 돌집들이 있다. 우리나라의 경우 해신(海神)을 모신다든지 용왕(龍王)을 모시는 당집 비슷한 것이라고 생각된다.

분기점에서 오른쪽으로 타고 올라가면 작은 공터가 나온다. 여기에도 신전(神殿)이 있다. 신전 위에 이팝나무가 하얗게 피어서 반겨주고 있었다. 왼쪽 오르막부터 밧줄(로프)이 드리어져 있다.

여태까지는 완만한 능선길이었는데, 이제부터 정상까지 가파른 오르막길이다. 한국의 경우, 등산로가 잘 다듬어져 있다. 오르막에는 나무계단과 철제울타리 등이 훌륭하게 마련되어 있다.

이에 비하면 대마도 백악산의 경우에는 안내 표지판만 있을 뿐이다. 산행객을 배려한 시설은 그저 달랑 밧줄뿐이다. 밧줄을 잡고 오르기 시작한 지 20여분만에 백악산 정상 바로 밑까지 도달했다. 정상기슭에는 역시 해신왕

(海神王)을 모셔논 돌집 사당이 자리 잡고 있었다.

백악산 정상에 올랐다. 운무에 휩싸였던 두 봉우리중 오른쪽의 숫봉(雄峰)에 오른 것이다. 왼쪽의 암봉(雌峰)은 험난해서 오르지 못한다고 한다. 정상에 올라서니 사면팔방과 망망대해가 한눈에 들어온다. 장관이다. 역시 오른 것 만큼 보이는 법이다.

발밑으로 대마도가 한눈에 들어온다. 서쪽멀리 대한해협이 가물거린다. 북쪽으로는 윗대마도와 아랫대마도 그리고 아소만이 펼쳐지고 있다. 날이 청명하면 거제도와 부산이 조망된다고 한다. 바람이 쏴아~ 하고 부니 온몸이 상쾌하고 피로감이 씻겨 내려가는 것 같다.

발밑으로 뻗어진 올라온 산길을 내려다 보았다. 주차장 → 2.7km · 등산입구 → 1.5km 신사분기점 → 0.6km 백악산 정상밑 광장 → 백악산 정상.

백악산(白嶽山)의 '嶽'은 뫼 산(山)에 감옥 옥(獄)이 합쳐진 글자이다. 감옥처럼 한번 들어가면 나오기 어려운 깊고 '큰 산'을 의미한다. 백악산 역시 삼나무 등이 울창한 숲으로, 나무들이 파랗게 얼룩져 있는 원시림 그대로의 상태인 산이다. 원시림 속에 폭포수가 시원하다. 하얗게 쏟아져 내리는 물줄기에 몸을 씻으며 무술훈련을 하면 훌륭한 무사가 될 것 같기도 하다.

하산은 왔던 길을 되돌아가는 원점회귀형(原點回歸形)이었다. 산행 들머리에 다시 돌아와 휴대폰의 만보기를 보았다. 산행 깃점부터 되돌아 오기까지 18,500보 정도를 기록하고 있었다. 3시간 40여분 산행한 것이다. 하산하는 산길에서 마주치는 등산객은 거의 한국 젊은이들이었다. 관광객들도 대부분이 한국사람인 것과 같다.

산행을 마치고 대마도 목욕탕에 갔다. 한국에 비해 규모가 작다. 그러나 천정은 높고 시설은 깨끗했다. 수건은 각자 준비해야 한다. 한국처럼 쌓아

놓고 쓰는 스타일이 아니다. 앉아서 거울보고 몸을 씻는 공간 사이에 칸막이가 되어 있다. 옆 사람에게 물이 튀지 않도록 배려함일 것이다. 타인에게 폐를 끼치거나 신세를 지지 않겠다는 일본인의 배려심이 돋보인다.

우리나라 경북 상주에도 발음이 같은 '백악산(百岳山)'이 있다. 상주에 있는 백악산에 올랐을 때에는 그저 펼쳐지는 풍광이 좋았을 뿐이다. 그러나 이번 대마도 백악산 산행은 특별한 느낌이 있었다. 산의 모습과 숲의 모양, 등산로 등이 우리와는 달랐다. 그리고 산속에 깃든 토속 신앙과, 대마도의 민속 등이 어우러져 많은 것을 느끼게 한 산행이었다.(2019.06.12.)

명산에 오르면 세상이 보인다

3부

만산홍엽
(萬山紅葉)

* 누가 있어 온 산을 이렇게 붉게 물들이는가!

노송과 암봉이 어우러진 공작산(孔雀山)

추석이 다가오니 그야말로 아침저녁에 서늘한 기운이 느껴진다. 학창시절에는 독서하기 좋은 천고마비(天高馬肥)의 계절이라고 했으나, 산을 좋아하는 산 꾼들에게는 등산하기 안성맞춤의 계절이 아닐 수 없다.

지방산을 타느라면, 어쩌다 휘영청 뜬 보름달을 산길에서 만나는 경우가 있다. 황홀하면서도 '쎈치'해지기도 한다. 같은 한가위 달을 보고도 느끼는 심정은 사람마다 다를 것이다. 둥근달을 쳐다보며 사랑과 성공을 기원하는 사람도 있을 것이다. 그런가하면 하염없이 달을 쳐다보면서 회한(悔恨)의 소주잔을 기울이는 사람도 있으리라.

보름달은 그런 사람들을 내려다보며 구름을 헤치고 영원을 향하여 흘러가기만 한다. 하여튼 가을은 우리를 사색에 잠기게 하고, 어딘가로 멀리 떠나가고 싶은 충동을 자아내기도 한다.

추석을 앞두고 토요산행(9.6)으로 공작산(孔雀山 887m)을 찾았다. 공작산은 강원도 홍천 땅에 있는 우리나라 100대 명산의 하나로 꼽히는 명산이다. 홍천군은 태백산맥의 오대산에서부터 청평호로 흘러드는 홍천강(洪川江) 하구까지 영서지방의 동서방향으로 길게 가로놓여 있는 군(郡)이다.

홍천에는 팔봉산(八峰山 302m)과 공작산이 유명하다. 몇 번 다녀온 경험에 의하면, 팔봉산이 홍천강을 내려다보면서 여덟 봉우리를 넘나드는 동적(動的)인 산이라면, 공작산은 숲과 계곡이 어우러진 한적하고도 정적(靜的)인 산이라는 느낌이 든다.

산 이름이 공작산이라고 하니, 공작새의 화려한 모습이 연상되기도 한다.

공작새 수컷이 뒷날개를 둥그렇게 펼치면 부챗살 같은 오색 깃털의 화려한 색채는 참으로 현란하다. 그래서 화려한 무대에 등장하는 무희(舞姬)들의 배경에는 공작날개를 멋지게 펼치기도 한다.

어릴적 서커스단에서도 보았고, 성인이 되어서는 '워커힐 쇼'에서 유사한 모습을 보기도 했다. 그러나 공작산을 실제 산행해 보면, 그렇게 화려 벅적지근한 산은 결코 아니라는 것을 알 수 있다. 10여 년 전에 공작산을 홀로 등산했을 때에는 참으로 한적한 산이었다고 기억된다. 심심산골에 접어들어 장뇌삼 밭을 지나 등산길로 접어들었었다. 정상으로 올라가는 바위에 줄이 없어서 오르내리는데 애를 먹은 기억도 아련하다.

고속도로에 막힘이 없어 설피 산악회를 실은 버스가 공작골 입구에 도착한 시각은 아침 9시 반 정도였다. 간단한 체조로 몸을 푼 후, 9시 50분부터 산행을 시작했다. 참나무, 싸리나무, 단풍나무 숲길이 우거져서 그늘산행이라 별로 어려움이 없었다. 계곡에 흐르는 물소리를 따라 능선을 걸어가는 맛은 도회지를 벗어났다는 해방감과 함께 마음을 평온하게 해준다.

공작릉 이정표 갈림길에서 오른쪽 문바위길로 접어들었다. 문바위 골에서 공작 현을 지나 안부까지 가는 길은 오르막의 연속이었다. 바람이 한 점도 없어서 온 몸에 땀이 흐르기 시작한다. 추석이 얼마 남지 않아 그런지 산행객은 별로 없었다. 젊은 남녀 산행객 일행 6명이 우리를 스쳐 지나갔을 뿐이었다. 그들도 더운 날씨인지 쉼터에서 자주 만나곤 했다. 공작산에는 키 큰 상수리나무와 참나무들이 울창했다. 가끔 버섯도 눈에 띄었다. 능선 길을 따라 가다보면 발밑에 도토리 열매 떨어진 것이 쉽게 눈에 들어오곤 했다.

삼거리에 도착해서 거기서부터 암릉 구간이 시작되었다. 암벽을 끼고 암릉 곳곳에 로프 줄이 드리워져 있었다. 지난번 고생했던 괴산의 마분봉 - 악휘봉에 비하면 참으로 수월하고 점잖은 편이다.

공작산에는 등산로 표지판이 잘 되어있어 산행하는 데는 어려움이 없었다. 등산로를 헤맬 경우도 없다. 그러나 정상과 인접해 솟아 있는 암봉에는 이렇다 할 표시가 없이 줄만 드리워져 있었다. 이 암봉을 정상으로 잘못 알고 올라갔다가는 내려오는 데 애를 먹기가 십상이다. 밧 줄이 드리워져 있어 누구나 그곳에 오르기 마련이다. 물론 젊은이들은 일부러 올라가서 펼쳐지는 경치를 관망할 수도 있을 것이다. 그러나 노장(老壯)의 경우에는 다소 위험한 구간이기도 했다.

이런 곳에는 안내문이 필요할 것이다. 일행 중 3명이 그 암봉에서 내려오기에, 정상이 바로 지척에 있다고 했으나, 끝내 정상을 포기하고 되돌아서는 경우를 보았기 때문이다.

공작산의 정상은 10여명 정도만 수용할 수 있는 협소한 암봉이었다. 공작새의 정수리 부분에 해당하는 곳이라 그럴가? 정상에 올라서니 사면팔방이 모두 막힌데 없이 눈에 들어온다. 날씨는 쾌청했다. 하늘은 높고 파랗다. 구름 몇 점이 두둥실 흘러가고 있었다.

저 멀리 동면마을의 모습이 가물거린다. 산 아래 노천리 저수지가 파란 연못처럼 눈에 들어온다. 주위를 살펴보니 수많은 산들이 겹겹이 산맥을 형성하면서 산천을 달리고 있다. 참으로 웅융한 모습이다. 어디선가 매미소리가 들린다. 가을이 지나면 들어가야 함이 서글퍼 이렇게 요란하게 울어대는 것일까.

정상에서 내려와서 수타사로 가는 갈림길에서 잠시 휴식을 취했다. 주력(走力)이 좋은 M사장은 버스에서 내리자마자, 일찍 출발해서 정상을 밟은 후, 약수봉을 거쳐 수타사 6km를 돌아오기도 했다.

수타사(壽陀寺)는 신라시대 원효대사가 창건한 천년고찰이다. 이 절을 중수할 때 사천왕(四天王)의 복장(伏藏)에서 월인석보가 발견된 바 있다. 부처님의 공덕을 기린 월인석보는 조선 초기의 국문학적 보물에 속하는 귀중한 문화유산이다.

노천리에서 수타사에 이르는 9km의 계곡은 기암절벽과 크고 작은 소(沼)와 폭포로 어우러져 절경을 이루고 있다. 그래서 수타계곡을 홍천 9경 중의 하나로 손꼽는 것이다. 이러한 수타계곡이 있고 수타사가 있기에 공작산이 100대 명산의 반열에 오를 수 있었을 것이다.

수타사가 유서 깊은 절이기에 공작산이라는 명칭과 연계하여 나름대로 생각해 보았다. 공작새는 우리나라에는 살지 않는 새이다. 인도와 남방지방에 살고 있는 새 종류이다.

그런 새 이름을 우리나라의 산의 명칭에 붙인 이유가 무엇일까?

산의 모습이 공작새와 닮았다고 해서일까?

이름을 붙여놓고 설명을 들으니까 그렇게 보이는 것일 뿐, 처음 이 산을 보는 사람보고 무엇을 닮았는가 물으면 과연 공작새를 닮았다고 할 사람이 얼마나 될른지?

공작새의 본고장은 인도이다. 불교 역시 인도의 석가모니 부처님에서 비롯된다. 그렇다면 부처님 모시는 수타사라는 유명한 절이 있는 곳이니, 불교와 인연이 있는 공작새를 연결하여 공작산이라고 명명한 것은 아닐는지?

이는 통도사 뒷산을 부처님이 계신 영축산이라고 부르는 것과 유사하다. 물론 이러한 것은 개인적인 추측이고 생각일 뿐이다.

그런 생각을 하다 보니 언뜻 삼촌이 생각난다. 삼촌은 생전에 "인도의 향불"이라는 노래를 즐겨 부르셨다.

〈공작새 날개를~ 휘감는 염불소리~
갠지스 강 푸른 물에 찰랑거린다.
무릎 꿇고 하늘에다 두 손 비는 인디아처녀,
파고다의 사랑이냐,
향불의 노래냐~
아~아~ 깊어가는 인도의 밤이여~〉

50년대 현인이 부른 이 노래를 삼촌은 감정을 섞어서 잘도 부르셨다. 말술을 마다않던 삼촌이 세상을 떠난 지도 40년이라는 세월이 흘렀다.

사람은 백년과객(百年過客)이지만 산천은 만고주인(萬古主人)이다. 홍천 강은 달빛을 머금은 채 예나 다름없이 가평 땅으로 흘러 북한강의 물줄기를 이룬다. 그리고 또 흘러서 양평 땅에 이르러 남한강 물줄기과 합류되고 있다.

홍천 땅의 공작산 역시 마찬가지이다. 언제나 장중하고 늠름한 모습 그대로 만고에 존재할 것이다.

공작산의 하산 길로 공작릉 길을 택했다. 공작능선길은 온통 소나무와 참나무들이 쭉쭉 하늘을 가리는 원시림을 방불케 하는 숲 천지를 이루고 있었다. 언듯 바람이 불어오니 오장육부가 시원스럽게 씻겨나가는 듯한 느낌이 들었다. 산길이 부드럽고 상쾌하기 그지없었다.

하산길이 끝나는 지점의 계곡에 도착했다. 설피 산우 중 박샘이 비닐봉지에 계곡물을 담아 내 등에 끼얹어 준다. 시원하기 이를 데 없다. 산행의 모든 피로가 씻겨 내려가는 것만 같았다. 두 손을 모아 손바닥에 계곡물을 담아 먹어 보았다. 물이 감로수처럼 달고 시원했다. 흐르는 물은 마셔도 상관이 없다.

특히 산삼이 자라는 이러한 공작산의 청정계곡의 물은 온갖 약초의 뿌리가 울겨져 내려왔는지도 모른다. 어쨌든 행복하다. 이렇게 건강해서 명산을 다니고, 또 이렇게 맑은 계곡물을 만날 수 있으니 이만하면 족한 인생이 아닌가.

하산해서 펜션 앞을 지나가려니, 앞뜰에 개 두 마리가 매어있었다. 과자부스러기를 꺼내 주려고 배낭을 뒤적거리니 백구가 알아차리고 꼬리를 흔든다. 동물도 자기를 좋아하는 사람은 좋아하는 법이다. 잠시 개들과 어울리다가 노천저수지로 가까이 다가갔다. 푸른 물이 호수처럼 평화스럽고 잔잔하다.

산행버스로 가는 중에 민가 가까운 길옆에 핀 맨드라미와 백일홍이 무척 아름답다.

눈을 들어 다시 한 번 공작산을 바라보았다. 자세가 늠름하고 넉넉하다. 모든 생육(生肉)들을 보듬어 안고 보살피는 산이 고마울 뿐이다.

산은 언제나 말이 없고, 그 자리에 그대로 있다. 사람은 아무리 친하고 사랑해도 언젠가는 틀어지고 미워질 때가 있다. 찰떡같은 사람들도 헤어지고, 이를 갈기도 한다.

그러나 산은 언제나 한결같다. 그래서 나는 산을 사랑하고 즐겨 찾는 것이다. 그리고 산을 찾은 다음에는 언제나 심신이 가뿐해 짐을 느낀다. (2014.9.7)

청산도(靑山島)를 둘러보고 보적산(寶積山)에 오르다

어느덧 무더운 여름이 지나가고 서늘한 가을이 되었다. 메르스 공포에 시달렸고 무던히 더웠어도 결국 가을은 오는 것이다. 제아무리 칼바람처럼 매섭게 추워도 이 역시 때가 되면 봄은 오는 것이다. 천지간에 사시지서(四時之序)는 어김이 없다.

사계절은 저마다의 아름다움을 나타내고 있어 우리를 즐겁게 한다. 봄이 되면 연못에 물이 가득하고(春水滿四澤), 여름에 이르면 구름이 기묘한 봉우리를 이루고(夏雲多奇峯), 서늘한 가을에는 달이 밝게 빛나고(秋涼揚明輝), 겨울의 산마루에는 소나무가 빼어나게 홀로 서 있다(冬嶺秀孤松)라고 시인은 계절의 아름다움을 노래했다.

가을이 되면 유달리 어딘가로 훌쩍 떠나고 싶은 생각이 든다. 얼마 있으면 단풍이 지고 낙엽이 우수수 흩날릴 것이다. 덧없이 한 해가 가을로 접어들면 무언지 모르게 쓸쓸한 기분이 들기도 한다.

나는 평소에 청산도의 푸른 바다와 활짝 핀 코스모스를 보고 싶었다. 결국 배낭을 꾸려 메고 완도행 고속버스 첫차(08;10)올랐다. 서울 센트럴 호남고속터미널에서 완도까지는 5시간이 걸린다. 완도에서 청산도 까지는 배로 50분정도 가면 된다.

완도(莞島)진입 언덕길에 장보고(張保皐)의 늠름한 동상이 바다로 향하여 우뚝 서 있다. 아, 역시 완도하면 장보고이구나! 장보고는 완도 태생으로 무예에 뛰어나 젊은 시절 당나라로 건너가 무령군중소장(武寧君中小將)의 지위에 올랐다.

신라에 귀국한 후 흥덕왕의 허락을 받아 군사 1만명과 청해진(淸海鎭)을 설치한 후 해적을 소탕한다. 그리고 청해진을 중심으로 신라, 당, 일본 간의 국제 해운 무역을 경영함으로써 동아시아의 해상권을 장악했다(828년). 대단하다.

장보고는 "바다를 제패하는 사람이야말로 세계를 제패할 수 있다."는 신념을 가진 무역상이며 군사 전략가인 위대한 인물이다. 그러나 그도 왕위계승문제에 개입했고, 나아가 자기의 딸을 왕비로 삼으려다가 중앙에서 내려

보낸 자객에 의하여 목숨을 잃게 된다(841년).

청해진 기념관을 둘러본 후 청해진 유적지로 향했다. 청해진 전망대로 올라가는 길옆에는 백일홍이 빨갛게 피어있었다. 숲속에서는 이름 모를 풀벌레들이 가을이 왔음을 알리고 있었다. 바다가 가이없이 펼쳐져 있고 청해진 건너편 산언덕에 완도 타워(tower)가 우뚝 서 있다. 청해진으로 건너가는 다리위에서 내려다본 바닷물은 밑바닥이 보일 정도로 투명하고 깨끗하다.

완도군은 크고 작은 265개의 섬으로 이루어진 곳으로 간석지가 넓고 기후조건이 좋은 청정지역으로 전국제일의 수산 양식지로 꼽히고 있다. 전복의 경우, 전국 수확량의 80%를 점하고 있다고 한다.

완도에서 일박한 후 아침 일찍 청산도 배편으로 갈아탔다. 날씨는 맑고 바람이 없어 바다는 평온했다. 아침바다에 햇빛이 비치니 출렁거리는 바닷물이 마치 은빛물고기가 수 없이 뛰노는 것처럼 생동감이 있고 싱싱했다.

저 멀리 크고 작은 섬들이 가물거리는데 작은 고깃배들이 부지런히 움직이고 있는 것이 한폭의 그림 같았다. 대자연이 눈을 뜨는 아침은 이다지도 생동감이 있고 황홀한 것인가? 날씨가 쾌청하니 가을하늘은 빗자루로 쓸은 듯 티 없이 파랗다.

배가 출발한 지 30분 정도 되니, 마치 병풍을 친 것처럼 산들이 바다위에 가로질러 우뚝 솟아있는 것이 눈에 들어왔다. 아, 저것이 청산도(靑山島)구나! 멀리서 보면 푸른 빛갈의 봉우리들이 메산(山)자 형국으로 솟아있는 것을 알 수 있다. 그래서 푸를 청(靑), 메산(山) 청산(靑山)이라고 섬 이름을 지었구나 하는 생각이 들었다.

사람들은 청산도가 산도 푸르고 바다도 푸르고 하늘도 푸르러서 청산도라고 한다지만, 남해안 섬들이 모두 그러하기는 마찬가지일 것이다. 완도에서 청산도 가는 배 삯은 성인기준 7,700원이었다.

청산도에서 내려 선착장에서 얼마 멀지 않는 곳에 버스정류장이 있었다. 청산도 순환버스를 탔다. 5,000원 요금인 순환 버스는 청산도 전체를 40여분에 걸쳐 설명을 곁들여 가면서 보여준다.

나는 우선 섬 전체를 본 후 구체적으로 지역을 골라 산행도 하고 트래킹도 하리라 생각했다. 그래서 총론적으로 청산도 전체개요를 순환버스타고 살폈다. 그런 후에 원점부터 배낭을 메고 걷기 시작했다.

우선 눈에 들어오는 서편제 촬영장으로 향했다. 집도 없이 떠돌아다니며 소리꾼으로 끼니를 연명하던 유봉 일가의 모습이 떠오른다. 딸의 소리를 완성시키기 위하여 딸의 눈을 멀게 하는 아비의 잔혹함이 처절하다. 한(恨)을 품어야 제대로 소리가 나온다고 하여, 자기 딸을 평생 시각장애인으로 만들어 버리는 애비 소리꾼의 집착이 무섭다.

프랑스 영화 "향수(香水)"에서도 한 청년이 최고의 '향수'를 창출하기 위하여 아무 죄도 없는 아름다운 여인들을 죽여 그 피부를 벗겨 향수로 전환시키는 끔찍한 내용이 있었다. 최근 개봉된 '사도(思悼)' 역시 이유야 여하튼 간에 아들을 뒤주에 가두어 죽이는 영조의 잔인함이 화면에 넘친다.

인간의 잔혹함은 어디까지인가? 폴란드의 아우슈비츠 감옥에 다녀온 사람은 나치의 잔혹함을 체감하게 된다. 나는 평소 독일인들은 근면하고 성실한 민족이라고 생각해 왔었다. 그러나 아우슈비츠를 보고난 후에는 독일 사람들에 대한 사고가 얼마간 달라졌다. 툭 튀어나온 턱과 움푹 파인 눈이 사납고 잔인한 모습으로 연상되기도 했었다.

서편제촬영지에 올라가는 길에는 코스모스가 가을의 아름다움을 수 놓고 있었다. 그 길옆에 돌 모양의 앰프를 설치해서 진도 아리랑을 은은하게 흘려 내보내고 있었다.

서편제가 광주, 강진, 해남, 진도지방을 중심으로 애절하고 섬세한 여성적인 창(唱)이라면, 동편제는 운봉, 구례, 순창지방의 웅장하고 호탕하며 상쾌한 남성적인 소리라고 한다. 음양오행이론에 의하면 서(西)는 여성인 음(陰)을 나타내고, 동(東)은 남성을 상징하는 양(陽)을 표상하는 것과 흡사하다.

서편제 촬영지와 '봄의 왈츠' 촬영지를 지나면 그 옆길로 슬로길이 조성되어 있다. 이 길을 걸어 나갔다. 오른쪽 방향으로 바다가 열려있어 전망이 아주 훌륭했다. 또 때로는 숲길이 나타나기도 하고 그 숲길 가장자리에 상사화가 심어져 있기도 했다. 상사화가 활짝 피어서 각종 나비들이 꽃가루 속에 부지런히 넘나들고 있었다.

평화롭고 그지없이 한가로운 모습들이었다. 이러한 대자연 속에 나 역시 아무런 구애됨이 없이 가고 싶으면 가고, 쉬고 싶으면 쉬니 얼마나 행복한지 모르겠다. 홀로 여행의 진미인 것이다.

화랑포 길을 원형으로 트래킹했다. 길모퉁이를 돌아가노라니 작은 돌탑하나가 서 있었다. 저 수많은 돌에는 그것을 쌓은 사람들의 바람이 있을 것이다. 조금 더 가니 공터가 나오고 이른바 초분(草墳)이 만들어져 있었다. 풀무덤으로 섬지역에서 행해지던 장례문화인 것이다. 시신을 땅에 바로 묻지 아니하고 관을 땅 위에 올려놓은 뒤 짚이나 풀등으로 엮은 이엉을 덮어두었다가 2~3년 후 뼈를 골라 땅에 묻는다고 한다.

초분에서 오른쪽 산등성이를 따라 쉼터의 원두막에 이르기까지는 오로지 푸른 망망대해만이 펼쳐져 있었다. 절경(絕景)이다. 십년전 이태리 학술대회에 참석하고 지중해 구경을 했을 때 느꼈던 그 경이로운 감정이 되살아나는 기분이었다.

다시 서편제 촬영지를 돌아 차도로 내려와 읍리쪽으로 걸어 나갔다. 오전

10시반부터 걷기시작 했으니 3시간 정도 걸은 셈이다. 오른쪽 산길에 안내판이 보였다. 보적산과 범바위로 가는 이정표인 것이다. 결국 여기가 보적산 산행 들머리인 셈이다.

산길을 따라 걸어 나가니 사람이 다니지 않은 길이었다. 거미줄이 이마와 머리에 걸리고 잡초는 등산로를 헤쳐나가기 어렵게 무성하게 자라 있었다. 후회스러웠다. 다시 아스팔트 길로 되돌아 나갈까 하다가 그냥 치고 나갔다.

한 시간 정도 헤쳐나가니 멀리 보적산 정상 바위가 눈에 들어온다. 근처 돌 위에 앉아 잠시 휴식을 취했다. 이런 산길에서 두려운 것은 혹시 뱀을 만날까 하는 것과 벌에 쏘일까 하는 것이다. 가을뱀은 독이 있는 법이고, 산중에서 혼자 산행하다가 벌에 쏘이면 이 또한 난감한 일이다.

숲속 나무에서는 매미 소리가 요란하다. 여름이 감을 아쉬워해서 저렇게 요란스럽게 울어대는 것일까. 온몸이 땀투성이가 되어 보적산 정상에 올랐다. 정상에는 해발 330m라고 표시된 자그마한 표지석이 두 개가 서 있었다.

정상에 바람이 불어 시원했다. 몸도 시원했을 뿐만 아니라 천지사방이 막힘이 없이 틔어 있어 눈도 마음도 시원했다. 다도해가 사면으로 보이는 아름다운 모습은 통영의 미륵산 정상에 올랐을 때나 마찬가지였다.

정상 바위에 앉아 망연히 바다 쪽을 바라보았다. 아래쪽을 내려다보니 범바위와 하얀 전망대가 보인다. 보적산 정상에서 범바위까지는 30분도 안 걸렸다.

범바위는 범이 뒤따라 오는 새끼 범을 돌보는 형태의 바위이다. 바위 위에 올라갔다. 전망이 시원하다. 맑은 날씨에는 거문도와 제주도까지도 볼 수 있다고 한다. 범바위는 울퉁불퉁하고 거대해서 이 근처 자력이 무척 강하다고 한다. 그래서 범바위 근처에서는 나침반이 제구실을 못 한다고 안내판에 쓰여 있다.

범바위 맞은 편 언덕의 전망대에 올랐다. 전망대 1층은 매점이었다. 거기서 작은 생수 2병을 사서 1병을 그 자리에서 다 마셔버렸다. 오장육부가 다 시원해지는 것 같았다. 가을이라고는 하지만 아직도 볕이 따갑기는 마찬가지이다. 보적산 오르느라고 땀을 꽤나 흘렸기 때문에 갈증이 심했다.

범바위 일대를 둘러보고 산등성이 옆길을 따라 걸어 나갔다. 청계리 마을이 나오고, 청산도 버스를 기다리는 정류장이 나온다. 아래쪽으로 신흥리 해변이 보이고 좌측으로 양지리의 구들장 논이 눈에 들어온다.

구들장 논에 벼가 누렇게 익어 머리를 숙이고 있었다. 구들장 논은 논에 구들장을 깔고 그 위에 진흙과 모래를 덮어 벼농사를 짓는 독특한 방식의 농사법이다. 쌀 한 톨이 귀하던 시절, 손바닥만한 땅도 일구워 농사를 짓던 선조들의 지혜와 근면이 새삼 부각된다.

청산도에는 돌담들도 흔하게 볼 수 있어 정겨웠다. 매봉산 자락의 상서리 마을은 마을 전체가 구불구불한 돌담으로 이루어져 옛담장이 등록문화재로 지정되기도 했다.

농가의 담장인 돌담에는 호박넝쿨, 박넝쿨이 어우러져 우리 고유의 시골 정취와 포근함을 준다. 큰 돌과 작은 돌들이 사이좋게 옹기종기 모여서 큰 담장을 형성하고 있다. 폭풍우가 쳐도 끄떡없다. '뭉치면 살고 흩어지면 죽는다'는 말을 돌담은 가르쳐주고 있다.

그리고 각자의 역할을 조화롭게 할 때 아름다움이 표출된다는 것도 알려주고 있다. 비록 돌들은 말을 할 수 없지만 그 몸체로서 알려주고 있다. 그러고 보면 천지만물은 같은 뿌리라고 할 수 있다(天地與我同根 萬物與我一體).

청산도의 아름다움과 바다 풍경에 심취하면서 걷다보니 어느덧 해가 기울어지고 있었다. 8시간 정도 걸은 셈이다. 고인돌, 하마비를 보면서 당리를 거쳐 도청리 길로 내려왔다.

부두쪽으로 내려오는 길목에서 석양노을이 청산도 앞바다를 적시고 있었다. 장관(壯觀)이었다. 뜨는 해는 힘차고 장엄하다. 그러나 지는 해의 아름다움과 정감에는 미치지 못할 것이다. 얼핏 부두아래 출렁거리는 바닷물을 내려다 보았다 밑바닥까지 보인다. 그만큼 맑고 깨끗하다는 것을 방증한다.

밤이 되어 부두가를 거닐다가 하늘을 올려다 보았다. 밤하늘에 초생달이 떠있었다. 그리고 별들이 점점히 수놓고 있었다. 달과 별은 우리의 마음을 순수하게 한다. 밤하늘의 달과 별을 보고 환희(歡喜)하는 사람이 있는 가하면, 회한(悔恨)의 눈물을 삼키는 사람도 있으리라.

청산도의 하얀 등대와 빨간 등대가 불을 밝히고 있다. 섬주위의 부둣가를 따라 백열등이 명멸하고 있다. 자연은 만고의 주인인데 인간은 왔다가는 백년손님이런가(自然萬古主, 人間百年賓)? 이따금 출렁이는 밤바다의 물결은 신비로움을 더해주고 있었다.(2015.9.21)

상사화가 만개한 불갑산(佛甲山)

불갑산은 전남 영광군 불갑면 모악리에 있는 516m 높이의 비교적 작은 산이다. 산보다는 이 산에 위치한 불갑사(佛甲寺)라는 사찰이 더 유명하고, 굴비의 대명사인 법성포(法聖浦)가 널리 알려져 있다.

불갑이라는 말은 부처님(佛) 중에 으뜸(甲)이라는 뜻이고, 또 법성포란 불법(法)을 전하는 성인(聖)이 들어온 포구(浦)라는 뜻으로 해석된다. 법성포 포구가 시작되는 진내리는 '백제 최초 불교 도래지'가 된다.

백제 침류왕 원년(384)에 남중국의 동진으로부터 인도의 스님 '마라난타'가 불법을 전하러 올 때에 상륙했던 곳이 법성포이다. 마라난타는 지금의 영광군 불갑면 모악리로 들어가서 불갑사(佛甲寺)를 창건했다고 전해진다.

가을이 본격적으로 전개되는 9월 20일(토)에 오래간만에 영광 땅을 밟았다. "아들을 낳아 지방 원님으로 보내려면 남쪽의 옥당 골이나 북쪽의 안악골로 보내라"는 옛말이 있다. 여기서 말하는 옥당 골이 바로 지금의 영광군이다. 조선시대에 정이품 당상관, 곧 옥당(玉堂)의 자제들이 벼슬길에 오르면 처음 부임하던 고을이라고 해서 그런 지명이 붙여진 이름이다. 비옥한 땅과 풍요로운 어장을 가진 넉넉한 고장이기도 했다.

서울 잠실을 07;00에 출발한 산행버스는 고속도로를 막힘없이 달려 영광에 이르렀으나, 정작 불갑사 가는 모악리 입구부터는 차가 막혀 도무지 앞으로 나가질 못했다. 알고 보니 오늘이 상사화 축제일이라 사람과 자동차로 길이 꽉 막혀있었다. 영광군의 상사화 축제기간은 3일간(9/19~9/21)간인데 오늘이 바로 중간인 9월 20일인 것이다. 중간에 끼어 있고 또 토요일이기 때문에 상사화 보러오는 사람으로 피크를 이루고 있었다. 멀리서 온 산행버스들도 줄지어 있었다. 버스가 불갑사 주차장까지는 도저히 갈 수가 없었다. 그래서 봉동마을 입구에 내려서 아스팔트길을 1.5km이상 걸어야 했다.

축제에 오는 사람과 등산객들이 뒤범벅이 되어 북새통을 이루고 있었다. 사람 물결속을 헤집으면서 불갑사 쪽으로 따라갔다. 일주문 왼쪽 산길의 덫고개를 향하여 산행을 시작한 시각은 12시가 거의 다 되어서였다. 오늘 산행은 불갑사입구－덫고개－노적봉－법성봉－투구봉－장군봉－노루목－연실봉－구수재－상사화 군락지－동백골－불갑사의 약 7km의 등산 코스였다.

덫고개는 옛날에 덫을 놓아 호랑이를 잡았던 곳이라고 한다. 여기를 거쳐 노적봉과 법성봉을 오르는 길은 계속 치고 올라가는 가파른 길이었다. 더욱이 아스팔트길을 반시간 정도 걸어 올라온 터라 덫고개에 오르니 땀이 잔등에 흥건히 배기 시작했다. 불갑산은 석산에 속하는 암릉의 산이었다. 비록 산의 높이는 낮다고 해서 가벼이 볼 산은 아니었다. 원래 작은 고추가 매운 법이다. 덫고개에서 호랑이가 살았었다는 바위굴을 살펴본 후, 노적봉으로 향했다. 굴참나무들이 우거진 가파른 길을 십여분 따라가니 노적봉에 도착할 수 있었다.

법성봉에서 가는 능선 길에서 간단히 점심을 했다. 투구봉 능선 길을 걷노라니, 다리에 쥐가 나서 쩔쩔매는 젊은 등산객일행들도 볼 수도 있었다. 장군봉으로 가는 길에 '위험한 길'과 '안전한 길'의 쌍갈래길이 나온다. '위험한 길'을 택해서 장군봉에 올랐다. 펼쳐지는 경치가 장관이다. 왼쪽으로 저수지의 푸른 물이 그림 같다. 저수지를 기점으로 드넓은 평야가 펼쳐져 있고, 추수를 알리는 황금 들판이 풍요롭다.

영광군은 경작지가 40%에 달해서 예로부터 4가지가 흰 '四白 (쌀, 소금, 목화, 눈)의 고장이라고 불리고 있다. 너른 평야를 보니 그 말의 의미를 알 것도 같았다.

노루목 직전에 나무계단이 있다. 108계단이라고 이름지어있는 계단이다. 108개 계단을 밟으면서 노루목으로 가는 길에는 상사화를 인공적으로 식재해서, 온 숲이 모두 상사화의 빨간색으로 물들여져 있었다. 등산객들이 무척 많았었는데, 누구나 상사화에 감탄하면서 사진 찍기에 바빴다.

노루목을 거쳐 연실봉에 올랐다. 108번뇌를 씻어내고 연화대(蓮花臺)에 오르라는 뜻이다. 연실봉(蓮實峰)은 연꽃 열매처럼 생겼다고 해서 붙여진 이름이다. 이 봉우리가 불갑산 정상이다.

연실봉에 오르니 가을철이라고 하나 한 낮의 땡볕은 따갑기만 했다. 그러나 바윗덩어리로 이루어진 불갑산 정상에서의 조망은 시원했다. 수십 명이 앉아 쉴 수 있을 정도로 널찍한 정상은 남서쪽으로 야트막한 산릉이 겹을 이룬 모습은 정겨운 산야의 전형을 보여주고 있었다, 동으로 펼쳐지는 널찍한 벌판은 시원스러움의 극치를 이룬다.

불갑산 정상에서 동북쪽으로는 담양의 추월산이 보이고, 동남쪽으로는 광주의 무등산도 눈에 들어오고 있다. 정상 일대는 조릿대가 밀집해서 자라고 있었다.

날씨가 쾌청해서 멀리 칠산(七山) 앞바다가 보인다. 일산(一山)부터 칠산(七山)까지 산으로 이뤄진 섬 일곱 개가 모여 있는 바다라 이런 이름이 붙었다. 법성포 앞바다인 것이다. 법성포는 한때 영광굴비로 호황을 누려 목포에 버금가는 큰 항구였다고 한다. '법성포로 돈 실러 가세'라는 노래가 나올 정도로 법성포는 호남지방에서 알아주는 포구였었다.

매년 음력 3월경이면 법성포 앞바다에 그물만 던지면 황금빛 참조기를 무진장으로 건져 올렸다고 한다. 이 참조기를 법성포만의 독특한 방식으로 염장해 낸 것이 바로 영광굴비였다. 하지만 이제는 칠산 앞바다에서도 참조기가 별로 나지 않아, 딴 곳에서 잡아온 조기를 법성포에서 말리기만 하면 영광굴비가 되게 되었다.

연실봉에서 경치를 감상하면서 땀을 식히는 중에 설피 여성회원 한사람이 휴대폰을 주웠다. 아무리 휴대폰주인을 소리쳐도 나타나는 이가 없었다. 결국 하산시간이 급해서 선두를 맡은 내가 휴대폰을 배낭에 넣은 채 주인을 찾아주기로 하고, 하산을 서둘렀다. 시각은 오후 2시 반을 지났는데 산행버스까지 4시에 도착해야만 했다. 그래서 구수재로 가는 길 1.5km를 생략하고 '해불암'으로 직행해서 동백 골로 가는 길로 산행코스를 변경했다.

해불암으로 내려가는 길에 예상대로 주운 휴대폰의 벨이 울렸다. 휴대폰은 삼성신형제품이었다. 빨간색 커버라 여성의 것이 분명하건만, 들리는 소리는 굵은 남성의 목소리였다. 불갑사 기념품 매표소에 맡겨 놀 테니 찾아가라고 했다. 그랬더니 조금 있다가 또 휴대폰이 울렸다. 차시간에 맞추느라고 정신없이 선두로 치고 내려가는 중에 휴대폰을 받으려다가 하마터면 가파른 너덜 길에 꼬꾸라질 번했다. 골짜기 산속이라 소리가 끊겼다가 이어지곤 해서 답답했다. 그 뒤로도 2번이나 더 울렸다. 우여곡절 끝에 그들을 동백골 쉼터로 내려오도록 유도했다.

쉼터에서 한참동안 기다리니, 설피회원 후미와 함께 젊은 남녀 한 쌍이 내려오는 것이 보였다. 그들이 바로 잃어버린 휴대폰 주인공이었다. 대구에서 불갑산 등산 왔다고 한다. 배낭에서 휴대폰을 꺼내 건네주었다. 휴대폰 주인을 직접 찾아 줄 수 있음이 다행이었다. 자칫하면 서울까지 가지고 올라가 택배로 대구에 부쳐야 할지도 모를 일이었다. 그들의 고맙다는 말을 뒤로하고, 서둘러 불갑사 쪽으로 내려왔다.

불갑사로 내려오는 길도 역시 너덜 길의 연속이었다. 그러나 상사화(꽃무릇)의 군락이 있어서 지루하지는 않았다. 상사화와 꽃무릇은 종류가 다르다고 한다. 꽃과 잎이 함께 하지 못해서 서로 볼 수가 없는 점은 동일하다. 그래서 '화엽불상견(花葉不相見)'의 꽃이라고 불리기도 한다.

상사(相思)라는 것은 누구를 사모하고 그리워한다는 것이다. 그래서 상사병하면 남녀사이에 서로 그리워하되 뜻을 이루지 못해 생긴 병을 말한다. 불갑사 스님이 절에 다녀간 여인을 그리워하다 죽어서 피어난 꽃이 상사화라고 적혀있다. 꾸며낸 말일 것이다. 비슷한 얘기로 황진이에 얽힌 얘기가 있다. 조선 최고의 미인인 황진이(黃眞伊)를 사랑하다가 상사병으로 죽은 마을 청년이 있었다. 황진이는 결국 기녀의 길로 나가게 된 것이다.

그런데 이 상사병은 그 말의 유래가 애절하다. 중국의 춘추전국시대 송(宋)나라에 강왕(康王)이 있었다. 그는 용맹은 하되, 여색을 탐하는 왕이었다. 강왕의 부하에 한빙(韓憑)이라는 사람이 있었는데 그의 아내 하씨(河氏)는 천하의 절색이었다. 우연히 한빙의 아내를 본 강왕이 그대로 둘리가 없었다. 강왕은 하씨를 강제로 데려다 후궁으로 삼았다. 남편인 한빙은 변방으로 쫓겨나 고생하다가 객사하고 만다.

남편이 죽었다는 소식을 들은 후 하씨부인 역시 남편 이름을 부르며 성위에서 몸을 던져 숨을 거두고 만다. 죽은 그녀의 띠에는 유언이 적혀 있었다.

"임금은 사는 것을 다행으로 여기지만 나는 죽는 것을 다행으로 압니다. 바라건대 시체와 뼈를 남편 한빙과 함께 합장해 주십시오."

분노한 강왕은 고의로 무덤을 서로 떨어지게 만들고, "죽어서도 서로 사랑하겠다는 거냐, 정 그렇다면 두 무덤을 하나로 합쳐 보아라. 나도 그것까지는 방해하지 않을 것이다"라고 했다. 그러자 밤사이에 두 그루의 나무가 각각 두 무덤 끝에서 나더니 나무가 자라 아름드리가 되었다. 그리하여 위로는 가지가 서로 얽히고 아래로는 뿌리가 서로 맞닿았다. 그리고 나무위에는 한 쌍의 원앙새가 앉아 서로 목을 안고 슬피 울어 듣는 사람을 애처롭게 만들었다.

사람들은 그 나무들을 상사수(相思樹)라고 했는데 "상사(相思)"란 이름이 여기에서 시작되었다. 이것은 진(晉)나라 간보(干寶)가 지은 수신기(搜神記)에 나오는 이야기로서 상사병이란 이름이 여기에서 나왔다고 설명하고 있다. 그러고 보면 상사병이란 슬프고도 아름다운 말이 아닐 수 없다.

불갑사에 도착해서 대웅전에 들어가 9배를 올렸다. 불갑사가 한창 번창할 때에는 승려가 수백 명에 이르렀으며, 사전(寺田)이 십리에 미쳤다고 한다.

대웅전(보물 제830호)을 비롯해 팔상전, 칠성각, 천왕문 등이 자리 잡고 있었다. 그 중 가장 눈길을 끄는 것은 대웅전이다.

대웅전은 정면 3칸 측면 2칸 규모의 팔작지붕 건물로 단청을 하지 않아서 언뜻 보면 소박하고 단조롭다. 하지만 가까이서 보면 매우 화려하다. 특히 정면과 측면의 중앙 삼분합문에 장식된 연꽃무늬와 국화무늬가 화려하기 그지없다. 그리고 법당 안의 불상이 건물 정면인 남쪽을 향하지 않고 측면인 서쪽을 향해 앉아 있는 점도 특이하다. 삼불상은 모두 은은한 미소를 띠고 있었다.

절 뒷산에는 참식나무 군락지가 천연기념물 112호로 보호되고 있다. 상록활엽 고목인 참식나무는 수고(樹高)가 6m 내외로서 제주도 및 중국 중남부에 분포하는 식물로서 불갑산 이북지역에는 자라지 않는다고 한다. 불갑산 주변의 산비탈과 골짜기에는 난대성 상록활엽수인 참식나무 군락지와 상사화를 비롯해 서어나무, 굴참나무, 비자나무, 송악, 자귀나무 등이 울창한 숲을 이루고 있어 푸근한 느낌을 준다. 절 옆의 작은 저수지가 아름답다.

일주문을 나와 절 뒷산을 바라보니 절의 지붕위에 가을하늘 흰 구름이 한가로이 떠가고 있었다. 마치 너무 인생을 서두르거나 조급하게 살아가지 말라는 가르침을 주는 것만 같았다.

절에서 주차장까지 숲길이 작은 내를 따라 이어지고 있었다. 각종 활엽수들로 터널을 이룬 데다 상사화가 만개하여 눈을 황홀하게 한다. 그러나 축제로 사람과 자동차가 뒤범벅이 되어 도로 구실을 제대로 하지 못하고 있었다. 축제 승객용 버스 역시 제구실을 하지 못하고 있었다. 교통 정리요원들이 배치되어있기는 해도 도무지 차량통행구실을 하지 못하고 있었다. 축제를 한다면 보다 편리한 시스템의 개선이 필요할 것이다. 할 수 없이 또 봉동마을까지 아스팔트길을 땡볕에 반시간 정도 걸어 나가야 했다. 고생 끝에 땀 흘려 산행버스에 도착했어도 어디 땀 씻을 냇가도 없었다. 산악회원이 이십 명이 넘으니, 그 중에는 돌아오는 신작로 길을 헤매다가 늦게 도착한 회원들도 여러 명이 있었다.

산행버스를 타고 영광읍내의 식당으로 가서 오래간만에 영광굴비로 식사를 했다. 칠산앞바다에서 잡은 조기가 아님은 알지만 그래도 영광의 갯벌 바람에 염장을 한 조기라 그런지 맛이 좋았다. 음식은 역시 호남이 으뜸이다. 상차림이 대단했고, 상위에 놓아진 음식이 모두 맛이 있었다. 오래간만에 산행 후 제대로 식사를 한 것이었다.(2014.9.21)

보석처럼 아름다운 칠보산(七寶山)

지난 토요일은 고교 동기회 추계 산행모임의 날이었다. 새벽 6시 30분에 돈암동 떡방앗간에서 미리 주문한 송편과 절편 한말을 낑낑대며 양재역까지 운반하니 아침부터 땀이 난다.

양재역에 주차하고 있는 산행버스 안에는 벌써 30여명의 동문들이 자리를 잡고 이야기꽃을 피우고 있었다.

우리를 태운 관광버스는 7시 40분에 양재역을 상쾌하게 출발했다. 죽전에서 분당팀 6명이 합류했다 총 42명으로 버스 안이 가득했다.

죽전을 지나고부터 전혀 버스가 달리지를 못하고 소걸음을 한다. 엄청난 단풍행렬이 고속도로를 가득 메우고 있었던 것이었다.

2시간이 넘게 걸려서 간신히 여주 인터체인지에 도착했다. 평소 같으면 오늘 목적지인 괴산 땅에 도착했을 터이다.

다행히 여주를 지나고부터 교통체증이 풀리기 시작했다. 오전 10시가 넘어서야 괴산군 칠성면의 쌍곡 계곡에 접어들 수가 있었다.

괴산은 논보다 밭이 많은 고장이다. 차 창밖을 내다보니 태양 볕에 널어놓은 참깨와 빨간 고추가 인상적이다.

산모퉁이를 돌 때, 사과밭에 사과가 주렁주렁 열려 있었다. 잘 익은 빨간 사과를 한 입 성큼 깨물면 그 싱싱한 단물이 흠뻑 나올 것 같다. 싱그러운 공기와 함께 자연의 혜택이 한량 없음을 느끼게 한다.

금년 봄에는 충남, 청양 땅의 칠갑산(七甲山, 561m)을 찾았었다. 산세로 보아 칠갑산이 여성다운 후덕한 육산이라면, 칠보산은 울퉁불퉁 봉우리가 일곱 개나 되는 남성스러운 석산이라고 할 수 있다,

소백산맥이 이화령에서 속리산 쪽으로 이어져 나가다가 그 중간에 북쪽 괴산 쪽으로 흘러내려간 지맥위에 일구어진 산중의 하나가 칠보산이다.

일곱 가지 보물을 지닌 산이라 하여 칠보산이라고 명명되었다고 한다. 또

일설로는 일곱 봉우리가 이어져 있다고 하여 칠보산, 또는 칠봉산(七峰山)이라고 한다.

원래 괴산(槐山)지방은 삼국시대부터 한반도의 패권을 다투는 전투가 자주 벌어졌던 곳이다. 군자산 아래 칠성평야에서 백제군과 신라군 간에 치열무비한 전투가 벌어졌다. 그 때 그 싸움에서 패한 한쪽의 장수가 느티나무에 머리를 부딪치고 자살했다고 한다. 그때부터 이곳을 괴주(槐州), 괴양(槐壤)으로 불리다가 조선 초에 이르러 괴산으로 불리게 되었다고 한다.

괴산군 칠성면은 온통 산으로 겹겹이 둘러싸여 있었다. 산세가 깊은 곳으로 아름다운 산수가 자연 그대로 보존되어 있었다. 버스가 연풍 쪽으로 나가다가 `쌍곡구곡' 안내판 따라 좌회전해 들어가니 쌍곡구곡이 시작되었다. 오늘 산행하는 칠보산은 산 높이가 778m로 도봉산 정도로 보면 될 것이다.

산행은 11시 15분부터 떡바위를 산행들머리로 시작되었다. 날씨는 산행하기에 아주 적당했고, 산은 울긋불긋 아름답게 물들어져 있었다. 만산홍록이 휘드러지게 웃으면서 우리를 반갑게 맞이하고 있었다.

산에 오르면서 무척 행복하다는 느낌이 들었다. 신체가 건강해서 이렇게 신선한 숲을 오르고, 또 이렇게 친한 동기들과 마주보고 웃을 수 있다니 우리는 얼마나 행복한 사람들인가,..

오르는 산행 길에는 생강나무 군(群)이 노오란 색깔로 바람에 흔들리고 있었다. 요정들이 노오란 손수건을 활짝 펴서 흔드는 것과 같은 환상적인 풍경이었다. 발밑에 밟히는 능선 길의 낙엽 두께가 제법 탄력이 있다. 아아, 어느새 가을이 깊어지고 있는 것이다.

산새소리를 들으면서 한 시간쯤 오르막길을 올라가니, 갈림길 표지판이 나온다. "떡바위 2.1km, 칠보산 0.6km,"라고 씌여 있다. 한 숨 돌린 후 또 올라가니 이윽고 청석고개에 이른다.

청석고개에 올라 사방을 둘러보니, 바로 맞은편에 보개산이 아담하게 자리 잡고 있다. 그 오른쪽으로 군자산(800m)이 늠름한 자태를 드러내고 있다. 광석이 많이 채취 되는 곳으로 기(氣)가 센 곳이다.

칠보산 정상에 도착한 시각은 12시 45분이었다. 정상에는 높이를 나타내는 작은 표지석이 하나 세워져 있었다. 칠보산 명칭에는 어울리지 않는 볼품없는 표지석이라고 생각된다.

칠보산 정상에서는 전체를 조망할 수 있었다. 동쪽으로 백두대간의 희양산, 장성봉으로 이어지는 호쾌한 능선이 보이고, 막장봉으로 뻗어간 능선위로 대야산과 중대봉의 위용이 펼쳐지고 있었다.

겹겹이 산으로 둘러싸여 있는데, 가까이로는 연풍면의 신선봉(968m)이 보이고, 저 멀리 보은 땅의 속리산(1,058m)과 상주 땅의 백악산이 아스라이 눈에 잡힌다. 소백산 줄기의 융융한 산기운이 저절로 몸에 스며 들어옴을 느낀다.

정상에 잠시 머무르다가, 왼쪽에 폐타이어 고무로 만든 계단을 따라 하산길로 접어들었다. 계단 밑의 마당바위 근처에서 점심식사를 한 후, 절말 길로 접어들었다.

칠보산은 석산에 속한다고 할 수 있다. 그래서 기묘한 바위가 곳곳에 자리 잡고 있어 등산객들의 눈을 즐겁게 해주고 있었다.

청석고개에서 정상으로 가는 능선에 있는 버선코 바위가 그럴듯하다. 하산 길에 계곡 못 미쳐 노송과 어울린 귀면암, 그리고 고사목을 배경으로 한 거북바위 등이 발길을 멈추게 한다.

하산 길을 1시간 30분정도 걷다보니 어느덧 계곡에 도착하게 되었다. 계곡을 지나니 산죽이 군락을 이룬 오솔길이 나온다. 혼자 걷기가 아쉬운 아름다운 길이라고 생각된다. 옆에는 계곡물이 작은 소리를 내며 맑게 흐르고 있었다.

더러는 계곡으로 들어가 탁족(濯足)을 하기도 했다. 나도 계곡으로 내려가 발을 담가보았다. 얼음장처럼 차갑다. 피라미 같은 잔 물고기들이 맑은 물에서 앙증스럽게 헤엄치고 다닌다.

탁족을 한 후, 능선 모퉁이를 도는데, 다소 넓은 잔디공터가 나온다. 예전에 누가 무덤을 썼음이 분명하다. 살펴보니 왼쪽 모서리에 납작한 봉분의 형태가 아스라이 남아있다. 자손이 끊겼는가, 그러지 않으면 무심한 것인가? 돌보지 않은 황폐한 무덤에 억새풀만이 바람에 흔들리고 있었다.

가을은 무언가 우리에게 사색하게 한다. 어딘가 정처 없이 여행을 떠나고 싶은 계절이기도 하다. 휘영청 달무리라도 지고 풀벌레라도 울면 무언지 모르게 쓸쓸한 생각이 들기도 한다. 객수(客愁)에 젖어보고 싶은 계절인 것이다. 서글픔을 나타내는 수(愁)를 파자하면 가을(秋)마음(心)이라서 그러한 것일까?

신선폭포를 거쳐 살구나무 골을 지나 쌍곡폭포에 이르니, 폭포에 떨어지는 물줄기가 시원하다. 쌍곡휴게소 주차장에 도착한 시각은 오후 3시 15분, 4시간에 걸친 산행이 종료된 것이다.

계곡 쪽으로 걸어가서 산세를 다시 한 번 살펴보았다. 멀리서 바라보니 넘기 힘든 험한 연봉들이 병풍을 두른 듯 둘러쳐져 있는 모습이 한 폭의 산수화같이 아름답다. 실제로 올라가 보면 길이 편하고 재미있는 능선이다. 때로는 바윗길을 비켜가다 보면 지루한 줄을 모른다. 온산을 붉게 물들인 단풍은 눈이 시리게 아름답다. 봉우리 마다 펼쳐지는 풍광 역시 일품이었다. 모두어 보면 칠보산을 명산의 반열에 올려놓아도 손색이 없다고 생각되었다.

산행버스가 칠보산을 출발한 시각은 오후 4시 30분이었다. 관광시즌이고 주말이어서 고속도로의 정체가 심했다. 서울 양재역에 도착한 시각은 밤 9시가 지난 늦은 시간, 무려 5시간이 걸린 셈이다. 그러나 내릴 때의 모습은 모두 환하고 즐거운 표정들이었다. 명산을 타고나면 웬만큼 막히는 교통정체는 의례히 감수하는 것이 산꾼들의 습성일 것이다.(2009.10.25)

아름다운 석산 부봉(釜峰)

산을 좋아해서 많은 산을 오르내리다 보면 산을 크게 두 가지 종류로 구분할 수 있게 된다. 암석이 주종을 이루는 석산(石山)과 흙이 많은 토산(土山)이 그것이다. 토산을 흙산 또는 육산이라고 하기도 한다.

석산으로는 금강산, 설악산, 월악산, 월출산, 관악산 등이 대표적이다. 토산으로는 지리산, 덕유산, 오대산, 청계산 등을 꼽을 수 있다.

우리나라의 석산은 대개 화강암으로 이루어져 있다. 절에 세워져있는 석탑과 그리고 돌로 만들어진 건축물은 그 재료가 대부분 단단한 화강암이다. 한국은행, 서울역, 서울시청 건물 등이 모두 화강암으로 건축된 것이다.

웅웅한 화강암으로 이루어진 석산은 대부분 경치가 빼어나 산수화에 필수적으로 등장하게 된다. 조선시대 진경산수화의 대가인 겸재, 정선(謙齋,鄭敾)의 인왕제색도(仁王霽色圖)와 금강전도(金剛全圖)는 국보로 높이 평가된다. 인왕제색도는 주봉(主峰)의 둥근 바위가 화면가운데 힘차게 솟아있고, 금강전도에는 '일만이천봉'의 바위봉우리들이 섬세하게 그려져 있다.

석산이 이처럼 풍광을 자랑한다면 토산은 생명을 품는다. 넉넉하고 편안하다. 지리산이 대표적인 토산으로 꼽힌다. 지리산을 가 본 사람들은 지리산이 모든 생명체를 껴안은 넉넉한 산이라는 것을 금시 느끼게 된다.

임진왜란 때 73세의 고령으로 승병을 일으킨 서산대사 휴정(休靜)은 지리산을 두고 '웅장하나 수려하지 않다 (壯而不秀)'라고 지적했다. 고승다운 간결하고도 정곡을 찌른 표현이다.

광해군 때 남원부사를 지낸 유몽인(柳夢寅)의 지적은 더욱 절묘하다. 그는 지리산을 가리켜 "살이 많고 뼈가 적다(多肉少骨)라고 언급했다. 서산대사가 지리산의 겉모습을 표현했다면 유몽인은 지리산의 속 모습을 꿰뚫었다고 할 것이다. 내가 산행해 본 지리산은 분명히 후덕한 산이고 어머니 품과 같은 넉넉한 산이다. 그러나 경관은 금강산이나 설악산처럼 그렇게 수려하지는 않은 것이다. 변성암으로 이루어진 토산이기 때문일 것이라고 혼자 생각해 본다.

2008.10.18일(토), 잠실에서 출발하는 '설피마을' 산악회에 동참했다. 오늘 산행은 부봉(釜峰)이었다. 조령산 근처에 있다는 말은 들었어도 정작 오르기

는 이번이 처음이었다. 산행버스는 중부고속도로를 따라 3시간 만에 조령주차장에 도착했다. 10시 30분부터 등산이 시작되었다.

날씨는 쾌청하고 선선해서 등산하기에는 더 할 나위 없는 좋은 일기였다.

조령 휴식터에서 제3관문 쪽으로 따라 올라가다가 왼쪽등산로로 꺾어 들었다. 마패봉을 거쳐 부봉을 타려는 것이다. 마패봉에서 부봉에 이르는 길은 백두대간 길이다. 부봉은 조령산과 주흘산을 양쪽으로 두고 그 가운데 마치 가마솥처럼 6개의 둥그런 봉우리가 솟아 있는 산을 말한다. 제1봉을 부봉이라고 하기도 하고 제6봉을 부봉이라고도 하는데 실제 산에 올라보면 6봉 전체를 부봉이라고 함이 상당할 것이다.

부봉에 이르는 길은 제2관문인 조곡관에서 시작하면 쉽게 오를 수 있다. 그러나 백두대간의 맛과 능선에서 보는 산야의 절경을 맛보려면 마패봉을 거쳐 부봉에 이르는 것이 적절하다.

마패봉(927m)에 오르니 저 멀리 건너편에 월악산의 늠름한 모습이 눈에 들어온다. 조령산 능선길을 걷다보면 허물어진 성벽의 돌무더기들을 볼 수 있다. 임진왜란 당시 신립장군이 조령산 길목에서 왜군과 대적하지 아니하고, 탄금대(彈琴臺)에서 배수진을 쳤다가 참패하고 만 곳이다.

탄금대는 신라로 귀순한 대가야국의 악성 우륵이 가야금을 탄 곳으로 유명하다. 남한강의 푸른 강물을 끼고 있는 탄금대는 낮은 언덕으로 정상부가 하안단구로 되어있어 평평하다. 우륵의 구슬픈 가야금소리가 후대의 신립장군의 한(恨)을 위로할 수나 있을런지…. 가을 바람처럼 처연한 생각이 들기도 한다.

능선길은 결코 산행하기가 쉬운 길 만은 아니었다. 내리막이 있는가 하면 또 그만큼 오르막이 나타나는 곳이다. 업-다운을 여러 차례 거듭하니 비로소 동암문이 나온다. 동암문 삼거리에서 아랫길로 빠지면 동화원이 나온다.

부봉을 타려면 동암문에서 계속 직진해야 한다.

부봉능선에 접어들면서 산세는 전형적인 바위산으로 바뀌고, 급경사의 바윗길이 시작된다. 소나무가 우거진 능선을 올라서니 벼랑길이 앞을 가로 막는다. 수직으로 된 바위벽에 다행히 로프가 매어져 있다. 제1봉에서 한숨을 돌린 후 안부로 내려선 다음 능선을 따라 헬기장을 지나니 다시 오르막이 나온다. 제2봉을 거쳐 제3봉쪽으로 향하니 엄청나게 큰 암봉이 민머리 형태로 나타난다. 경관은 제3봉이 가장 빼어난 것 같다.

마치 북한산의 의상능선을 탈 때 의상봉-용혈봉- 용출봉-증취봉-나한봉-나월봉-문수봉으로 빠지는 코스에서 제일 경관이 좋은 포인트로 나는 용출봉을 꼽는다. 용출봉에서 삼각산을 보면 백운대 맞은 편에 만경대가 있고 인수봉 맞은 편에 노적봉이 있어 대(臺)는 대(臺)와 마주하고 봉(峰)은 봉(峰)대로 마주보고 있다. 사각형태를 이루고 있는 봉우리들의 절묘한 모습을 보면 누구나 저절로 탄성이 나오며 발걸음을 떼어놓기가 힘들다.

지금 부봉도 제3봉에서 바라보는 경관이 절경이다. 만산은 홍엽으로 물들기 시작하는데, 저멀리 지나온 마패봉이 보이고 월악산이 가물거린다. 북쪽으로 월항삼봉(856m), 그 뒤로 아스라이 포암산(961m)과 대미산의 모습이, 동쪽으로 눈을 돌리매 주흘산영봉(1,106m)과 주봉(1,066)의 우람한 모습이, 남쪽 방향으로 남봉(1,041m)과 기산(597m)의 아름다운 모습이 전개되고 있다. 문경과 괴산을 떠 받들고 있는 장엄한 백두대간들의 웅려한 산모습들이 제3봉에서 한 눈에 바라볼 수가 있는 것이다.

새삼스러이 우리강산이 참으로 아름답다고 느껴진다. 그리고 저 산들의 주인은 바로 나라는 생각이 들기도 한다. 무릇 강과 산에 주인이 따로 없는 것이다. 보고 느끼면서 사랑하고 즐길 줄 아는 사람이 바로 주인인 것이다. 그래서 시간 있는 대로 강산의 주인이 되고자 산행길에 나서는 것이다. 제

1봉(921m), 제2봉(935m), 제3봉(911m)을 거쳐 제4봉(924m),제5봉(916m)에 이르기까지 펼쳐지는 모든 경치가 진경산수화 절경의 연속이었다.

드디어 제6봉(919m)에 이르렀다. 다른 봉우리들은 모두 오를 때 밧줄이 매어 있었으나 제6봉은 밑에서 정상까지 철계단이 설치되어 있었다. 그러나 철계단은 설치된 지가 오래 되어서 그런지 녹이 쓸고 보기에 좋질 않았다. 관리가 매끄럽지 못한 탓이리라. 부봉 자체가 등산객들에게 별로 알려지질 않아서 산행객이 뜸한 탓도 있으리라.

6봉에 올라서 전체를 다시 한번 조망해 보았다. 까마득한 석벽에 걸쳐 있는 소나무가 그림 같다. 아무리 보아도 싫증이 나지 않는 것이 산천초목이다. 제6봉에서 동화원 쪽으로 하산하는 길은 1시간이 넘게 걸리는 긴 코스였다. 날이 가물어서 그런지 계곡에는 별로 물이 없었다. 나뭇잎은 어느새 낙엽이 되어 바람이 불 때마다 우수수 떨어지고 있었다. 숲속에 이따금 산새들이 푸드득 저멀리 어딘가로 날아가고 있었다.

동화원에서 장원급제길을 따라 오느라니 제3관문이 나온다. 3관문옆의 석수 한잔을 떠먹고 계속 콩크리트길을 따라 주차장까지 내려왔다. 시계를 보니 오후 5시 30분을 가리키고 있다. 출발시각을 기준으로 7시간을 산에서 지낸 것이다. 절경을 감상하면서 산행을 해서 그런지 도무지 지루한 감이 없는 즐거운 산행이었다. 다음번에 문경땅을 찾게 되는 경우에는 이번 산행의 역순으로 제6봉부터 제1봉까지 복습을 하면 그 또한 재미있는 산행이 되리라 생각되기도 한다.(2008.10.21)

동해바다가 보이는 두타산(頭陀山)

10월 들어 아침저녁으로 제법 쌀쌀하다. 뉴스에 의하면 대관령에는 서리가 내리고 강원도 산간지역에는 기온이 영하로 떨어진 곳도 있다고 한다. 이제 본격적으로 가을철에 접어든 것이다.

가을은 결실의 계절이면서도 어딘가 먼 길을 떠나고 싶은 쓸쓸한 방황의 계절이기도 하다. 산꾼들에 있어서 가을은 억새와 단풍이 눈에 어른거리는 등산의 계절이기도 하다.

10월 12일 일요일, 서초구 구민회관 앞에서 아침7시 30분에 출발하는 두타산 산행 모임에 참가하기 위하여 6시경에 돈암동 집을 나섰다.

산행 버스는 정해진 출발시간에 강원도 두타산을 향하여 영동고속도로를 거침없이 달렸다.

차가 서울을 벗어나니 들판은 온통 황금빛으로 넘실대고 있었다. 동해휴게소근처에 도달했을 때, 왼쪽 차창으로 동해의 푸른 물이 보인다. 바닷가 해안의 송림이 우거진 가운데 하얀 파도의 포말이 백사장을 철썩이고 있었다. 우리 산하는 다녀볼수록 아름답다.

동해휴게소를 지나 버스가 천은사 일주문 앞에 있는 주차장에 도착한 시각이 11시 30분경이었다. 버스에서 내리니 과연 큰 산답게 웅웅한 산기운이 온몸에 느껴진다.

한반도의 등뼈인 태백산맥이 금강산, 설악산, 오대산을 빚으며 남진하다가 동해 삼척에 이르러 솟구쳐 들어 올린 것이 두타산, 청옥산이다. 청옥이 1,404m로서 두타(1,353m,)보다 다소 높으나 일반에게 알려진 것은 두타산이 유명하다. 산 이름의 두타는 부처님을 따라 불도를 닦는다는 의미일 것이다.

두타산을 몇 번 등산했어도 천은사 쪽에서 치고 올라가는 것은 이번이 처음이다. 천은사는 이승휴가 머무르면서 제왕운기를 쓴 사찰로 유명하다. 신라 경덕왕때 지은 천년고찰인데 원래 이름은 흑악사였다. 그러다가 이성계 4대조 묘를 이 부근인 미로면에 쓰면서 이 절을 원찰로 삼았기 때문에 '임금의 은혜를 입은 절'이라고 하여 천은사(天恩寺)라고 바꾸었던 내력이 있다.

산행에는 나름대로 요령이 있다. 처음에는 몸을 풀듯이 가볍게 천천히 산에 오르는 것이다. 그렇게 산책하듯이 여유 있게 한 시간쯤 오르다 보면 자기도 모르게 속도가 붙게 되는 것이다. 처음부터 속도를 내는 경우 얼마 오르지 못하고 지치게 된다.

그리고 오르면서 나무와 풀, 그리고 돌과 새들에게 무한한 정과 감사의 마음을 아낌없이 주어야 한다. 일체종지(一切種智)를 이루는 것이다.

가급적이면 산천초목에 대하여 "정말 나는 너희들을 사랑해. 그래서 이렇게 너희들 보고 싶어서 찾아온 거야…."라고 말하는 것이다. 더할 나위없이 마음이 상쾌해지면서 즐겁게 산에 오를 수 있을 것이다.

두타산 처럼 2시간 넘게 치고 올라가는 오르막에서는 발자국을 떼어놓을 때마다 "하나. 둘 .." 세면서 오른다. 백까지 다 세면 또다시 하나 둘 … 세면서 올라가고 이렇게 반복하다보면 어느새 정상에 이르게 되는 것이다.

이런 방식으로 산행을 하면 두타-청옥을 당일에 타거나 공룡능선 27km를 당일에 주파해도 피로감이 적게 된다.

천은산에서 쉰움산까지는 너덜길과 송림의 오르막길이었다. 동북능 583고지에 있는 쉰움산에는 둥굴게 패인 바위 위에 크고 작은 50여개의 구멍이 있는데 구멍마다 물이 차있었다. 이를 쉰우물 또는 오십정(五十井)이라고 하는 것이다.

각 구멍마다 모습이 각기 다르고 괴상하여 예로부터 기우제를 지내는 토속신앙의 기도처로 알려진 곳이기도 하다. 쉰움산에서 동기생을 만나서 후

미조 7명과 함께 기념촬영을 한 후 쉰움산 갈림길로 나섰다.

1시간쯤 치고 올라가느라니까 쉰움산 갈림길이 나온다. 들머리인 천은사에서 시작한지 약 3시간정도가 소요된 셈이다. 쉰움산 갈림길에서 두타산 정상까지는 1시간 거리이다. 정상에 도달하니 저 멀리 동해바다가 한 눈에 들어온다. 산은 정직해서 땀 흘린 만큼 경치를 보여주는 것이다.

같은 강원도 산이라고 하드라도 태백산이나 함백산은 산행의 깃점이 대개 5백 내지 6백의 고지에서 시작하기 때문에 수월하다. 그런데 이 두타산은 거의 평지에서 시작하여 1,300m가 넘는 고지에 오르는 것이다. 그러기 때문에 힘이 들어 등산객들에게 두타산은 골 때리는 산(頭打山)으로 불리어지기도 한다.

두타산을 산행하다가 길을 잘못드는 경우에는 계곡으로 빠지게 되고 끝이 보이지 않는 낭떠러지로 연결된다. 때문에 '하느님 살려주세요'라고 여러 차례 기도를 거듭하다가 겨우 산길을 찾아 나오기도 하는 험준한 곳이기도 하다.

두타산을 감상하고 쉰움산 갈림길로 내려와 하산길로 접어들었다. 무릉산성에 도착하니 절경이 눈앞에 전개된다. 깎아 세운 듯한 거대한 절벽들이 즐비하고 절벽위에 크고 작은 소나무들이 바위벽을 뚫고 신기하게 자라고 있었다.

웅장한 협곡에는 추색(秋色)이 물들기 시작하는 데 산과 산 사이에는 거대한 석벽이 마치 병풍처럼 둘러친 모습이었다. 진경산수화 한 폭이 대자연에 펼쳐져 있는 것이다. 주왕산의 학소대와 급수대의 모습과 흡사한 장관이었다. 물론 두타산에도 학이 둥지를 틀었다는 학소대라는 명소가 있기도 하다. 눈을 돌려 동쪽을 보니 산과 산 사이에 참한 절이 하나 자리 잡고 있다. 저

절이 관음암인 것이다. 저 절에서 이 무릉산성의 석벽을 보면서 도를 닦으면 선경에서 수도하는 것과 진배 없을 것이라는 생각이 들기도 했다.

5시 가까이 되어 삼화사(三和寺)에 도착했다. 삼화사 역시 신라 때 자장율사가 창건한 고찰이다. 적광전(寂光殿)옆에 있는 20척 높이의 금동여래 불상이 유명하다. 시간이 없어 물 한모금 마신 후 합장 배례만 하고 일주문 쪽으로 향했다.

일주문을 지나니 수백명이 앉아도 될 만큼 넓은 바위인 무릉반석과 누각인 금란정이 나온다. 오른쪽에 양사언(楊士彦)이 이곳의 절경을 감탄하여 쓴 '무릉선원 중대천석, 두타동천: (武陵仙院 中台泉石, 頭陀洞天)'이라는 필체가 용사비등 한다.

동해시에서 싱싱한 해물탕으로 저녁식사를 한 후 귀경버스에 올랐다. 동해에서 저녁 7시 반에 출발한 버스는 밤 11시가 넘어 양재역에 도착했다. 일요일 밤늦은 시간이라 길거리에는 행인들이 뜸했다.

밤 12시가 넘어서 귀가했는데도 몸에 좋은 산기운이 남아 있는지 피로감이 느껴지질 않는다. 다음 주의 에너지를 충전한 느낌이 들 뿐이다. 이래서 등산이 좋은 것이리라….(2008.10.14.)

석벽이 절경인 주왕산(周王山)

주왕산(周王山)은 경북 청송군에 있는 해발 720m의 산이다. 기암절벽과 폭포가 장관이다. 100대 명산의 하나로 꼽히고 있다. 청송하면 산간벽지이고 오지이다. 청송감호소가 있기도 하다.

10월 4일 토요일, 새벽 5시에 돈암동 집을 나서서 잠실역에서 출발하는 설피마을의 버스에 올랐다. 산행버스 출발시간은 6시 30분이었다. 버스에는 설피마을과 들꽃마을 사람들로 만원을 이루고 있었다. 전날 고교 바둑대회를 주관한 후 후배들과 어울리느라고 밤늦게 귀가해서 새벽까지 별로 눈을 붙이지 못했다. 버스안에서 잠을 보충하려고 했으나 40명이 넘는 사람들이 저마다 이야기하는 바람에 눈 붙이기는 애시당초 글렀다.

서울에서 주왕산까지는 5시간이 넘게 걸린다. 아마도 우리나라의 내륙지방에서는 제일 소요시간이 길 것이다. 제일 멀다는 땅끝 마을인 해남까지도 고속도로가 잘 뚫려 있어서 4시간 반 정도면 닿을 수 있다. 그러나 경북에 위치한 청송의 주왕산은 도로관계로 시간이 더 많이 소요되고 있다. 몇년전만해도 당일은 어렵고, 1박2일 또는 무박2일의 산행코스였었다.

주왕산은 그리 높은 산은 아니다. 서울의 도봉산 정도로 생각하면 될 것이다. 그러나 주왕산의 가을 단풍은 처절하리만큼 아름답고 하늘을 찌를 듯한 석벽은 선계(仙界)를 연상케 한다.

한반도의 등뼈인 태백산맥이 금강산, 설악산, 오대산을 빚으며 남진하다가 동해 삼척에 이르러 두타산, 청옥산을 들어 올린 후 좀 더 남쪽으로 내려와 그 여세를 경북땅 중간에 일으켜 놓은 것이 주왕산이라고 보면 될 것이다.

산행버스가 산머리 입구에 있는 월외공원 지킴터에 도착해서 산행에 들어간 시각은 11시 10분경이었다. 달기폭포까지 1.9km는 평탄한 시멘트 길이라 걷기가 수월했다. 청명한 가을하늘 아래 햇볕은 조용히 내려 쪼이고 길 양옆의 숲에서는 산새들이 반기고 있었다. 즐겁고 행복한 산행이 시작되었다. 들꽃마을 사람들은 야생화 촬영을 하기 위하여 절골 쪽으로 향했고 주로 설피 식구들이 산행에 참여했다. 나는 후미를 맡았다.

주왕산 가는 길가에는 달기약수가 유명하다. 1870년 조선조 철종때 금부도사를 했던 권성하가 낙향하여 마을사람과 함께 개발해 놓은 약수이다. 이 약수는 설탕을 뺀 사이다 맛이 느껴지는 탄산수인데 위장병, 만성부인병, 빈혈 등에 효험이 있다고 해서 찾는 사람의 발길이 끊이지 않는다. 이 약수로 지은 밥은 파르스름한 빛깔을 띠며, 영계에다 옻나무껍질을 넣고 이 약수로 삶은 옻닭요리는 이 고장의 별미로 꼽히고 있다.

등산로 왼쪽으로 방향을 트니 '너구마을'이 가을햇살을 받고 평화로운 모습으로 자리 잡고 있다. 너구마을에서 금은광이(812m)삼거리까지는 3.6km의 거리로서 약 1시간 30분이 소요된다. 참나무, 오리나무, 물푸레 나무와 소나무들이 잘 어우러진 숲은 완만한 경사길로서 그늘이 져서 오르기에 편안했다.

후미를 맡은 관계로 맨 뒤에서 최종산행객을 챙기고 있는데 30분쯤 오르다 보니 어떤 여성등산객 한사람이 걸음을 멈춘 채 가쁜 숨을 몰아쉬고 있었다.

내가 다가가니 그 여성은 자기는 더 이상 못 올라가겠다고 한다. 그러나 지금 이산을 넘어가야 대전사에 주차하고 있는 산행버스를 탈 수 있기 때문에 도로 내려갈 수는 없는 노릇…. 여인은 너무 힘들다고 하면서 헬기를 부를 수 없냐고도 물었다. 난감했다.

오르막에는 그녀와 나, 단 두사람 뿐이었다. 나는 그녀를 길 옆에서 잠시 휴식을 취하도록 했다. 여인이 돌위에 앉았다. 50대 중반쯤 되어 보이는 곱게 화장한 여인의 얼굴에는 땀방울이 송송이 맺혀 있었다. 여인은 지방산행이 처음이라고 한다. 처음산행이 어렵기는 누구나 마찬가지일 것이다.

10분쯤 숨을 고르게 한 후 여인을 일으켜 세웠다. 그녀의 배낭을 벗어 달라고 해서 오른쪽어깨에 둘러멨다. 그리고 내 스틱을 여인에게 주었다 한걸음 한걸음 스틱을 의지한 채 위로 올라가도록 했다. 한 10분쯤 올라가다가 또 못 올라가겠다고 한다. 역시 난감할 뿐이다.

여인에게 주왕산은 결코 큰 산이 아니라고 역설한 후, 처음에는 누구나 이런 고통스런 과정을 거친다고 말했다. 그녀를 부축해서 또 10여분간 오르다가 또 주저앉고 또 부축해서 오르기를 여러 번 거듭하니 드디어 저 멀리 '금은광이' 능선이 눈에 들어왔다. 다행히 능선머리에는 들꽃마을 회원 한 분이 있어서 그분이 내려와 기진맥진한 그녀의 팔을 위에서 잡아주는 식으로 능선위에 올려놓았다.

능선에 오르니 그 다음부터는 오르막이 없고 평탄한 오솔길의 연속이었다. 20분쯤 전진하니 설피마을 회원들이 금은광삼거리에서 중식을 하고 있었다. 그곳에 합류하여 간단한 요기를 했다. 여인은 이제는 기운을 차렸는지 같이 온 사람과 얘기도 나누면서 때로는 소리 내서 웃기도 한다. 다행이다. 한편 여자들을 이해하기가 어렵기도 했다. 조금 전까지만 해도 숨이 넘어갈 듯 다 죽어가던 사람이 어떻게 저렇게 생생해져서 웃기까지 하는지?

금은광이 삼거리에서 좌측으로 가면 장군봉에 이를 수 있다. 그러나 우리는 직진해서 제3폭포 쪽으로 향했다. 1시간 30분쯤 하산길을 따라가니 드디어 주왕산의 볼품거리의 하나인 제3폭포의 웅자가 나타난다.

제3폭포를 깃점으로 하여 주왕산의 진면목이 펼쳐지기 시작한다. 2단의 웅장한 제3폭포에서 옆길로 200m쯤 가면 풍광이 수려한 곳에 제2폭포가 반긴다. 그 제2폭포에서 1km쯤 더가면 제1폭포가 힘차게 물소리를 낸다. 폭포를 배경으로 사진 찍느라고 야단들이다. 사면이 석벽으로 병풍을 이루고 있는 가운데 절벽에서 옥같은 맑은 물이 쏟아지고, 바로 위에 선녀탕과 구룡소는 이곳이 선계가 아닌가하는 착각이 들기도 한다.

폭포와 소, 담, 그리고 하늘을 찌를 듯 솟아있는 암봉과 기암괴석, 여기에 울창한 송림이 한데 어우러져 한폭의 산수화 같은 절경을 빚어내고 있다.

협곡양쪽으로 하늘 높이 솟아오른 암봉들이 각기 괴이한 형상을 하고 있다. 청학과 백학이 다정하게 둥지를 틀며 살았다는 학소대, 생김새가 떡을 찌는 시루와 같다고 하여 붙여진 시루봉, 그 옛날 신라시대 때 계곡의 물을 퍼 올렸다는 급수대(汲水臺)가 깎아지른듯 하늘 높이 솟아있다.

아 아 …, 이처럼 거대한 암벽이 병풍처럼 둘러친 산이라 신라시대에는 이 산 이름이 석병산(石屛山)이라고 불렸었구나 …. 그런데 중국의 주왕(周王)이 이곳으로 피신하고부터 주왕산이라고 불리워진 것이구나 ….

옛날 중국 동진의 왕족인 '주도'는 스스로 '후주의 천황'이라고 칭하면서 장안으로 쳐들어 갔다가 패퇴하고 요동을 거쳐 한반도에 숨어들어 이곳을 은신처로 삼고 권토중래의 꿈을 키워나갔다. 그러나 당나라의 재촉을 받은 신라의 토벌군에 의하여 주왕은 타국 땅에서 죽음을 당한다.

주왕이 은신했던 주왕굴을 찾아보았다. 주왕암에서 오른쪽 철계단을 올라가면 바위굴이 있다. 옆의 석벽에서는 물방울이 간단없이 쏟아지고 냉기가 서린 곳에 자그마한 굴이 있다.

돌위에 촛불이 몇자루 켜져 있고, 그 뒤에 산신할아버지가 호랑이를 데리고 있는 모습을 암각한 돌이 세워져 있다.

주왕이 신라의 마(馬)장군의 공격을 피하여 은신하다가 굴 입구에서 떨어지는 물로 세수하다 발각되어 마장군의 군사가 쏜 화살에 맞아 최후를 거두었다고 한다. 그 당시 주왕과 그 식솔이 흘린 피가 계곡을 적시었는데 다음해 봄에 여지껏 보지 못했던 붉은 꽃이 주방천에 피었으니 이것이 수달래(산철쭉)이라는 전설이 내려온다.

주왕의 피가 꽃이 되어 핀 것이라 하여 수달래를 수단화(壽 斷花)라고 부르기도 한다. 청송군에서는 매년 5월 수달래축제를 통해 주왕의 넋을 달래기도 한다는 것이다. 역사적으로 고증이 안 된 애기이기는 하나 전설의 고향과 같이 그럴듯하다.

주왕산의 협곡을 보면 산의 풍광이 황산과 흡사한 감이 들기도 한다. 특히 바위 모습과 석벽의 생김새가 더욱 그러하다. 다녀본 산 중 중국 냄새가 나는 산으로는 진안의 마이산과 청송의 주왕산이 아닐까하고 혼자 생각해 본다.

주왕산에 이렇게 절묘한 암봉과 협곡을 이루어 지게된 것은 거듭된 화산의 폭발 때문이라고 한다. 이 산의 암질은 화산 폭발시 고온의 화산재가 용암처럼 흘러내려 굳은 회류응회암으로서 여러 차례 폭발이 거듭되어 이렇듯 높은 절벽과 암봉을 이루게 된 것이라고 한다.

관음봉밑의 주왕암(周王庵)을 거쳐 주방계곡을 따라 내려오니 어느덧 대전사(大典寺)에 이르렀다.

대전사는 고려 때 지은 천년 고찰이다. 대웅전에 들어가 삼존불에 예불을 올린 뒤 도량에 내려서 주왕산을 다시한번 돌아다 보았다.

주왕산 입구에 기암(旗岩)이 눈에 들어온다. 저 바위는 옛날 이곳에 은거하던 주왕이 신라의 마장군과 싸울 때 볏 집을 둘러 군량미를 쌓아 둔 것처럼 위장하여 마장군 병사의 눈을 현혹케 했다는 전설이 있다. 그 후 마장군이 이곳을 점령했을 때 대장기(大將旗)를 세웠다고 하여 기암(旗岩)이라고 불리고 있는 것이다.

대전사에서 주차장으로 내려오는 길에는 가게마다 청송사과를 파는 것이 주종이었다. 안동댐이 생기고 나서 연무로 일조량이 줄어 그 유명하던 안동

사과의 당도가 떨어져, 이제는 사과하면 청송에서 생산된 것을 으뜸으로 알아주고 있는 것이다.

주차장에 도착하여 시계를 보니 오후 5시를 가리키고 있었다. 6시간 가까이 산행을 한 셈이다. 경치가 너무 좋아서 구경하다 보니 산행시간이 다소 길어진 것이다.

주차장 근처의 음식점에서 비빔밥 한 그릇 먹고, 오후 6시에 청송을 떠나 서울에 도착한 시각이 10시 30분경이었다. 돈암동 집에 도착하니 거의 자정 무렵이 되었다. 집이 북한산 자락이기 때문에 밤하늘의 별들이 초롱초롱 빛나고 있었다.(2008.10.8)

이태조가 이름지은 천마산(天摩山)

유달리 무더웠던 여름이 지나가고 어느덧 가을이 성큼 다가왔다 가을은 등산의 계절이라고 할 수 있다. 서늘한 바람이 억새밭을 스쳐 지나갈 때는 마치 은빛 물고기 떼들이 산등성이에 몰려다니는 듯한 환상에 빠지기도 한다. 온 산을 빨갛게 물들이는 설악과 내장산의 단풍은 눈이 시릴 정도로

아름답다. 계절마다 오묘하고 황홀함을 선사하는 자연에게 오로지 감사할 뿐이다

9월 넷째 토요일, 설피에서 천마산을 간다고 하여 잠실역 8번 출구로 나갔다. 나는 강북에 살아 청량리 롯데백화점 앞에서 165번 버스나 765번 좌석버스를 타고 천마산에 가곤했다.

천마산(天摩山)은 경기도 남양주시에 있는 해발 812m의 산이다. 산세가 수려하고 수도권에 가까워 사시사철 사람들의 발길이 잦은 곳이다. 그래서 그런지 남양주시는 이 일대를 군립공원으로 관리하고 있다.

잠실역에서 설피식구들과 합류했다. 도농역에서 기다리고 있는 이장님께 연락했더니 잠실역에서 1115번 버스를 타고 도농역으로 오라는 것이었다.

버스를 타는데서 부터 해프닝이 벌어졌다. 1115번 버스가 8번 출구 반대편에 주차하고 있는 것이 우리들의 눈에 띄었다. 모두들 잠실역 계단을 오르내리며 그 버스에 가서 타려고 하니 운전기사가 손사래를 치며 도농역 가려면 길 건너편으로 가서 타야 된다고 한다.

별 수 없이 다시 지하계단을 오르내리며 원래 모였던 장소로 갔다. 그러나 어느 지점에서 타는지가 불분명하여 다시 전화로 이장님께 문의 한즉 교통회관 앞에서 타라고 한다. 우리는 교통회관 앞으로 부지런히 걸어갔다.

앞서 가던 고교동문이 버스에 오르는 것이 멀리 보인다. 이때 두 번째 해프닝이 벌어졌다. 그 고교동문이 타자 버스는 출발했고 우리가 아무리 손을 흔들어도 세워주지를 않는 것이었다. 결국 우리는 다음 버스로 도동역에서 합류하게 되었던 것이다. 아침부터 두 번에 걸쳐 "쇼~"를 한 셈이다.

그러나 버스가 도농역을 향하여 한강변을 달릴 때 강물은 햇빛에 반짝이고 하늘은 푸르고 높아서 우리들의 마음은 어느새 즐겁기만 했다.

도농역에서 모두가 합류한 뒤 165번 버스를 타고 천마산 기슭에서 내렸다. 상명여대 생활관 앞을 깃점으로 산행이 시작된 시각은 11시경이었다. 능선은 부드럽고 완만해서 오르는 데 별로 힘이 들지 않았다. 20여분 올라가느라니 전나무숲이 울창한 가운데 쉼터가 잘 정비되어 있었다. 쉼터에서 잠시 숨을 고른 뒤에 30분쯤 올라가니 저 앞에 '천마의 집'이 보인다. '천마의 집'을 오른 쪽으로 끼고 오르는 능선길은 양쪽이 모두 시원스럽게 터져 있어서 조망이 무척 좋은 길이다. 답답하던 가슴이 뚫리는 기분이다.

역시 산이 좋다. 나무와 바위는 영원히 변하지 않고 순서대로 위치 하며, 계곡에는 언제나 다름없이 물이 흐르고 있다. 가끔 흐르는 계곡물에 햇볕이 비치면 감미로운 음악의 악보가 그려지는 것 같은 생각이 든다. 중학시절 뒷주머니에서 하모니카를 꺼내서 불려고 할 때 햇볕에 반사된 하모니카의 반짝임이 생각나기도 한다.

계곡의 맑은 물소리를 듣고 올라가다가 우리는 오른쪽 능선길로 접어들었다. 천마산은 육산으로서 산의 품세가 넉넉하다. 특히 상수리 나무들이 많아 줏으려 들면 도토리를 누구든지 한주먹 정도씩은 줏을 수 있을 정도로 열매가 즐비하게 떨어져 있었다. 야생화가 듬성듬성 피어있는 능선길을 벗어나 우리는 큰 바위 쉼터에 올랐다. 사방을 조망하니 가히 장관이다.

남쪽으로는 천마산 스키장과 마치고개가 경춘국도와 함께 내려다 보이고, 정면으로는 백봉이 마주 보인다. 저 멀리 북한산의 인수봉-백운대-만경대가 삼각형으로 장엄한 위용을 자랑하고 있으며, 그 오른쪽으로 도봉산 줄기인 오봉과 선인봉, 만장봉등이 아름다운 자태를 드러내고 있다. 과연 천마산이 100대 명산으로 꼽힐만하다는 생각이 들기도 했다. 올라갈수록 조망과 시야 범위가 활짝 펼쳐지는 것이다.

명산이라면 지명과 관련된 유래가 있기 마련이다. 천마산 역시 그러하다.

전설에 의하면 고려말 이성계가 이곳에 사냥을 나왔다가 산세를 살펴보니 산이 높고 매우 험준해서 지나가는 촌부에게 이 산의 이름을 물었는데, 촌부는 "소인이 무식하여 모릅니다"라고 대답하자

이성계는 혼잣말로 "인간이 가는 곳마다 청산은 수 없이 많지만, 이 산은 매우 높아 푸른 하늘에 홀(笏: 관직에 있는 사람이 임금을 만날 때 조복에 맞추어 손에 들고 있던 패)이 꽂힌 것 같아 손이 석자만 더 길었다면 가히 하늘을 만질 수 있겠다(手長三尺 可摩天)."라고 한데서 천마산(하늘을 만질 수 있는 산)이라는 명칭이 비롯되었다는 것이다.

전망대 바위를 지나 밧줄이 매어있는 가파른 길을 오르니 위험한 암릉지대가 나타난다. 암릉을 따라 약 100m 거리를 전진하니 드디어 천마산 정상에 이르게 되었다. 정상에는 북한산 백운대처럼 태극기가 휘날리고 있었다.

천마산 정상에서 남동쪽 아래로는 마석시가지가 훤히 내려다 보인다. 저 멀리로 용문산이 보이고, 동으로는 깃대봉, 호명산이 보이며, 북동쪽으로는 축령산, 그 왼쪽으로 주금산이 늠름하게 자리 잡고 있다.

그러고 보니 천마산이 한북정맥과 맥을 대고 있음을 알 수 있다. 한북정맥의 능선은 천마산이후 계속 남진하여 마치고개에서 맥을 낮추었다가 백봉(589.9m)을 들어 올린다음 남동으로 뻗쳐나가 운길산(610m)과 예봉산(679m)을 빚어 놓고는 여맥을 팔당호에 가라앉히고 있는 것이다.

천마산 정상 표지석에서 기념촬영을 한 후 경치 좋은 곳에서 중식을 들었다. 산행도 즐겁지만 이렇게 둘러앉아 음식을 나누어 먹을 때가 그 못지않게 즐거운 시간이다. 동문이 가져온 '천년약속'을 다 비운 후 '체리 양주'를 따서 몇 잔씩 마시니 모두 알딸딸한 기분이 되어 선계에 와 있는지 속계에 있는지 분간이 안된다. 술안주로는 냉동으로 보관했던 강낭콩이 절묘한 맛이었다.

이 좋은 가을날에 이 좋은 명산에 올라와서 이 좋은 산우들과 음식을 같

이 할 수 있다는 것은 더할 나위 없는 행복이다.

천마산을 내려오는 숲길 역시 완만하고 부드러웠다. 하산 끝머리 쯤에 전나무 숲의 휴식터가 있었다. 벤치에 누워 하늘을 쳐다보았다. 쭉~쭉 근심 걱정 없이 뻗어 올라간 나무사이로 언뜻언뜻 파아란 하늘이 보인다. 마치 하늘에 파란 물감을 풀어놓은 것 같다. 자연의 오묘함과 신비함이 피부로 느껴졌다.

출발 깃점에 내려와 시계를 보니 오후 4시경이었다. 약 5시간에 걸쳐 즐거운 산행을 한 것이다. 가을 기운을 온몸으로 흠뻑 느낀 행복한 산행이었다. 산기운이 좋고 넉넉해서 그런지 도무지 피로감을 느낄 수 없었다.

버스 타는 정류장에서 천마산을 뒤돌아 보니 산전체가 가을을 맞이하는 준비를 하는 것처럼 찬란한 햇볕 속에서 조용히 숨 쉬고 있었다. (2008.10.1)

억새풀이 장관인 민둥산

가을 바람이 소슬하다. 아침저녁으로는 제법 쌀쌀한 기운이 감돌기도 한다. 이제 본격적으로 가을에 접어든 것이다. 가을은 오곡백과가 풍성한 계절이면서도 무언지 모르게 쓸쓸하고 허전한 계절이기도 하다. 낙엽이 떨어지는 것을 보고 있느라면 그저 배낭메고 정처 없이 어딘가로 떠나고 싶은 충동을 느끼는 계절이기도 하다.

등산을 좋아하는 산꾼들에게는 가을은 산행하기 아주 좋은 계절이다. 가을의 단풍과 억새풀은 산꾼들에게 낭만과 활력을 불어넣어주고 있다.

단풍이 울긋불긋 화려한 채색을 자랑하는 도시 여인이라면, 억새풀은 부드러움과 아늑함을 제공하는 때 묻지 않은 순박한 시골 여인이라고 할 수 있을른지 모르겠다.

나는 평소부터 억새풀로 유명한 강원도 민둥산을 한번 다녀오리라고 벼르고 있었다. 그러던 참에 지난 일요일(2007.10.21), 마침내 민둥산행에 참가하게 되었다. 새벽 5시반에 돈암동 아파트를 나와, 동네 떡방앗간에 들려 시루떡과 감자떡을 사서 배낭에 챙겨 넣었다. 전철을 갈아타고 동대문옆 시장광장의 주차장에 도착한 시각이 6시30분경이었다. 각 산악회버스가 시장광장에 즐비하게 대기하고 있었다.

관광버스 앞 유리창에는 각 산악회 명칭과 산행지가 적힌 표지판이 붙어 있었다. 차 앞에는 낯익은 각 산악회 회장들의 얼굴이 보인다. 하두 산악회를 따라다녀서 이제는 웬만한 산악회 회장과 총무들은 서로 알게 되었다. 인사를 몇몇 나누고 민둥산 산행을 주관하고 있는 "산정산악회"의 버스에 올랐다.

버스에 올라보니 45인 버스가 꽈악 찼고 빈 좌석은 하나도 없었다. 만원인 것이다. 이렇게 되면 산악회가 수지맞는 날이 된다. 그러고 보니 오늘따라 산악회 임원들의 얼굴이 싱글벙글 활기가 넘치는 것 같았다.

그동안 여름 내내 비 오는 날, 20명 내외의 등산객으로 적자를 보아가며 산행했던 어둡던 얼굴이 이제 활짝 피기 시작하는 것이다. 인간만사 어둠이 있으면 또 이렇게 햇볕이 드는 날도 있는 법이다.

버스는 잘 닦여진 영동고속도로를 시원스럽게 달리면서 민둥산이 있는 강원도 정선 땅으로 향했다.

차창으로 보이는 들판은 온통 황금물결로 출렁이고 있었다. 풍년인 것 같다. 잘 익은 벼가 소담스럽게 고개를 숙이고 있어 마음을 풍성하게 해주고 있다.

역시 가을은 풍요로운 계절임에 틀림없다. 그래서 "가을 닭띠는 잘 산다."고 했다. 가을에 태어난 닭띠는 먹을 것이 많은 때에 출생했기 때문에 잘 산다는 것이다. 또 옛말에 "가을 들판에 가는 것이 어설픈 친정에 가는 것보다 낫다"고 한다.

가을 들판에 오곡과 채소가 풍성하기 때문에 떨어진 것을 줍기만 해도 가난한 친정집 찾아가는 것보다 먹을 것이 많다는 뜻일 것이다.

이러저러 생각을 하며, 졸다가 깨다가 하는 사이에 어느덧 버스는 민둥산 밑의 정선군 남면에 있는 증산초등학교에 도착했다.

여기서 민둥산 정상까지는 1시간 정도 치고 올라가면 된다. 산악회가 제공한 지도에는 오늘 산행이 증산초교→ 임도→ 억새군락지→ 정상(1,118m)→ 억새능선→ 지억산(1117m)→ 구슬골→ 화암약수로서, 산행거리는 15km이고 산행소요시간은 약 5시간 30분으로 잡고 있었다.

민둥산의 정상일대는 억새풀일 뿐 나무 한그루 찾아보기 힘들기 때문에 그 이름이 '민둥산'이다. 가을 문턱에 들어서는 10월초부터 은백색의 억새가 햇살에 엷게 비칠 때, 바람결에 물결치는 억새풀의 광경은 보는 이들의 경탄을 자아낸다. 민둥산을 연중 유독 가을철에만 사람들이 몰리는 것도 바로 억새 산행의 묘미 때문일 것이다.

정상일대는 옛날 용마(龍馬)의 주인이 마을의 환란을 두려워 한 주민들에 의하여 죽음을 당하자, 용마가 밤낮으로 산정에 올라 울어대며 검은 흙 구름을 피우며 땅을 뒤흔들어 놓아 성난 발굽에 짓밟혀 나무가 하나도 남지 않게 되었다는 전설이 전해져 오고 있다.

또 한편으로는 민둥산에 억새가 많고 나무가 없는 것은 산나물이 많이 나라고 정상에 매년 한번씩 불을 질러 왔기 때문이라고 한다. 지금은 불지르는 것은 하지 않는다고 한다.

증산초교에서 올라가는 초입에는 소나무가 잘 어울려져있어 아주 완만하고 좋은 등산로라고 할 수 있다. 정상까지가 2.1km이기 때문에 웬만하면 1시간 정도 이면 족한데 오늘은 등산객이 인산인해을 이루고 있어 발걸음을 제대로 떼어놓기가 힘들 지경이었다.

나는 등산경력 10여년에 이번처럼 등산객이 일시에 수천명 몰린 것은 처음 경험했다. 도무지 멈춰서서 올라 갈 수가 없을 지경이었다. 흡사 잠실운동장에서 축구경기를 마치고 관중들이 출구로 나올 때의 그 행렬을 연상하면 될 것이다. 겨울철 '눈꽃축제'할 때 태백산의 등산행렬이나 또 봄철 '참꽃축제'할 때의 비슬산의 행렬도 이처럼 붐비지는 않았다. 대단한 인파였다.

여자등산객들이 거의 반을 차지하는 것 같다. 양성평등이 등산부문에서도 이루어진 것이다. 등산솜씨나 오르막의 속도도 남성들에게 결코 뒤지지 않는다.

오르막길에 멈추어 서있는 중에 작은 벌 한 마리가 여자등산객 목덜미쪽으로 날아 가길래 나는 그 벌을 손으로 쳐 내어 주었다. 그러자 그 여자등산객이 고맙다고 하면서도 뒷말이 희한했다.

'벌도 꼭 이쁜 사람 한테만 달려든다니까….'

그리고는 자기네들 일행 서너명이 깔깔거리며 웃는다.

내가 보기에는 40대중반의 아줌마로 별로 예뻐보이지도 않는데….

그런데 어떻게 순간적으로 그런 말이 튀어나오는지 오로지 감탄할 뿐이다. 얼마 전 미국의 과학자가 밝혔듯이 남성은 한쪽 뇌만 사용하여 언어를 구사하는 데 비하여 여성의 경우에는 언어를 구사할 때에 양쪽 뇌를 모두 사용한다고 한다. 그러니 여성의 언어구사능력이 탁월할 수밖에 없다는 것이다.

그러고 보니, 내가 평생 아내나 또는 딸과의 언쟁에서 백전백패하는 이유를 알 수도 있을 것 같다. 어쨌든 그 북새통에 1시간정도 치고 올라가니 산 중턱을 가로지르는 임도가 보였다.

임도 바로 못미치는 곳에 다리가 절단된 장애인이 엎드려서 등산객들에게 동냥을 구하고 있었다.

절단된 다리는 검은 색깔의 고무천으로 가리고 엎드린채 동정심을 유발하고 있었다. 지갑을 열어보니 큰돈만 있고 천원짜리가 한 장도 보이지 않는다. 난감했다. 이 산중턱에서 저렇게 어렵게 도움을 청하는 데 도와주지 못하다니…. 그렇다고 동전 몇 푼을 넣어주기는 너무 야박스러운 것 같가도 하고….

어저찧하고 안쓰러운 마음으로 임도를 올라서니, 다행히 휴게소에 같이 동행한 정국장의 모습이 보인다. 정국장으로부터 천원짜리 한 장을 구해서 다시 임도 아래의 산중턱으로 내려가 그 장애인의 바구니에 돈을 넣어주면서 물었다.

"아니 도대체 성한 사람도 올라오기 힘든 이 산 중턱에 어떻게 올라왔느냐고"

장애인이 눈을 들어 임도를 가리키면서 내 궁금증을 풀어주었다.

"임도를 따라 차로 와서 이 아래까지 내려왔노라고"….

장애인 앞에 놓인 카세트에서는 이미자의 "여자의 일생"이라는 노래가 애절하게 울려 퍼지고 있었다. 여자의 일생이 한(恨)이 서려 있듯이 저 남자 장애인의 일생도 못지않은 한이 있으리라. 어쨌든 이미자의 노래는 강원도 이 산중에서도 울려 퍼지고 있으니 정말 100년에 한 번 나올까 말까 한 가수라고 생각되기도 했다.

휴게소에서 민둥산 정상까지는 30분 정도가 소요되었다. 정상까지는 나무 계단으로 등산로가 잘 정비되어 있었다. 정상 올라가는 곳곳에서 등산객들이 삼삼오오 억새풀을 배경으로 사진들을 찍느라고 분주하다.

민둥산 정상에 오른 시각이 13시, 11시 30분에 밑에서 출발했으니 정상까지 1시간 30분이 소요된 셈이다. 민둥산 정상에서 사방을 둘러보니 과연 억새 들판이 끝없이 펼쳐져 있었다. 사방 20만 평에 걸친 억새 들판이 크나큰 목장처럼 장관을 이루고 있었다.

온천지에 어른 키 정도의 억새들이 하얀 솜털을 날리며 너울너울 춤추고 있었다. 잔잔한 바닷 물결이 햇빛에 반사되어 은빛 색깔을 내듯이, 가을바람이 휘이익 하고 민둥산 자락에 불어칠 때에는 수많은 억새꽃들이 하얗게 은빛 물결을 출렁대고 있는 것이다.

또 어떻게 보면 한을 품은 여인이 소복을 한 채 하얀 천을 나부끼며 살풀이 춤을 광야에 한없이 추고 있는 것 같기도 했다.

억새는 이렇게 너울거리는 은빛 무채색의 환상적인 모습으로 우리의 메마른 가슴을 촉촉이 적셔주고 있는 것이다.

날씨가 청명해서 그런지 민둥산 정산에서 인근의 크고 작은 산들이 모두 눈에 들어온다.

가까이로는 지억산의 산줄기가 보인다. 저멀리 동쪽으로는 함백산이, 남쪽으로는 백운산이, 북쪽으로는 두타산과 태백산이, 서쪽으로는 가리왕산이 보인다. 모두가 산기운이 넉넉하고 웅혼하여 여러 번 다녀온 명산들이다.

특히 함백산은 자장율사가 세운 정암사의 명찰과 부처님 진신사리를 모신 수마노탑은 음력초이틀의 삼사순례의 필수 경배코스이기도 하다.

자장율사가 묻는다.

"알겠느냐?"
"모르겠습니다._ 내가 어디서 왔는지를…."
"알겠느냐?"
"모르겠습니다. - 내가 어디로 가는 지를 .."
"모르겠느냐?"
"알겠습니다.. — 언젠가는 죽는다는 것을…."
"알겠느냐?"
"모르겠습니다. —언제 죽는지를…."
민둥산위에 두둥실 떠 있는 구름이 허허롭기만 하다….

민둥산 정상에서 우리 강산의 빼어난 경관을 감상한 후 하산길로 접어들었다. 등산객이 수천명이라 동행한 산악회원들을 찾기가 힘들었다. 그래서 능선의 갈림길에서 산행객들의 말만 듣고 내려간 곳이 삼내약수 방향이었다. 갈림길의 오른쪽으로 틀어야 화암약수 길로 가는 것이었다.

어쨋든 민둥산 정상에서 약1시간 반쯤 내려오니 삼내약수터가 눈에 들어왔다. 내려오는 길은 전나무숲 천지였다. 흡사 월정사 들어가는 길처럼 전나무들이 군락을 이루고 있었다. 그러고 보면 민둥산은 정상부근만 억새가 어우러져 나무가 없을 뿐, 8부능선 아래에는 소나무와 전나무가 즐비한 명산임을 알 수 있다. 그래서인지 인터넷에 100대 명산 중 55위로 올라있다.

"삼내약수"는 계곡에서 흘러내린 물이 세 곳에서 합수된 지점이라 하여 "삼내"라고 한다. 이곳에는 피부병환자들이 많이 찾는 곳이라고 한다. 그 옛날 나환자가 정선 땅에 병 고치려고 왔다가 초상집에서 술을 얻어 마시고 취하여 자다가 깨어났다. 갈증이 심해서 물을 찾으니 바로 옆에 샘물을 실컷 마시고 아침에 일어나니 이상하게도 피부가 치료되었다고 한다. 그 소문에 피부병환자가 많이 찾아온다는 것이다.

삼내 약수터에서 화암약수터까지는 7.1km로서 포장도로를 따라 재를 몇 개 넘어야 한다. 약 30분간 혼자서 포장도로를 따라 산등성이를 돌아 걸어가는데 뒤쪽에서 자동차 소리가 난다. 손을 드니 검정색 승용차가 다행히 태워준다. 역시 강원도 인심이 후한 것 같다.

그 승용차는 차 주인이 혼자 운전하고 있었는 데, 아이들이 동면에서 가게를 하고 있어서 그쪽으로 가는 중이라고 하였다. 50대 중반쯤 되어 보이는 남자였다. 나는 그에게 태워준 답례로 돈암동 떡집에서 산 포장된 시루떡을 그대로 선사했다.

구슬골 입구에서 승용차에서 내려 다시 산길을 걷기 시작했다. 한 10분쯤 가느라니 화암 약수터가 나왔다. 이 약수터는 28년 전에 와 보았던 경험이 있다. 당시 나는 정부의 민원과장으로 정선군에 출장왔던 길에 동면의 화암약수를 찾아 그 물맛을 보았던 것이다. 그 당시에 비하여 약수터는 8각정으로 잘 정비되어 있었다. 당시 물맛이 짜릿하면서도 철분냄새가 강했었는데 이번에 마셔보니 역시 그러했다.

약숫물은 독항아리 모양의 돌우물인데 조그만 조랑박으로 엎드려 퍼야하는 불편함이 있었다. 모친드리려고 조그만 물병하나 받는 데도 애를 많이 먹었다.

화암약수(畵岩藥水)에도 나름대로의 유래가 있다. 1913년 구슬동(九瑟洞)마을에 살던 문명무(文命武)라는 사람이 꿈속에 동자바위 아래에 청룡과 황룡 두 마리가 얽히고 설키어 서광을 발하며 하늘로 높이 올라가는 것을 보고, 이를 이상히 여겨 아침 일찍 이곳을 찾아 땅을 헤치니 붉은 물줄기라 솟아 두 손으로 받아 마시니 혀가 짜릿하고 온몸에 힘이 솟아 신비한 물이라는 것을 알았다는 것이다. 화암약수는 산화철 탄산수로서 위장병과 빈혈 및 안질에 탁월한 효과가 있다고 한다.

등산버스에 도착한 시각이 오후 4시였다. 그러고 보면 산행시간이 모두 4시간 반 정도인 셈이다.

산악회에서 준비해 가지고 온 국밥은 허기진 배에 꿀 맛이었다. 식사 후 정국장이 가져온 복분자를 여럿이 나눠 마신후 내가 납작한 수통에 담아가지고 온 양주를 작은 잔으로 돌렸다. 처음 보는 산정 산악회장은 양주 한잔을 맛있게 들이키더니 두잔째 주니 다른 동료를 불러 맛보게 한다. 역시 리더는 다르다고 생각했다.

여성등산객도 두사람이 합석했다. 40대 후반에서 50대 전반쯤 되 보였다. 산악회장이 명함을 한 장 얻고 싶다고 해서 그에게 명함 한 장을 건네주었다. 그러자 그 옆에 합석했던 여자등산객이 자기도 한 장 달라고 한다. 나는 명함이 다 떨어지고 남은 것이 없다고 했다.

이렇게 산에 오는 것은 세속의 근심과 걱정을 떨쳐 버리고자 함인데 이

제 또다시 불씨를 일으킬 필요가 없다고 생각했기 때문이었다. 물론 섭섭하게 해드린 그 여성회원에게는 미안 할 뿐이다.

모든 일에 인정을 담아두면 뒷날에 좋은 얼굴로 서로 만나 보게 된다(凡事留人情,後來好相見)는 말은 나도 잘 알고 있다. 남성끼리는 얼마든지 교분을 나누어도 별로 문제 될 것이 없다. 그러나 이성 간에는 되도록 피하는 것이 좋을 것 같다는 생각이 든다.

아내 한사람을 위하고 그 신세를 갚는 데에도 남은 세월이 넉넉하질 않은 데, 이제 와서 다른 사람과 새로운 인연을 지어서 괜히 신경 쓸 까닭이 없다고 생각되기 때문이다. 물론 이러한 나의 생각이 고루하고 시대에 뒤떨어진 것이라는 점도 잘 알고 있다. 그러나 산이 좋아서 산에 갔으면 오로지 산으로 만족할 일이다.

바람에 풍겨오는 풀 향기가 코를 스치고, 솔가지에 스쳐가는 바람소리를 음악으로 들으며, 새들의 지저귐에 자연의 생동감을 만끽하게 된다. 그만했으면 족할 것이지 또 무엇을 더 바랄 것인가,

이 아름다운 자연을 보라, 날씨 마저 껴안고 싶도록 맑디맑은 가을…. 햇살 비추는 산위에서 두둥실 떠다니는 흰 구름과 함께 민둥산의 억새밭에 누워 순수의 날개를 활짝 펴보고 싶지 않은가,

밤 11시가 넘어서 집에 도착했다. 몸은 다소 피곤해도 정신은 한없이 상쾌하고 뿌듯하기만 하다. 잠자리에 들어서도 한동안 민둥산정상에 펼쳐진 그 은빛 억새밭이 어른거리는 것 같았다.(2007.10.23)

만추의 무등산(無等山)

가을은 산행하기에는 더 할 나위 없이 좋은 계절이다. 단풍으로 울긋 불긋 물들인 산은 멀리서 바라보기만 해도 아름답다. 그 산을 바라보고 있느라면 어느새 산에 오르고 싶은 충동이 솟구친다.

파아란 하늘아래 억새풀은 바람에 나붓끼고 솔내음이 코 끝에 스며 드는 것 같다. 푸드득 날아오르는 산새와 함께 숲속을 걷느라면 세속에 찌든 심신이 얼마나 말끔히 씻어지는지.. 아마도 이래서 산을 찾게 되나보다….

광주의 상징인 무등산(無等山)을 언젠가는 가보리라 심중에 두고 있었다. 무등산은 우리나라 100대명산 중 50위에 올라 있는 이름난 산이기 때문이다. 드디어 2007.11.17. 토요일 '피닉스 산악회'가 주관하는 무등산 산행에 동참하게 되었다. 아침 06시30분에 동대문운동장역에서 산악회버스를 탔다.

산행버스 안에는 등산객이 절반정도 밖에 차지 않았다. 이제는 단풍철도 한물 갔고, 날씨는 추워지고, 또 비가 온다는 일기예보도 겹쳐서 산행객이 이렇게 적어진 것이라고 한다. 2주전 만 해도 지방산행 버스들은 온통 만원이어서 각 산악회들은 즐거운 비명이었다. 그런데 1~2주만에 이렇게 반도 안 차다니 … 달도 차면 기우는 것일까?

광주로 가는 버스차창에 비치는 산야의 풍경도 지난 주와는 달랐다. 이제 들판은 추수가 끝나서 황량하고 쓸쓸하기만 하다. 단풍은 가을이 지나가는 것을 알리려는지 색이 바래졌고, 나무들은 잎새를 털어버리고 월동준비를 하고 있었다.

바람이 불적마다 나뭇잎들이 우수수 떨어지고 있고, 그 떨어진 낙엽들이 바람따라 이리저리 휩쓸리고 있었다. 이제 가을을 떠나보내는 만추(晩秋)의 계절인 것이다.

한편, 가만히 생각해 보면 우리나라는 복 받은 나라라는 느낌이 든다. 봄, 여름, 가을, 겨울의 4계절이 있어서 제각기의 풍광을 우리에게 선사해 주고 있기 때문이다. 봄의 철쭉과 진달래는 우리에게 생동감을 주고, 여름의 산목련과 야생화는 황홀하기만하다. 가을의 단풍은 인생의 허전함과 쓸쓸함을 느끼게 하고, 겨울의 흰 눈 덮인 산야는 우리를 순수한 동심의 세계로 인도하고 있다. 오로지 고마울 뿐이다. 이에 비하면 1년 내내 변화가 없는 남극이나 북극 또는 열대지방 사람들은 얼마나 단조롭고 답답할까하는 생각도 해 본다. 모든 것이 변화가 있어야 감흥도 생기는 것이 아닌가,

11시 30분쯤 산행버스가 광주시내를 통과하여 무등산 자락을 따라 원효사가 있는 주차장에 산행객들을 내려 놓았다. 산 밑에서 무등산을 보니, 전체적인 산세가 산줄기와 골짜기가 뚜렷하지 않고, 마치 커다란 둔덕과 같은 육산으로서 넉넉하고 편안함이 일품이다.

오늘 산행은 원효사－꼬막재－규봉암－광석대－입석대－서석대－장불재－중머리재－봉황대－돌샘약수－증심사의 14km, 4시간30분 코스이다.

12시부터 산행이 시작되었다. 원효사에서 꼬막재까지는 3.4km의 너덜길이었다. 돌길임에도 치고 올라가는 길이 비교적 완만해서 별로 힘이 들지 않았다. 올라가는 길옆에는 산죽들이 무성하게 자라고 있었다. 산죽하면 전주의 모악산이 유명하다. 금산사 계곡을 끼고 모악산 봉우리에 오르는 산길에는 어른 키를 넘는 산죽이 울창하다. 일단 산죽길에 들어서면 사람모습을 찾기가 어렵다. 산죽 길을 벗어나 모악산 정상에 이르면 저 멀리 넓게 펼쳐진 김제 평야의 모습이 참으로 장관이다.

너덜길을 1시간 정도 치고 올라가니 꼬막재에 이르렀다. 시원한 가을바람이 이마의 땀을 식혀주는데 저 멀리 무등산 연봉들이 듬직한 모습을 나타내며 어서 오라고 손짓하고 있었다.

꼬막재에서 규봉암(圭峰庵)까지는 4.9km인데 모두 능선길이었다. 어떤 때는 아늑한 오솔길인가 하면 또 어느 때는 너덜길이기도 한 능선길이 잘 어우러져 있었다. 약 30분쯤 능선길 따라 산언덕을 오르느라니 산길 옆에 외로운 무덤 하나가 눈에 띈다.

옛날 이 심심산중에 영구하여 조상을 모신 효성이 대단하다고 생각하면서도, 아무도 없는 이 산속에 잡초만 무성하여 홀로 있는 무덤이 쓸쓸하고 제행이 무상하게 느껴지기도 한다.

그러나 그러한 생각도 잠깐일 뿐, 그 언덕을 올라서니, 사방천지가 온통 억새밭인 넓은 평원이 펼쳐져 있었다. 참으로 장관이고 환상적인 광경이다.

바람에 나붓끼는 억새풀의 모습은 마치 은빛 물고기들이 산기슭에 떼지어 다니는 것과 같은 황홀한 풍경이었다.

바람이 쏴아~하고 부니 수많은 억새풀들이 나즈막한 목소리로 소근대고 있다. 파란 하늘아래 억새풀들의 속삭이는 소리를 들으니 갑자기 마음이 센치해 지는 것 같다. 자연은 이렇게 우리를 순수로 돌아가게 하는지 모른다.

조금 더 산릉따라 걷노라니 왼쪽 산 아래 저 멀리 넓은 들판이 펼쳐져 있고, 또 그 너머로 강물줄기가 눈에 들어 온다. 아름답다! 이 강산이 정말로 아름답다. 규봉암 가는 능선길에서는 간단없이 펼쳐지는 평야와 산봉우리들의 절경을 마음껏 감상할 수 있다.

강릉의 괘방산이 동해바다를 전망하면서 산행하는 코스라면, 무등산은 연봉과 평원을 왼쪽 산밑으로 감상하면서 등산하는 코스라고 할 것이다. 동해바다가 동적(動的)인 것으로서 시원한 맛을 준다면, 무등산에서 바라보이는 연봉과 평야는 정적(靜的)인 것으로서 편안하고 아늑한 맛을 선사하고 있다.

천태만상의 암석들이 규봉암 가는 길에 널려 있어 그 바위에서 뿜어져 나오는 원적외선을 몸에 듬뿍 받아서 그런지 도무지 피로감이 느껴지지 아니하고 가쁜하기만 했다.

꼬막재에서 규봉암까지는 1시간이 걸렸다. 일명 삼존석(미륵, 관음, 여래)이라고 불리는 규봉(圭峰)아래 규봉암 암자가 한 폭의 그림 같고, 곧 무너져 내릴것 같은 암벽사이에서 쏟어져 내리는 석간수가 일품이다. 규봉암에서 장불재에 이르는 하산길은 '저공너덜길'이라는 유명한 돌길이다.

등산로를 잘 정비를 한 덕으로 편안하게 산행을 할 수가 있다. 무등산은 1972년 도립공원으로 지정되어 산행길과 표지판이 아주 잘 정비되어있는 산이다.

장불재에 도착한 시간이 오후 2시40분이었다. 산행시각으로 계산하면 2시간 40분이 걸린 셈이다. 장불재(해발 900m)에 오르니 바람이 세차게 불고 있었다. 만추의 바람은 손끝을 시리게 했다.

장불재에서 바라보니 천왕봉(1,186m)을 기준으로 그 서쪽에 서석대 그리고 그 남쪽에 입석대가 아름다운 모습을 드러내고 있었다. 기기묘묘한 암석들이 자랑하는 무등산의 많은 절경중 "입석대, 서석대, 광석대"를 삼대 석경이라고 한다.

과연 감탄사가 나올 만도 한 빼어난 풍광을 자랑하고 있다. 그러고 보면 산림청이 무등산을 100대 명산으로 선정한 이유도 알 것 같다. 기암괴석의 경치가 뛰어나고 산이 넉넉하여 도시민의 휴식처와 정신적 지주가 되기에 충분하기 때문일 것이다.

과연 서석대(瑞石臺)는 일품이었다. 서석대는 마치 수정병풍을 둘러친 것처럼 아름다운 총석(叢石)의 집합체였다. 사람들은 이곳을 "서석의 수정병풍"이라고 한다.

송강 정철선생이 성산별곡에서 "천변에 뜨는 구름 서석을 집으로 삼아"라고 노래했고, 제봉 고경명선생도 유서석록(遊瑞石錄)을 남겨 무등산 서석대의 절경을 예찬했다.

무등산의 옛 명칭이 무진악(武珍岳)또는 무악(武岳)이라고 한다. 무진은 우리말의 "무돌"인데 그 뜻은 "무지개를 뿜는 돌"이라는 것이다.

결국 무등산은 무지개처럼 곱고 아름다운 돌산이라는 뜻을 지니고 있다. 그중 대표적으로 무지개처럼 아름다운 돌이 서석대인 셈이다.

암석이 많은 산은 신앙의 대상이 되는 것이 통상적이다. 서울의 삼각산(북한산)이 그러하다. 이른바 거석문화와 맥을 같이 하기 때문일 것이다.

그래서 그런지 무등산을 "무당산"이라고도 불렀다고 한다. 수년전까지만 해도 '무당골'이라 부르던 골짜기가 증심사(證心寺) 뒤쪽에 있었고, 깃발을 나붓기는 무당의 움막이 듬성듬성 있었다고 한다. 곳곳에서 무당들의 내림굿이 펼쳐지기도 했다는 것이다.

아마도 원시종교에서 싹텄던 '당산'의 신앙이 곧 무등산을 '큰 당산'으로 삼게 했고 그것을 무당산으로 불렀을 것이다. 증심사 내려가는 길목에 있는 큰 느티나무에서 그것을 느낄 수 있었다. '당산나무'라고 명명된 이 느티나무는 수령이 450년 된 나무로서 높이가 28m나 되는 우람한 모습을 갖추고 있다. 보호수로 지정되어 있음에 비추어, 이 마을 사람들의 정신적인 지주가 되고 있는 나무일 터이다.

당산나무를 지나 무등산의 대표적인 사찰인 증심사(證心寺)에 도착한 시각이 3시 50분이었다. 증심사는 통일신라시대 때 철감선사가 창건했다는 유서 깊은 절이다. 이 절은 6.25때 대부분 불탔고 그 후 1970년대에 복원된 것이다.

절의 규모는 크지 않지만 일단 절 경내에 들어서니 고향집을 온 듯한 편안함을 주는 느낌이 들었다.

무릇 규모가 장대하다고 다 좋은 것은 아니며, 이렇게 규모가 크지 않더라도 들어가면 어머니 품속에 안긴 것 같은 포근하고 넉넉하면 그것이 좋은 절일 것이다.

대웅전에 들어가 천수경 독경과 함께 108배를 올렸다. 대웅전 뒤에 있는 오백전(五百殿)에 모셔진 오백나한께 경배를 올렸다. 이 절에서 가장 돋보이는 것은 '철조비로자나불좌상'이다. 보물 제131호로 지정되어 있다.

비로전에 들어가 보니 가운데에 철조비로자나불좌상이 모셔져 있었다. 그 손 모습이 지권인(智券印)이었다. 흔히 왼손의 검지를 오른손으로 감싸쥐는 형태인 것이다. 지권인은 법계가 일심에 있다는 것으로서 우주의 삼라만상은 모두 지극한 마음에서 비롯된다는 것을 뜻한다.

철조비로자나불이 한 손가락을 감싸고 있는 것은 결국 일심(一心)을 나타내고 있는 것이다. 부처님의 손 모습은 수인(手印)이라고 한다.
동자불인 경우 한 손은 하늘을 가리키고 다른 한 손은 땅을 가리키고 있다. 이는 '천상천하유아독존(天上天下唯我獨尊)'을 의미하는 것이다.

통상의 부처님은 오른손은 들고 왼손은 무릎에 얹거나 땅을 가리키는 모습이다 . 이는 석가가 성도(成道:도를 깨우침)한 직후 마왕을 항복 받았다는 상징으로서 흔히 항마인(降魔印)이라고 한다.

오래된 사찰에는 나름대로의 내려오는 이야기가 있게 마련이다. 증심사 역시 그러하다. 세종때 광주에 김방(金倣)이라는 사람이 있었다. 그 당시 3년 가뭄으로 광주지방은 기근이 심했었다.

어느날 관음보살이 꿈에 나타나 증심사에 오백나한을 모셔야 광주지역의 기근이 해결된다고 일렀다.

김방은 직접 인부들과 함께 공사현장에서 일을 하다가 격로에 지쳐 자리에 눕게 되었다. 그러자 감복한 마을 사람들이 다투어 김방에게 닭을 잡아 대접했다. 그러나 김방은 닭똥집만 몇 개 먹었을 뿐 나머지는 모두 일하는 인부들을 먹였다.

그러던 중 어느 날 세종의 꿈에 닭들이 울면서 나타나서 무등산의 김방이 수많은 장정들을 모아 역적모의를 하는 바람에 닭들만 희생되고 있다고 고했다.

세종은 금부도사로 하여금 김방을 잡아오도록 어명을 내렸다. 금부도사가 김방을 잡으려 홍림교다리에 도착하니 말과 사람의 발이 땅에 붙은 채 움직이지를 못했다.

그러던 중 세종의 꿈에 사미승이 나타나 김방은 김제의 벽골제 저수지를 쌓아 농민을 살린 사람인데 이번에도 광주농민을 살리기 위하여 절 중건에 사람을 동원한 것이니 닭의 말을 믿지말고 금부도사를 되불러야 한다고 말했다.

세종은 크게 깨닫고 도로 금부도사를 불러 들였는데, 금부도사 일행이 임금의 전갈을 듣는 순간 붙었던 발이 떨어졌다고 한다. 그래서 지금도 증심사로 가는 홍림교 다리를 '배고픈 다리'라고 하고 이 근처를 '선 거리'라고 부른다고 한다.

증심사에서 주차장으로 내려오니 시각은 오후 4시 30분을 가리키고 있었다. 12시에 산행을 시작했으니 4시간 30분 정도 등산한 셈이다. 좋은 산기운을 듬뿍 받아서 그런지 심신이 아주 홀가분하다. 아마도 그래서 산꾼 중에는 산에서 받은 좋은 기(氣)를 되도록 오래 보존하느라고 산행이 끝난 후의 즉시 목욕은 피한다는 얘기도 있는가 보다.

무등산 정상이 저 멀리 보인다. 산봉우리는 구름에 휩싸여 있다. 불가에서 무등등(無等等)은 부처님처럼 최고의 경지를 의미하는 것이다. 그러고 보면 무등산은 최고로 산기운이 부드럽고 넉넉한 산인지도 모른다.

만추의 계절에 오르고 싶었던 무등산을 다녀오니 뿌듯하기만 하다. (2007.11.18.)

아름다운 변산반도가 펼쳐지는 관음봉(觀音峯)

변산반도는 전북 부안군에 위치한다. 전북은 서울에서 비교적 가깝기 때문에 가기가 수월하다. 특히 나처럼 산을 좋아하는 사람은 전북지방은 안성맞춤이다. 지리산, 내장산, 덕유산, 변산반도 등의 국립공원과 모악산, 선운산, 마이산 등의 도립공원은 내가 찾는 대표적인 전북의 명소이다.

변산해수욕장과 격포 그리고 채석강은 변산반도 국립공원에 있다. 나는 20여년전 변산 상록해수욕장을 가족과 함께 가본 일이 있다. 그때 나와 함께 갯벌의 조개를 줍던 아이들이 이제는 모두 성장해서 결혼했다. 세월이 빠르기만 하다.

옛날에는 한산 했었는데 요즘은 굉장하다. 도로사정이 훨씬 좋아 졌을 뿐만 아니라, 새만금 방조제가 완성되어 이 지역을 찾는 사람들이 부쩍 많아졌다. 그래서 사람이 덜 붐비는 8월 말경에 변산반도를 찾아 나섰다. 전주에서 격포 가는 시외버스를 타면 김제를 거쳐 부안에 이르게 된다.

여행길에 넓은 김제평야를 감상할 수가 있었다. 김제 평야(金提 平野)는 우리나라의 최대 평야답게 논밭이 끝없이 펼쳐지고 있었다. 백제시대에 김제는 '벽골'이라고 불리우다가 통일신라시대에 지금의 명칭으로 바뀌었다. '벽골'이란 벼의 고을을 뜻한다. 벽골제(碧骨提)가 삼국시대에 조성된 저수시설임은 너무나 유명하다.

해안선을 따라 격포로 가는 길에 서해 바다가 망망하다. 변산반도는 내변산과 외변산으로 구분된다. 우선 외변산인 격포해수욕장과 채석강을 둘러보았다.

철을 지난 해수욕장에는 파도만이 밀려들었다가 밀려나가는 단조로운 풍경이 연출되고 있었다. 망망한 대해를 바라보니 인간의 마음이 얼마나 협착한 지를 새삼스레 느끼게 한다.

격포의 '해넘이 채화대'에서 바라보는 바다가 전망이 아주 뛰어났다. 바다 저편에 떠 있는 작은 배를 타고 어딘가로 끝없이 떠돌고 싶은 충동이 일기도 했다.

채석강과 적벽강은 모두 강 이름을 하고 있으나 사실은 강이 아니라 천혜의 절벽과 서해 바다가 이루어낸 단애를 가리킨다. 채석강은 중국 당나라 때의 시인 이태백이 술에 취해 뱃놀이를 하던 중 강물에 뜬 달그림자를 잡으려다 물에 빠졌다는 중국의 채석강과 그 생김새가 비슷하다 하여 붙인 이름이다. 수성암의 단층이 마치 책을 쌓아 놓은 듯한 장관을 이루고 있다.

적벽강은 바다를 낀 절벽이 소동파가 시를 읊고 노래를 부른 중국의 적벽강을 닮았다고 해서 붙여진 이름이다.

첫날 외변산을 둘러본 뒤 다음날 아침에 내변산으로 향했다. 격포에서 내소사까지 택시를 이용했다. 택시기사는 묻지도 않았는데 자기가 칠십이라고 나이를 소개한다. 연세에 비해서는 무척 건강해 보였다. 택시운전을 40년이 넘게 하고 있다고 한다. 그래도 아들 딸을 모두 대학을 졸업시키고 또 결혼도 다 시켰다는 것이다.

흔히 '자식자랑'이나 '마누라자랑' 하는 사람을 팔불출이라고 한다. 그러나 이 택시기사에게서는 그런 느낌이 들지 않았다. 아마도 자기 직업에 대한 자부심과 그리고 순수 그대로의 자기생활의 진솔한 표현 때문일 것이다.

부안지방에는 뽕나무 밭이 무성하고 또 누에 박물관이 있기도 하다. 뽕나무 밭을 지날 때 또 노인기사가 일러준다.

"요새 뽕나무로 누엘쳐서 비단을 뽑아내는 세상이 아닙니다.
누에를 길러 이를 가루나 환약으로 만들어 팔지요.
당뇨병에 좋다지요. 또 뽕나무 차도 만들어 팔고요.
뽕나무에 기생하는 상황버섯도 무척 몸에 좋다지요.
그러고 보면 뽕나무는 하나도 버릴게 없지요"

내가 배낭을 메고 등산을 한다니 내소사에 못미쳐 원암 통제소에 내려준다. 친절하고 고맙기만 하다.

날씨는 꾸물거리더니 이윽고 빗방울이 후드득 떨어지기도 했다. 10시 30분경 산행들머리에서 출발했다. 재백이 고개에 50분 걸려 도착했다. 숲길은 평탄하고 완만했다. 건강해서 이렇게 힘차게 등산을 할 수 있다는 사실에 항상 고마움과 행복감을 느낀다.

재백이 고개에서 물 한 모금을 마시고 심호흡을 했다. 산봉우리에는 안개가 무성했다. 그 가운데 넉넉한 산기운이 온몸에 흡수되는 것 같았다.

재백이 고개에서 직소폭포까지는 1.5km의 거리였다. 관음봉 가는 길에 직소폭포를 들렸다가 가기로 마음먹었다. 왕복 3km의 거리이다. 재백이 고개에서 직소폭포 가는 길은 마치 트레킹 코스처럼 산길이 편했다. 나무들이 우거진 사이로 오솔길이 한없이 이어지는데 사람은 없이 고요하기만 하다. 고요한 숲길에 계곡에 흐르는 물소리가 무척 청아하다. 호랑가시나무, 후박나무, 꽝꽝나무, 미선나무들이 군락을 이루고 있었다. 숲속에서 울어대는 산새소리 역시 맑기만 하다. 천천히 자연을 음미하며 숲길을 걸어 나갔다.

40여분 만에 직소폭포에 도착했다. 직소폭포는 장관이었다. 어떻게 저렇게 웅장한 폭포가 이러한 500m급의 산중에 있는 지 신기하기만 하다. 수년전 백두산 서파능선을 주파하는 과정에서 장백폭포에 이르렀을 때의 감흥이 되살아 나는 느낌이었다. 직소폭포는 30여m의 높이에 이르는 암벽 단애사이로 흰 포말을 일으키며 힘차게 떨어지고 있었다. 굉음을 내며 떨어지는 물줄기는 한여름의 더위를 말끔히 가시어 주는 것 같았다.

사진을 찍다보니 폭포의 형상이 마치 여인의 비처와 비슷하다. 여인의 두다리 사이로 물줄기가 쏟아져 내려오는 모습과 같았다. 직소폭포 밑으로 내려가 보니 직경 50m의 못이 형성되어 있었다. 못의 바닥이 보일 정도로 투명했다.

직소폭포를 감상한 후 다시 재백이 고개로 되돌아갔다. 재백이 고개에서 관음봉 삼거리 까지는 0.8km의 거리였다. 여기서부터 가끔 등산객들을 마주 칠 수가 있었다. 삼거리에서 관음봉까지 가는 길은 상당히 가파로운 암벽길이었다. 그러나 위험한 곳에는 로프줄 등이 마련되어 있어 안전사고에는 별 문제가 없었다. 커다란 암벽을 마주 보면서 치고 올라 갈 때는 마치 북한산 의상능선이나 또는 도봉산 다락능선과 흡사하다는 느낌이 들었다.

암벽에서 뿜어져 나오는 원적외선을 받아 가며 땀을 흠뻑 흘리면서 관음봉에 올랐다. 관음봉에는 벤치 시설이 잘되어 있었다. 관음봉에서 펼쳐지는 경치는 설악산 못지않게 훌륭했다. 저 멀리 서해안의 갯벌들이 한없이 펼쳐지고 있었다. 시원한 바람이 휘익 부는 가운데 눈 아래를 보니 해안가 마을들이 옹기종기하다.

주위를 둘러보니 크고 작은 산봉우리들이 병풍을 두르고 있었다. 각 봉우리마다 특색이 있고, 기암 괴석으로 둘러싸인 깊은 골짜기 아래로는 호수의 잔잔한 모습도 조망된다. 호수 윗 편으로는 변산 최고봉 의상봉(509m)의 자태가 보이고, 시야를 좀 더 멀리하면 서편으로 망망대해를 마주하고 있는 격포가 바라보이며, 남으로는 곰소만을 지나 멀리 고창 선운산까지 바라볼 수 있다.

관음봉에서 간단히 요기를 한 후 하산길로 접어들었다. 다시 관음봉 삼거리로 되돌아와서 내소사쪽으로 방향을 틀었다. 여기서 내소사까지는 1.2km의 거리이다. 관음봉 삼거리에서 내소사에 이르는 등산로에서는 전경이 탁 트여서 사방팔방을 감상할 수가 있었다. 특히 망망한 서해 바다는 가장 인상적이 풍광이었다. 강릉의 괘방산 능선길을 끼고 산행하느라면 출렁이는 동해바다를 계속 감상하면서 정동진에 이르는 경우와 같다.

내소사로 내려가는 길에 내소사에서 관음봉으로 올라오는 등산객들을 자주 만날 수 있었다. 듣기로는 내소사에는 '휴식과 트래킹 선택형 템플 스테이'가 유명하다고 하는데 지금 올라오는 사람 중에는 트래킹형 템플 스테이 하는 사람들도 섞여 있는 지도 모를 것이다.

드디어 전나무 숲아 유명한 내소사 입구에 도착했다. 내소사! 이름이 특이하다. '올 래(來)' '소생할 소(蘇)' 이 풍진 세상에서 고달퍼서 이 절을 찾으면 오는 이 마다 새 기운으로 소생한다는 뜻인가?

내소사는 백제 무왕 34년(633), 계율을 엄격하게 지키면서 두타행을 하는 혜구(惠丘)스님이 창건한 천년고찰이다. 스님이 처음 절을 지을 때 "여기에 들어오는 모든 사람들이 소생하게 하소서"라는 원력을 세우고 부처님에게 간절히 기도를 해서 내소사를 개산했다고 한다.

일주문에서 절 입구까지 이어지는 울창한 전나무 숲길이 운치가 있다. 내소사의 대웅전은 못하나 쓰지 않고 나무를 모두 끼워 맞춰 지은 건물이다. 문짝에는 정교한 솜씨로 꽃살 무늬를 조각해 시선을 끈다. 대웅전 내의 불상 뒷면에는 백의관음보살좌상이 그려져 있는데 후불벽화로는 가장 규모가 클 뿐만 아니라 그 기품이 여느 것에 비해 남다르다.

내소사가 역사가 오래되고 규모가 커서 그런지, 내소사를 찾는 사람들이 끊이지 않고 있다. 가족끼리 혹은 친구와 더불어 또는 연인끼리 탐방객들로 붐비고 있었다. 내소사에서 목을 축인 것을 끝으로 6시간에 걸친 산행을 모두 마쳤다. 내소사 입구에서 버스를 타고 부안으로 향했다. 부안 시외 버스 터미널에서 서울 가는 고속버스에 올랐다. 차창으로 스쳐지나가는 변산반도가 아름답기만 했다.(2010.9.11.)

4부

설해만산
(雪海滿山)

* 천지가 모두 흰 눈으로 덮히니 만물의 평등함과 평화스러움을 느낀다.

홍천강이 아름다운 팔봉산(八峯山)

강원도 홍천군은 경지면적이 10%에 불과한 산악 지대이다. 홍천군에는 3개의 유명한 산이 있다. 공작산과 가리산 그리고 팔봉산이 그것이다. 기축년이 저물어 가는 길목에서 팔봉산을 찾아가 보았다.

팔봉산은 이름 그대로 여덟 개의 봉우리들이 마치 부챗살을 펼쳐놓은 듯 솟아있는 산이다. 홍천강과 어울려 절묘한 풍경을 자아내기에 국민광광단지로 지정되어있기도 한 곳이다.

2009년 12월 첫 일요일, 아침 일찍 '동서울터미널'에 나가 홍천행 직행버스에 올랐다(₩5,800). 서울에서 홍천까지는 1시간 50분의 거리였다. 홍천버스터미널에서 팔봉산행 버스로 갈아탔다(₩4,400). 홍천에서 팔봉산 까지는 1시간의 거리였다.

맑은 홍천강물을 바라보면서 팔봉산 입구 매표소에서 입장료(₩1,500)를 낸 뒤, 10시40분경에 산행을 시작했다. 시간이 일러서 그런지 산행객은 나 혼자였다. 오늘 산행코스는 제1봉에서 제8봉까지 완주하는 것이었다.

한 시간쯤 올라가니 제1봉의 표지석이 보인다. 작은 표지석 위에는 삿갓 같기도 하고 송이버섯 같기도 한 삼각형의 돌이 얹혀져 있었다. 팔봉산은 올라가는 암릉길 좌우가 모두 절벽인 까닭에 조심해야했다. 잘못 발을 헛디디는 경우 추락하면 생명이 위험한 곳이다. 다만 위험구간에는 로프와 발받침대가 설치되어 도움을 주고 있었다.

제2봉에 오르니 꼭대기에 자그마한 건물 두 채가 있었다. 그 중 위에 있는 작은 건물이 당집이었다. 당집이란 마을의 풍요와 무병장수를 기원하는 굿판을 벌이는 곳이다.

산에 다니다보면 이러한 당집을 심심치 않게 보게 된다. 괘방산과 무등산에도 이와 같은 당집이 있었고, 선자령 올라가는 길에도 국사당(國師堂)이라는 당집이 있었다.

산지가 많은 우리나라에서는 산을 의지하고 생활하는 관계상 산이 수호

신역할을 한다. 산신이 사람과 마을을 지켜준다고 하여 이러한 당집이 곳곳에 산재해 있는 것이리라. 2봉에서 3봉 올라가는 절벽 길은 로프가 있어도 매우 가파른 길이었다. 3봉 꼭대기에는 비교적 큰 화강암에 "팔봉산 302m"라는 글이 새겨져 있었다(12시 30분).

3봉에 올라 사방을 조망해 본다. 날씨가 쾌청하여 멀리 있는 산들이 다 눈에 들어온다. 저 멀리 북동쪽 방향으로 설악산(1,708m)과 점봉산(1,424m)이 보인다. 그 아래쪽으로 방태산(1,444m)과 가칠봉(1240m)이 구름 속에 잠겨있다. 동쪽으로 눈을 돌리니 오대산(1,563m)과 계방산(1,577m)이 눈에 들어온다. 1,000m을 넘는 고산준봉들의 모습이 늠름하다. 마음의 때가 씻겨나가는 듯한 상쾌함과 넉넉함을 맛본다. 배낭을 꾸려 팔봉산에 온 것이 참으로 잘했다는 생각이 들기도 했다.

서북쪽으로는 대명스키장의 눈길이 하얗게 정상으로부터 뻗어 있다. 3봉 아래로는 홍천강의 맑디맑은 강물이 굽이굽이 팔봉산을 에워싸고 흘러가고 있었다. 이따금 까마귀 떼가 까옥 까옥하며 숲 사이를 간단없이 날아들고 있었다. 어유포리 나루터에는 외로운 배 한척이 하얀 모래위에 묶어져 있었다. 팔봉산과 홍천강 그리고 백사장이 한 폭의 동양화를 그려내고 있는 것이다.

바위에 앉아 절경을 감상하면서 좋은 산기운을 흠뻑 쏘였다. 그런데 '팔봉산' '팔영산' 등 왜 굳이 '팔'자를 쓰는 것일까? 또 경치가 좋은 곳들도 꼭 '단양팔경'이라든지 '양산팔경', '통영팔경'이라고 한다. 미인도 숫자가 많을 때는 '팔선녀'라는 호칭을 쓰고 있다. 그 이유가 무엇인지 자못 궁금하기도 했다. 사람은 '팔자'가 좋아야 인생이 풍요롭다고 해서 그런 것일까? 이런저런 생각을 하면서 아름답게 펼쳐지는 초겨울 풍광을 감상하다가 13:00시 경에 툭툭 털고 4봉으로 향했다.

팔봉산의 백미는 4봉 오르는 길에 있는 해산 굴을 통과하는 것 일게다. 3봉에서 내려와 오른쪽 암벽을 향해 철계단을 올라가면 커다란 암석 굴이 나온다. 암석 굴을 빠져나가는 바위 틈새가 매우 비좁아 위로 비집고 나가는 것이 여간 힘든 것이 아니었다. 굴을 빠져나오는 것이 마치 여인의 분만의 고통과 비교된다고 하여 해산굴(解産窟)이라고 명명된 것이다.

어렵게 해산굴을 빠져나와 4봉 표지석 근처에서 잠시 쉬고 있는 중에 대학생인 듯한 젊은이 세 명이 해산굴을 빠져나온다. 그들은 등을 아래에 대고 마치 유격 훈련하듯이 해산굴을 능숙하게 빠져나오고 있었다. 젊음이 좋기는 좋다! 몸의 탄력성과 신축력이 보통이 아닌 것이다. 그들은 해산굴을 빠져나온 후 서로 마주보며 씨~익 웃는다. 초겨울의 파아란 하늘처럼 신선한 젊은이들의 모습이 보기 좋다.

4봉을 지나 모양이 아름다운 5봉을 거쳐(13:06), 6봉에서 간단한 요기를 했다(13:30). 산 정상에서 깎아먹는 사과 맛이 각별했다. 14시10분에 7봉을 오른 후, 8봉 길로 접어들었다.

제8봉 오르는 길목에는 이렇게 적힌 안내판이 세워져 있었다. "팔봉산 코스 중 8봉이 가장 험하고 안전사고가 자주 일어나는 곳이므로 부녀자나 노약자 그리고 등산 초보자들은 8봉을 오르지 말고 그 옆길로 하산해야 안전하다"는 내용이었다.

지난 여름, 비가 내리는 가운데 전남고흥의 팔영산을 강행 하다가 혼난 경험이 새삼 떠올랐다. 고흥의 팔영산은 5봉이 제일 험난했었다. 그런데 홍천 땅의 팔봉산은 8봉이 제일 험난한 코스인 것이다. 오늘은 날씨가 맑으니 8봉을 오를 수 있을 게다. 밑에서 8봉을 바라보니 봉우리 자체가 울퉁불퉁한 암릉 덩어리였다. 오르는 경사도가 심해서 암릉길 오르는데 여간 신경이 쓰이질 않았다.

14:26분에 팔봉 정상에 올랐다. 봉우리 오를 때마다 절경이 펼쳐져서 경치를 감상하다가 보니 8봉까지 4시간 가량이 소요된 셈이다. 제8봉에서 바라보는 풍광 역시 일품이었다.

8봉에서 하산하는 길은 급경사의 절벽 길로서 위험스럽고 까다로웠다. 그러나 곳곳에 철난간과 철계단 그리고 발받침대가 설치되어 도움을 주고 있다. 아무려나 눈. 비가 오는 날에는 8봉은 위험하므로 오르지 말아야 할 곳이다.

하산하니 산 밑이 바로 홍천강변이다. 강변을 따라 나루터 다리 쪽으로 계속 걸어 나갔다. 4봉과 5봉 올라가는 길목이 나타난다. 거기에서 배낭을 벗고 잠시 휴식을 취했다. 배낭 속에 가지고 온 작은 소주병을 따서 마른안주와 함께 몇 잔 들이 켰다. 강가에는 갈대가 우거져 바람 부는 대로 흔들리고 있었다. 강물은 햇빛을 받아 반짝이고 있었다.

이 늠름한 산과 저 반짝이는 강물은 억만년을 이처럼 당당하고도 자연스럽게 존재하고 있는데 인간만이 사소한 일에 욕심내고 성내고 다투는 혼미 속에서 벗어나지 못한 채 일생을 보내는 것인가…. 이런 저런 상념에 젖어 있다가 문득 고개를 들어 강 건너 산을 바라보았다. 강 건너 산은 매우 안온하고 포근한 느낌을 주고 있었다.

그러고 보니 조물주는 홍천 강을 경계로 하여 팔봉산이라는 바위투성이의 남성 산을 빚어놓았고, 그 맞은편에 아담한 육산의 여성 산을 짝지어 놓은 듯한 감이 든다. 매표소 앞 길 가운데에 세워놓은 양근석(陽根石)이 그러한 의미인 것인가?

산행이 끝나고 홍천으로 되돌아가는 시골버스 차창에서 홍천강과 팔봉산의 조화로움을 다시 한번 맛본다. 은빛햇살이 조용히 흐르는 홍천강물에 비칠 때, 마치 감미로운 음악의 악보가 춤추는 것과 같은 느낌이 든다. 그 홍천강물을 끼고 팔봉산의 여덟 봉우리가 병풍을 펼쳐놓은 듯 당당하고도 힘찬 모습을 보이고 있다.

홍천행 시골버스가 대명스키장의 굴곡진 산허리를 돌아갈 때, 주의의 산야에 눈이 제법 쌓여 있었다. 자작나무에도 전나무에도 물푸레나무에도 마치 하얀 분가루를 바른 것 같이 온통 흰색이다. 눈은 진정 겨울의 전령이며 겨울의 향기이다. 눈이 오면 이렇게 세상이 아름답고 겨울의 정취를 만끽할 수 있다. 차창에 기대어 겨울 눈 산행지를 곰곰이 생각해 보기도 했다. (2009.12.9)

능선이 부드러운 칠갑산(七甲山)

나는 가끔 전생에 행상이나 보부상이 아니었는가 하는 생각이 들 적이 있다. 휴일에는 거의 집에 붙어있질 못하고 집 밖을 나돌아 다니기 때문이다.

배낭을 둘러매고 문밖을 나서면 마음이 후련해지고 뿌듯해지기 때문이다.

매주 산행을 한다고 새벽 일찍 집을 나서는 나 같은 사람은 옛날에 태어났기에 망정이지 요즘 세상에 태어났으면 진작 집을 쫓겨났을 터이다. 그래서 사람은 세월을 잘 타고나야 밥술이라도 얻어 먹는다고 하는가 보다.

지난 토요일, 충남 청양 땅의 칠갑산을 찾아 나섰다. 물론 혼자였다. 나홀로 산행은 나름대로 사색에 잠길 수 있고, 또 등산하면서 자연과 흠뻑 대화를 나눌 수 있는 장점이 있어 좋다.

칠갑산은 초행길이다.

"콩밭매는 아낙네야,
베적삼이 흠뻑 젖는다.
무슨 설움 그리 많아
포기마다 눈물 심누나~

홀어머니 두고 시집가던 날
칠갑산 산마루에
울어주던 산새 소리만
어린 가슴 속을 태웠소."

아마도 칠갑산은 산보다도 이 노래가 더 유명할 것이다. 한티재를 넘으니 노래에 나오는 아낙의 동상이 세워져 있을 정도이다. 평창이 '메밀꽃 필 무렵'이라는 이효석의 글로 유명해진 것과 흡사하다.

아침 5시에 돈암동 집을 나서니 새벽바람이 차갑다. 5시 45분 첫 전철을 타고 남부터미널에 내려 청양 가는 고속버스에 올랐다.

청양은 금강천 상류의 산간지대에 속하는 오지로서 인구가 3만5천명 정도이다. 그래서 그런지 남부터미널에서 청양 가는 버스는 하루 3차례에 불과하다.

7시에 청양으로 출발하는 고속버스에는 승객이 열 명도 되질 않았다. 차창너머로 보이는 한강변은 가로등만이 희미하게 사위를 비춰주고 있었다. 어둠 속의 강변을 느긋하게 바라보고 있노라니 가슴 저 밑바닥으로부터 무언지 모르게 행복감과 편안함이 솟아오른다.

버스 안은 다소 추웠다. 항상 가지고 다니는 '액티피드(ACTIFED)' 감기예방약 한 알을 입안에 털어 넣었다. 청양까지는 3시간 정도 걸리니 잠시 눈을 붙이고자 함이다.

버스는 3시간이 채 못되어 청양 시외터미널에 도착했다. 거기서 대전 가는 시외버스를 갈아타고 칠갑산으로 가야 한다. 운전기사에게 칠갑산에서 내려달라고 하니 운전기사의 말이 10분 있다가 문 쪽으로 나오라는 것이었다. 청양시외버스터미널에서 칠갑산 주차장까지는 10여 분 거리로 가까웠다.

칠갑산 주차장을 들머리로 하여 10시 10분경부터 산행을 시작했다. 버스에서 눈을 붙쳐서 그런지 몸은 날아갈듯이 가볍고 상쾌하다. 들머리에서 한치고개까지는 포장도로였다. 그러나 눈이 쌓여 온통 하얀색의 눈길이었다. 밟으면 뽀드득하고 소리를 내는 것이 앙증스러운 소녀가 어리광을 부리는 것 같다. 역시 겨울산은 눈이 있어야 제격이다.

길 양옆에는 소나무가 울창하다. 솔숲에서 향긋한 솔향기가 코끝에 스며든다. 토요일인데도 산행객은 별로 없다. 여유롭게 큰길을 따라 걸어 나가니 어느새 한치고개 문에 도착했다.

이 한치고개 북쪽에서 뻗어나간 금북정맥이 국사봉(489m)을 지나 멀리 안성의 칠현산으로 이어진다. 한치고개에 올라서니 고개 마루에 칠갑산 광장

휴게소가 나온다. 그 왼쪽에 최익현 선생의 동상이 있다.

을사조약 후 의병활동을 하다가 일본군에게 체포되어 대마도에서 단식하다가 순절한 꼿꼿한 선비의 기상이 서릿발보다 더 차갑다. 이러한 선비정신이 이 땅을 지탱해주는 원동력이 되었으리라. 물 한 모금 마시고 조금 더 올라가니 '충혼탑'이 보이고, '칠갑산 스타파크'라고 쓴 하얀 천문대 건물이 눈에 들어온다. 칠갑산이 도립공원이라 많은 것을 갖추어 놓은 것 같다.

여기서 정상까지는 2.3km의 거리, 워낙 길이 부드럽고 완만하여 1시간도 걸리지 않을 것 같다. 능선길을 따라 약 20분쯤 앞으로 나아가니 '자비정'이라는 정자가 나온다. 시멘트 콩크리트로 지은 건물이라 정자 맛이 다소 덜했으나 누각에 올라가니 저 멀리 천장호가 보인다. 자비정에서 임도가 끝나고 이제부터는 본격적으로 칠갑산 정상으로 오르는 길로 접어들었다. 역시 정상으로 오르는 길은 다소 가파러 왔다.

정상에 이르는 길은 나무계단으로 잘 다듬어져 있었고 중간 중간에 전망대 비슷한 포인트를 배려해 놓고 있었다.

산행시작한지 2시간 만에 드디어 정상(561m)에 올랐다. 정상은 비교적 넓은 평지를 이루고 있었다. 표지석 한 옆에서 사람들이 빙 둘러서서 시산제를 올리고 있었다.

칠갑산은 높이가 600m도 되지 않으나 정상에서의 경관은 설악산의 대청봉이나 또는 가리왕산 못지않게 훌륭했다. 저멀리 서쪽으로 보령의 오서산이 보인다. 몇 해전 고등학교 동창들과 산행을 했던 산이다.

당시 천안의 김모 동문이 우리들을 현지에서 안내하느라고 부지런히 수고를 하던 모습이 눈에 선하다. 이미 고인이 된 친구가 새삼 그리워진다.

정상에서 눈을 동쪽으로 돌리니, 크고 작은 산이 겹겹이 산맥을 이루어

달리는데 산골짜기에는 운무가 자욱하다. 능선 굽이굽이마다 파도가 물결치는 듯 하얀 물보라가 뿌려진듯하다. 장관이다. 어디를 가든 우리강산은 이다지도 아름답구나….

칠갑산은 산의 규모는 작되 능선과 계곡이 많은 산이다. 주능선 5개에서 사방으로 여러 갈래의 또 다른 능선이 거미줄을 이루고 있다. 계곡도 여러 개가 되어 이러한 지리적 특성에 힘입어 면암 최익현 선생이 의병활동을 하였던 것이 아닌가 생각되기도 한다. 거슬러 올라가 백제 멸망 후 부흥군이 이곳에 자리 잡고 활동했던 것이라든지, 삼일운동 때에도 칠갑산 일대의 운동열기가 타 지역보다 격렬했음은 칠갑산의 거미줄 같은 산세에 있었던 것은 아닐는지?

정상에서 오랫동안 사면팔방을 감상한 후, 모퉁이에서 간단히 요기를 하고 하산길로 접어들었다.

삼형제봉을 바라보면서 장곡사길로 꺾어 들었다. 장곡사로 내려가는 길에는 참나무가 빽빽이 이어졌다. 화창한 날씨에 화답하듯이 숲속에서 산새가 지저귀고 있었다.

하산길에 남녀대학생 10여명이 서로 웃고 떠들면서 앞서거니 뒤서거니 부지런히 내려간다. 하얀 눈에 대학생들의 젊음이 눈부시게 빛나고 있었다.

그래~ 젊음은 그 자체로 싱싱하고 아름다운 것이다.

마음껏 사귀고 마음껏 웃어라…. 그것은 그대들의 특권이 아니드냐..

그래서 산새들도 그대들을 향하여 저렇게 축복의 노래를 하고 있는 것이 아니드냐….

한시간쯤 내려오니 어느덧 저 멀리 장곡사(長谷寺)가 눈에 들어온다. 신라시대때 창건된 천년고찰이다. 칠갑산 자락에 미음(ㅁ)자 형태로 아늑하게 자리 잡고 있다. 장곡사의 특징은 대웅전이 2개 있다는 점이다. 하대웅전과

상대웅전이 그것이다.

하대웅전에 들어가 3배의 예를 갖추고 난 후 상대웅전으로 올라갔다. 법당안에 사람들이 수십명이 있어서 108배를 올릴 공간이 없었다. 그래서 상대웅전 옆의 건물인 나한전(응진전)에 들어가 108배를 했다. 경배를 마치고 돌계단옆 바위틈에서 나오는 감로수로 목을 축였다. 오장육부까지 씻겨 내려가는 듯 시원했다.

수백년된 고목나무 그루터기에 쪼그려 앉아 이런 생각 저런 생각하다가 시계를 보니 오후 3시 가까이 되었다. 일어나 종루(鍾樓)쪽으로 가노라니 테잎 파는 가게에서 자경문 어록이 은은하게 울려 퍼진다.

"몸에 병 없기를 바라지마라. 몸에 병이 없으면 탐욕이 생기기 쉽다. 그래서 성인이 말씀하시기를 '병고로써 양약을 삼으라' 하셨느니라….

세상살이에 곤란이 없기를 바라지 말라. 세상살이에 곤란이 없으면 제 잘난 체하는 마음과 사치한 마음이 일어난다. 그래서 성인이 말씀하시기를 '근심과 곤란으로써 세상을 살아가라'고 하셨느니라…."

'보왕삼매론'에 나오는 글귀 중의 하나임을 알겠다.

칠갑사 일주문을 지나니 무수히 많은 장독들이 모여 있다. 알고 보니 관광객을 상대로 된장, 고추장, 간장, 청국장들을 파는 노천가게들, 칠갑산의 청정한 물과 공기, 태양으로 빚어진 순수한 장맛을 낸다고 한다.

장곡리 주차장으로 내려가기 직전에 장승공원이 유명하다. 크고 작은 300여 개의 장승들이 세워져 있는 공원이다. 장승의 기원은 고대 솟대와 선돌에서 유래되었다고 전해오고 있으며, 조선시대부터 장승(長丞)이라 불렸다고 한다. 장승은 지역간의 경계나 이정표, 마을의 안녕을 지켜 주는 수호신으로 여겨 나무나 돌등으로 형상을 만들어 마을 입구에 세우고 마을의 평화와 무병장수를 기원하였다.

칠갑산에 장승공원이 들어서게 된 내력은 이곳 주변 10여개 마을에서 오랫동안 옛날 그대로의 장승축제가 이어져 온데 기인한다. 우리나라 최고의 장승문화 보존지역으로서 이름을 얻은 청양군이 칠갑산입구에 장승공원을 조성한 것이다.

매년 진달래가 필 때 이곳에서는 전국의 장승조각가와 축제방문객이 어우러져 신명나는 '장승문화축제'를 벌린다고 한다.

장승공원을 둘러본 후, 청양 가는 순환버스에 올랐다. 대개 관광버스를 대절하거나 또는 자가용으로 오는 사람이 많아서 그런지 버스에는 나와 할머니 한분 뿐이었다.

버스요금을 묻고 천원짜리 한 장을 요금통에 넣자, 시골 운전기사가 '어디서 왔느냐'고 묻는다. '서울에서 내려왔다'고 하니 묻지도 않는 여러 가지 말을 해준다. 역시 충청도 인심은 아직도 후한 것 같다.

"청양이 처음이지유~ 지금 장곡리에서 청양 가는 이 길 보세유~
길 양쪽이 모두 벚나무 아닌가유~
꽃이 피는 봄에는 참으로 볼 만하지유~
청양하면 고추이지만, 구기자 역시 유명하지유~ 전국 생산량의 70%를 차지하지유~"

'아~ 그래요,'
하고 내가 대꾸하자. 운전기사는 신이 나서 말을 이어간다.
"청양군 구룡리의 구봉광산 아시유~
구봉광산은 옛날에 금을 캐는 수천명 종업원의 큰 광산이었지유~
30년전에 폐광되어 이제는 폐광석 더미에서 규사를 채취하는 사람이 더

러 있지유~

그건 그렇구, 요즘 불경기가 되서 이곳 찾는 사람도 줄었구만유~"

청양시외버스터미널 근처의 음식점에 들려 된장찌개 한 그릇을 먹은 후, 서울 가는 버스에 몸을 실었다. 어느덧 날은 어두워져 고속도로에는 오고가는 차량의 불빛만이 명멸하고 있었다. 가만히 차창에 기대어 생각해본다.

칠갑산은 정말 부드러운 능선으로만 이루어진 한없이 편안한 산이라고…. 그래서 등산한 것이 아니라, 산책하다가 귀경하는 것이라고, 어머니 품속 같고 누님 잔등 같은 산이 칠갑산이다. 그래서 산행 후에 이렇게 몸이 가뿐하고 상쾌한 것인지도 모른다.(2009.1.20)

달빛어린 황석산(黃石山)

계절이 바뀌면서 변하는 산천의 모습은 언제나 우리의 마음을 설레이게 한다. 겨울 산은 오히려 더 매력적이다. 천지를 덮은 하얀 눈은 보는 이의 마음까지 깨끗하게 해주며, 나뭇가지에 피어오른 눈꽃은 산행객들로 하여금 경탄을 자아낸다.

가을의 만산홍엽과 푹신한 낙엽도 정감을 불러일으키지만, 그래도 나는 눈이 쌓인 겨울산이 보다 좋다. 딩굴어도 아프지 않을 만큼 쌓인 흰 눈을 헤치고 능선을 따라 가노라면 어린 시절의 동심에 푸욱 빠질 수 있어서 그런지 모른다.

TV에 설악산과 한라산의 눈 쌓인 모습이 비치길래, 설레이는 마음으로 지난 토요일 설피 산악회를 따라 황석산 산행에 참가했다(2008.12.06).

황석산은 우리나라 100대 명산중의 하나로 경남의 함양 땅에 있다. 태백산맥에서 남서로 뻗어나간 소백산맥이 소백산(1,439m)과 주흘산(1,108m)을 일구고, 추풍령을 지나 덕유산(1,614)을 솟구치게 하면서 그 아래로 여세를 몰아 금원산(1,355m)과 기백산(1,331m), 황석산(1,190m)을 빚어놓은 것이다.

금원산과 기백산에서 발원한 계류와 황석산에서 흘러나온 물이 합쳐 지우천을 이루고, 지우천은 안의(安義)를 지나 남강(南江)으로 흘러든다. 진주의 남강은 임진왜란 때 논개가 적장을 껴안고 투신한 애절한 역사를 안고 있는 강이다.

황석산 남쪽에는 봄에 철쭉을 보러 몰려드는 유명한 황매산이 있다. 함양과 인접한 산청(山淸) 역시 산간지역으로 그 옛날 문익점 선생이 원나라에서 붓뚜껑에 목화씨를 가져와 그의 장인 정천익과 더불어 목화재배에 성공한 곳이기도 하다.

날씨가 갑자기 추워져서 그런지 산행버스에 동승한 설피식구들은 12명으로 단출하다. 등산매니아들만 탄 것 같다. 사실 등산에 중독이 되면 아무리 추운 겨울에도 배낭메고 집을 나서게 되는 것이다.

아침 7시에 잠실을 출발한 산행버스는 막힘 없이 달려 3시간반 만에 산행들머리인 유동마을 황석산 입구에 도착했다. 오늘 산행은

유동→ 황석산 입구→ 황석산 정상 → 북봉→ 뫼재 삼거리→ 불당골 삼거리→ 용추교→ 주차장의 코스로서 약 5시간정도를 예정하고 있었다.

그러나 날씨는 차가웁고 바람이 불 뿐아니라 눈이 쌓여있어 산행속도가 계속 지체될 수밖에 없었다. 산행입구에서 황석산 정상까지는 4.5km의 거리이다. 이러한 속도로 가면 3시간정도 걸릴 것이다.

약 50분정도 오르막을 치고 오르니 안부가 나온다. 안부에서 잠시 숨을 고른 후 1시간 정도 올라가니 황석산성에 이르게 되었다. 삼국시대 때 축조되었던 산성이 최근에 개축되어 고색창연한 맛을 볼 수가 없다. 그러나 성벽에서 내려다 보이는 곳에 있는 피바위가 애절한 역사의 현장이다. 기록에 의하면 정유재란(1597)때 이 산성에서 가등청정이 이끄는 왜적과 맞서 싸우던 이곳의 관민들이 황석산성의 함락과 함께 모두 왜군에게 죽임을 당하였다. 당시 돌을 나르고 싸움을 거들었던 부녀자들은 수십길 절벽에 몸을 던져 순절함으로써 황석산 북쪽 바위벼랑이 핏빛이 되었고 그래서 피바위라고 명명되었다고 한다.

산성에는 바람이 세차게 불어 장갑을 꼈어도 손가락이 시릴 정도로 차가웠다. 이런 상태에서는 음식을 제대로 먹을 수가 없었다. 이러한 경우에는 언제나 그랬듯이 빵 몇 조각과 쵸코렛 정도로 대신할 수밖에 없다.

산성에서 황석산 정상까지는 100m정도의 거리이다. 정상은 온통 바위로 이루어진 암봉이었다. 황석산(黃石山)은 산 이름이 그렇듯이 육산이 아니라 석산이다. 석산 중에서도 화강암 산이 아니라 변성암, 퇴적암의 산이다. 그렇기 때문에 곳곳의 바위나 절벽들이 틈새가 갈라진 절리(節理)의 형태를 가지고 있었다. 판상절리의 모습이 있는가하면 또 때로는 구상절리의 형상을 지닌 것도 있다.

날씨가 하도 추우니 고드름이 바위에 주렁주렁 열린 모습도 오래간만에 볼 수 있었다. 정상 올라가는 바위 절벽길을 밧줄만에 의지하여 유격훈련하듯이 힘들게 올라갔다. 그만큼 위험성이 도사리고 있는 것이다.

올라가면서 문득 머리 위를 올려다보니 파란 하늘이 흡사 잉크를 하늘에 뿌려놓은 것같이 선명하다. 동해의 쪽빛바다와 같은 색깔이다. "내 아무것도 가진 것 없건만은 머리 위에 항시 푸른 하늘 우러렀으매 이렇듯 행복하여라"라는 청계산 표지석 뒤에 새겨있는 유치환님의 "행복"이라는 시 한 구절이 생각난다.

정상은 매우 비좁아 마땅히 쉴 곳도 없는 위험한 바위투성이인 곳이다. "황석산 1,190m"라고 새긴 자그마한 표지석이 한 개 서 있을 뿐이다. 정상에 부는 바람은 살을 에는 칼바람이었다. 같은 바람이더라도 여름에 불면 시원한 고마운 바람이 되고, 이렇게 추운 겨울에 불어 제치면 혹독한 바람이 되는 것이다. 사람과 마찬가지로 바람도 때가 있는 것이다.

황석산은 정상에서 바라보는 경관이 일품이다. 과연 전망이 뛰어나다는 평판이 명불허전임을 느끼게 한다. 사방팔방이 막힌 데가 없이 주위경관이 한눈에 들어온다. 산 뒤에 산이 있고 또 그 뒤에 산이 있고. 산이 수도 없이 중첩되어 있어 병풍을 이루고 있는 가운데 웅장한 산맥을 이루며 한반도를 달리고 있다. 남쪽으로는 저 멀리 덕유산이 보이고 서쪽으로 지리산의 넉넉한 품새가 눈에 들어온다. 동쪽으로 가야산이 아물거리고 금원산과 거망산이 지척이다. 날씨가 더할 나위 없이 청명하여 천지팔방이 모두 눈에 보인다.

문득 누군가 산성쪽을 보라고 한다. 산성터 오름길로 무언가 검은 짐승 두 마리가 천천히 다가가고 있었다. 작은 멧돼지 같기도 하고 곰새끼 같은 두 마리가 우리가 방금 지나온 산성터로 가고 있다. 아마도 등산객들이 떨어트리고 간 음식물이 있으면 그것이라도 먹으려고 가고 있는지도 모른다.

그러고 보면 황석산이 상당히 오지이고 깊은 산임을 알 수 있다. 하긴 함양. 산청이 품고 있는 지리산국립공원의 면적이 전체의 절반이 넘는다고 하질 않는가. 그러니 산짐승들이 눈에 띄는 것이 당연하다고 할 수 있다. 6.25 때는 빨지산이 활동하던 지역이기도 하다. 저 유명한 여자두령 정순덕이 활동하던 지역이 이곳이다. .

산간벽지였던 함양. 산청지역이 88고속도로가 뚫리면서 교통의 요충지로 되어 접근이 용이하게 되었다. 함양은 산삼과 약초가 유명하고, 산청은 한때 전국대나무생산의 45%를 점할 정도로 대나무 생산지로 유명하다.

정상에는 마땅한 공간도 없고 바람이 세차서 오래 머무를 수가 없었다.

정상에서 거북바위가 있는 북봉(1184m)까지는 경사가 심한 암벽길이다. 난코스로서 자칫 발을 잘못디디는 경우에는 절벽으로 추락할 위험성이 있는 내리막길이다. 밧줄하나에 달랑 의지하며 미끄럽고 위험한 길을 내려가야 했다. 한 겨울에는 올 수 없는 지역이라고 생각되기도 했다. 대개 이러한 위험지대에는 철계단이 설치되어 있는데, 황석산은 아직 그에 미치지 못하고 있었다. 한 발을 디딘채, 다른 한 발을 떼기를 수 없이 반복했다. 내려오는 시간이 엄청 길어졌다. 그러나 시간의 장단이 문제가 아니다. 안전산행이 제일 중요한 것이다.

30분 넘게 고생하면서 북봉에 이르니 역시 이곳도 경치가 일품이다. 거북처럼 생긴 커다란 바위가 웅크리고 있다. 그 거북바위 사이로 우리가 올랐던 황석산 정상이 병풍처럼 솟아 있다 그 위의 하늘에는 쪽배와 같은 흰구름 몇점이 두둥실 어디론가 흘러가고 있었다.

산길에는 눈이 많이 쌓여있어서 발걸음은 디딜 때마다 "뽀드득~"하고 귀여운 소리를 낸다. 아마 이 경치와 이 소리 때문에 추운 겨울에 이 고생을 하는 지도 모른다.

황석산은 소나무나 전나무가 별로 없이 굴참나무와 상수리나무, 물푸레나무 등이 주를 이루고 있다. 가끔 산등성이에 산죽나무군들이 하늘거리며 바람에 흔들이고 있었다.

북봉을 지나 뫼재(1145m)삼거리에 이르렀다. 여기서 오른쪽으로 하산하면 탁현으로 가는 길이 된다. 그러나 불당골 갈림길의 방향으로 직진했다. 황석산의 종주코스로 접어든 것이다. 북봉에서 불당골 갈림길 까지는 비교적 평이한 능선길이었으나 눈길이 미끄러워 아이젠 착용이 필수적이었다. 30분 걸려 불당골 갈림길에 이르렀다. 여기서 앞을 치고 나가면 거망산(1245m)에 이를 수가 있다. 황석산에서 거망산에 이르는 능선길의 억새밭은 유명하다.

그러나 우리는 거망산으로 가지 아니하고 불당골 갈림길에서 오른쪽 하산길을 택했다. 용추교로 내려오는 하산길은 길기도 하거니와 온통 돌길과 눈길이기 때문에 조심을 요했다. 이미 산행시간은 많이 흘러 벌써 6시간이상 산행을 했다, 오후 5시가 넘어서니 산이 어둑어둑 해지기 시작한다. 산에서는 어두워졌다고 느끼게 되면 금시 숲속에 어둠이 깔리는 법이다. 후미를 맡아 서둘러 일행을 재촉했다.

맞은 편 산에 석양이 비추어 산허리에서 정상부분까지 빨갛게 든 것이 신비한 감을 준다. 히말라야 사진 전시회에 갔을 때 영봉의 정상부분이 마치 불에 타듯이 빨갛게 달아오른 듯한 사진을 본적이 있다.

지금 맞은 편 산 정상부분이 햇빛을 받아 자연의 절묘한 조화를 보여주고 있는 것이다.

후미에는 설피산악회의 여성회원 네 명이 하얀 눈길을 밟으며 하산하고 있었다. 나는 그들의 뒤를 보살피며 내려가고 있었다. 누군가가 달이 떴다고 한다. 눈을 들어보니 나뭇가지사이로 반달이 걸려있다. 참으로 아름다운 광경이다. 산행을 많이 해보았으나 이렇게 달빛 속에 눈길을 밟고 내려가기는 처음이었다.

산길에 눈은 하얗게 쌓였는데 달빛이 내려앉아 조용히 숨을 쉬고 있다. 달빛을 안고 눈길을 일렬종대로 내려가는 여성회원들의 모습이 아름답다. 문득 중국의 4대 미인들이 함양땅 황석산에 와서 산행을 하는 것 같은 생각이 들기도 해서 덕담을 했다.

맨 앞에 가는 희(姬)는 폐월(閉月)미인– 그녀가 나타나면 달도 부끄러워 구름 속으로 숨어 버리는 것. 그 뒤를 이어 내려가고 있는 숙(淑)은 침어(浸魚)미인– 그녀의 아름다운 모습을 보면 물고기도 부끄러워 물밑으로 가라앉는 것을, 세 번째로 가는 옥(玉)은 수화(羞花)미인– 옥의 모습이 나타나면 꽃도 부끄러워 잎을 말아 올리는 것을, 그 뒤 맨 마지막으로 하산하고 있는 영(英)은 낙안(落雁)미인– 그녀의 모습을 보고 날아가던 기러기도 혼절하여 떨어지는 것을….

그 옛날 중국의 4대미인 초선-서시-양귀비-왕소군이 달빛을 타고 내려와 눈길을 걷고 있는 것 같은 착각이 든다.

환상에 젖어 내려오다 보니 어느덧 산길을 벗어나는 지점에 도달했다. 아이젠을 벗어들고 내려오노라니 민가가 한 두채 보인다. 6시 가까이 되니 숲은 완전히 어둠속에 잠겨있다.

동네 어귀로 접어드노라니 오른쪽 언덕에 청량사라는 절의 불빛이 보인다.

민가에 묶여있는 개 한마리가 컹컹 짖는다.

"누렁아 짖지를 마라. 저 달이 그리 아름답고 또 내 뒤의 숲이 그 얼마나 신선하냐, 너도 이 흰 눈 내리면 즐겁지 않으냐, 너나 나나 자연의 일부인 것을 … 자연의 이 환상적인 경치를 나와 함께 감상 하자꾸나…."

한참 내려오느라니 다리 건너 주차장에 있는 산행버스의 불빛이 반긴다. 7시간에 걸친 즐거운 산행이 끝난 것이다. 달빛을 받아가며 눈길을 걸어 하산한 것은 처음 있는 일. 아름다운 추억은 이렇게 해서 쌓여 가는가 보다. (2008.12.9)

눈덮인 소금강 노인봉(老人峰)

어제(2008.2.20) 아침 일찍 서둘러 배낭을 메고 동서울 터미널로 나갔다. 강릉 가는 버스를 타기 위함이다. 양양에 살던 고교동창이 얼마 전 강릉으로 이사를 했다고 한다. 마침 대학이 방학 중이라 이 기회에 친구를 한번 찾아보기 위해서였다.

동서울터미널에서 8시15분에 출발한 버스는 11시 넘어서야 강릉에 도착했다. 마중을 나온 친구 부부가 반갑고 고마울 뿐이다. 우선 친구의 권유대로 노인봉(老人峰)을 등산하면서 얘기를 나누기로 했다.

오늘 친구가 잡은 산행 코스는 진고개－노인봉－만물상－소금강의 14km 산행이었다. 노인봉은 높이 1,338m로 황병산과 오대산의 중간 지점에 있는 봉우리이다. 산 정상에 있는 바위가 멀리서 보면 노인의 하얀 머리와 같다고 하여 노인봉이라 불리게 되었다고 한다.

오대산은 진고개를 지나는 국도를 사이에 두고 비로봉(1,563m), 호령봉(1,561m), 상왕봉(1,491m), 두로봉(1,421m), 동대산(1,433.m) 등의 다섯 봉우리와 그 사이의 많은 사찰들로 구성된 평창의 오대산지구(월정사지구), 그리고 노인봉(1,338m)을 중심으로 하는 강릉의 소금강지구로 나뉜다.

노인봉은 진고개에서 오르면 쉽게 오를 수 있다. 진고개는 해발 970m의 고개이다. 예전에 도로포장이 되기 전, 비만 오면 땅이 질어서 진고개로 불리워 졌다고 한다.진고개 휴게소에서 산행을 시작한 시각은 12시였다. 바람이 세차게 불고 눈길이라 산행은 쉽지 않았다. 결국 노인봉까지 3.9km를 2시간에 걸쳐 올라갔다.

노인봉 주변에는 정교한 기암괴석이 즐비하고, 정상부근에는 흰 자태를 뽐내는 자작나무 군락지가 인상적이었다. 어디선가 산새 한마리가 포드득 날아와 바위에 앉아 쫑긋거리고 있다. 추운겨울에 먹을 것이 없어 사람들이 오니까 날아온 것 같다. 그러나 줄 것이 없으니 산새야 미안하구나.

너나 나나 모두 유한한 존재인 데, 인간인 나는 무한한 욕심을 가져서 나 먹을 것만 챙기고 너 줄 것은 생각도 못했으니…. 앞으로는 겨울철에 산행할 때는 낟알을 좀 챙기고 다녀야 하겠구나.

정상에는 바람이 더욱 세차게 불고 있었다. 벗어놓은 장갑이 바람에 날아져 멀리 아래로 떨어지기도 한다. 온 산이 온통 눈으로 하얗게 뒤덮혀 있는데, 바람과 함께 숨죽였던 나무들이 일제히 앙상한 가지를 흔들어 대면서 환호를 한다.

명산의 웅웅함과 아침의 상쾌함이 결합되어 싱그러운 산행의 맛을 더해준다. 자질구레한 생각들을 노인봉의 세찬 바람에 실려 보내고 굴참나무 잎사귀를 뚫고 쏟아져오는 아침 햇살을 보며 기쁨을 맛 보았다.

산꾼들은 봉우리에 올라서면 습관적으로 주위를 둘러본다. 노인봉에 서서 사위를 둘러본다. 서쪽으로는 비로봉을 비롯한 오대산 연봉들이 병풍처럼 펼쳐져 있다. 북쪽으로 멀리 우뚝 선 설악산 대청봉의 모습이 의연해 보인다. 지척으로 황병산과 매봉이 손에 잡힐 듯하다. 북동쪽 밑으로 이제부터 하산해야 할 소금강 계곡이 내려다 보인다.

노인봉에서 소금강 주차장까지는 9.8km의 거리이다. 급경사가 많고 눈길이라 4시간 정도는 잡아야 했다. 오후 2시에 노인봉 대피소를 거쳐 소금강 쪽으로 향했다. 소금강은 황병산과 노인봉에서 뻗어내린 능선이 만들어낸 계곡으로 경치가 빼어난 곳이다.

소금강이란 명칭은 이율곡의 청학산기(靑鶴山記)에서 따왔다고 한다. 소금강 입구 표석에 새겨진 '小金剛'이란 글씨도 이율곡이 직접 쓴 것이라고 알려져 있다.

나는 몇 해 전 북한의 금강산을 아내와 함께 다녀왔었다. 군데 군데 김일성수령과 김정일 장군을 찬양하는 글자새김이 강산을 훼손하고 있었어도 역시 금강산은 탄성이 나올 만큼 수려했다. 과연 금강산은 우리나라에서 가장 아름다운 곳의 대명사로 불리울만 했다.

그래서 경치가 빼어난 곳이면 의례 금강산의 축소판이라는 뜻으로 "소금강"이라 부른다. 남한에서만 헤아려 보아도 소금강이라 불리는 곳은 여럿 있다. 그중에 오대산 노인봉에서 발원하여 흘러내리는 긴 계곡의 소금강을 가장 으뜸으로 치고 있다.

내려갈수록 아름드리 나무들이 하늘을 찌를 듯 쭉쭉 뻗은 울창한 숲이 계속되고 있다. 소나무에 걸린 팻말을 보니 "금강소나무"라고 쓰여 있다. 잘 생긴 늠름한 자태가 하늘을 찌르고 있다.

총체적인 문화재 관리의 허술로 국보1호인 숭례문이 참화를 당했다. 이를 복원하는데 쓰일 재목이 이 금강소나무라고 한다. 다시금 눈길이 간다. 이 추운 겨울날에도 푸른 기상을 변치 않고 있다.

아기자기한 모양으로 우뚝 솟은 기암들과 붉은 줄기에 푸른 잎을 가진 소나무들의 환상적인 어울림, 여기에 흰 눈(白雪)이 결합되고 보니 한 폭의 산수화가 된다.

철다리를 지나니 깎아지른 듯한 절벽과 소나무가 절경을 이루고 있다. 눈이 쌓인 바위 밑으로 청아한 소리를 내며 흐르는 계류(溪流)를 만난다. 물소리가 제법 큰 것으로 보아 봄이 멀지 않았음을 알겠다.

한 굽이를 돌아가니 만물상이다. 수백 가지의 모양을 하고 있는 수직 절벽의 바위 봉우리가 주위의 여러 바위들과 함께 절경을 연출하고 있다. 얼른 보면 사자 얼굴 같기도 하고, 호랑이 모양 같기도 하다. 곰의 형상 같기도 하고 거북의 웅크림 같기도 하다. 기기묘묘한 모습들은 보는 사람들의 느낌에 따라 각기 다른 모양으로 보일 것이다. 이렇게 만(萬)가지의 물체의 모양을 하고 있다 하여 만물상인가….

소금강 계곡의 경치가 아무리 좋다고 하드라도 상경할 차편을 오후 7시 50분으로 미리 끊어두었기 때문에 하산길을 서두르지 않을 수 없었다.

오후 5시경에 구룡폭포에 도착했다. 여름철에 폭포수는 장관이라고 한다. 지금은 온통 얼어서 커다란 얼음덩어리만 보일 뿐이다. 삼선암과 식당암을 지나 어느덧 금강사에 이르렀다. 중창불사 중인 금강사를 잠시 둘러본 후, 절 계단 앞길에 있는 약수를 한 바가지 들이키니 오장육부가 다 시원한 것 같다. 연화담과 청학산장을 거쳐 주차장에 이르렀다. 시계를 보니 오후 6시를 가리키고 있었다.

오래간만에 원없이 설경을 만끽하면서 6시간에 걸쳐 산행을 한 것이었다. 어느덧 날은 어두워지고 있었다. 강릉에서 양양 가는 도로 옆에 동해바다가 어둠속에 철썩이고 있었다. 토속음식점의 황태찜의 맛은 각별했다. 식사를 하고나서 밖에 나오니 바닷바람이 시원하다.

지척간에 파도는 출렁거리는 데 문득 고개를 들어보니 왼쪽 산위에 둥근 달이 떠서 바다를 환히 비쳐주고 있었다. 환상적인 아름다운 광경이 동해바다에 펼쳐지고 있는 것이다.

우리들 중 누군가가 말했다.
내일이 정월 대보름이라고….

아아, 달은 억겁을 두고 저렇게 만물을 비추고 있고, 파도 역시 억만년을 두고 저렇게 철썩이고 있구나. 거기에 마치 커다란 소의 잔등마냥 산모습이 어우러져있으니 대자연의 아름다운 모습이 가히 환상적이기만 하다.(2008.2.21)

칼바람 세찬 가리왕산

위스키는 오크통에서 얼마나 숙성기간을 거쳤는가에 따라 그 맛이 다르고 가격에 차이가 난다. 오래될수록 그 맛이 더해지고 가격이 월등하게 높다.

등산 역시 마찬가지라고 할 것이다. 등산 초기단계에서는 그저 높은 산을 올랐다는 사실만으로 기뻐한다. 그러나 연륜을 거듭할 수록 산에 대하여 겸손해지고 산을 닮아가려고 한다.

봄의 진달래와 철쭉, 여름의 녹음과 시원한 계곡물소리, 가을의 단풍과 억새풀, 겨울의 설경과 눈보라는 휴일에 나를 그냥 집에 놔 두지를 않는다.

결국 아편중독자처럼 오늘도 새벽 5시에 배낭을 꾸려 동대문역 산악회 버스가 밀집해 있는 장소로 향하고 만 것이다. 꾸욱 한번 참으면 될 것을 산의 유혹에 버텨내질 못한 것이다.

자연의 오묘함과 황홀함을 맛보게 하는 산은 내 인생의 영원한 벗이며, 고향이다. 나무와 바위는 영원히 변하지 않고 순서대로 위치하며, 계곡에 흐르는 물소리는 춘하추동 언제나 다름이 없이 흐르고 있다. 한 계절이 오면 그대로 이를 반기고 또 한 계절이 가면 그대로 보낸다. 산은 언제나 넉넉하고 큰 포용력을 지니고 우리들을 맞이하고 있다. 산을 찾는 것은 이러한 자연의 은혜를 입고자함이니, 산을 오르내리는 고통쯤은 당연한 수련과정이라고 할 것이다.

오늘 산행하는 가리왕산은 강원도 정선군과 평창군에 걸쳐있는 1561m의 큰 산이다. 100대 명산으로서 인기순위는 74위로 올라있다. 전형적인 육산으로 산이 높고 웅장하며 정상은 넓은 초원지대로 이루어져 있다.

능선이 끝없이 펼쳐져 있고 산세가 육중하고 당당하며 자작나무와 주목이 군락을 이루고 있다. 그 옛날 갈왕(褐王)이 피신한 곳이라고 하여 갈왕산이라고도 불리우기도 한다.

다른 한편으로는 산의 모습이 큰 가리(벼나 나무를 쌓은 더미)와 같다고 하여 '가리왕산'이라고 붙여졌다고도 한다. 오대산(1563m)의 남쪽에 위치하여 오대산과 더불어 태백산맥의 지붕노릇을 하고 있는 가리왕산에는 8개의 명승이 있다. 맑은 날 동해가 보인다는 가리왕산 상봉의 망운대가 제1경이다. 망운대에 올라서면 오대산, 두타산, 청옥산, 태백산, 소백산 등이 파노라마처럼 펼쳐진다.

제2경은 갈왕이 숨어살았다는 동심(東深)과 서심(西深)이 있는데 이곳의 샘은 부정한 사람이 접근하면 곧 말라버린다는 전설이 있다.

제3경은 중봉아래 60m지점의 시녀암(侍女岩)이다. 갈왕을 따라서 피난 온 시녀들이 이 바위에 올라서서 고향 쪽을 보며 부모형제를 그리워했다는 전설이 애절하다.

제4경은 백수암(白手岩)이며,

제5경이 장자탄(長者灘),

제6경은 용굴계곡(龍窟溪谷),

제7경이 그 유명한 회동계곡이며,

제8경이 가리왕산 남쪽에 있는 비룡동 종류굴이다.

이러한 8경을 지닌 가리왕산은 몇 개의 알려진 등산 코스 외에는 아직 발길이 닿지 않은 곳이 많아 자칫하면 능선길조차 애매할 때가 있다. 산행 기점인 장구목이골 입구에서 임도까지는 계곡을 끼고 오르는 비교적 완만한 능선길이다.

계곡의 맑은 물소리에 산새의 지저귐과 숲속의 바람소리가 가세하니 대자연이 거대한 오케스트라를 연주하는 것 같은 느낌이 든다. 나는 파도치는 억센 바다소리보다도 이렇게 소곤거리며 잔잔하고 평화스럽게 흐르는 계곡물소리를 더 좋아한다.

가끔 은빛 햇살이 흐르는 계곡물에 비치면 감미로운 음악의 악보가 그려지는 것 같아서 나를 동심의 세계로 이끌어 주기도 하는 것이다.

계곡물소리를 들으면서 쉼 없이 계속 오르다 보니, 어느새 이마에 땀이 맺혀 눈 섶을 타고 흰 눈 위에 방울방울 떨어진다. 그렇다! 이렇게 등산하면서 흘리는 땀이 진짜 땀인 것이다.

사우나에서 작위적으로 빼는 땀과는 차원이 다른 것이다. 체내의 노폐물들이 말끔히 씻겨나가는 듯한 느낌이 든다.

한시간 쯤 치고 올라가니 널찍하게 잘 닦여진 임도가 나타난다.

가리왕산은 임도가 잘 되어 있어 전국에서 손꼽히는 산악자전거코스이기도 하다. 임도에서 정상까지는 1.2km, 가파른 오르막 길이다. 흰 눈이 쌓여서 기분이 상쾌하기는 했으나, 오르막길을 계속 치고 올라가는 것은 보통 힘든 일이 아니다. 어느새 온몸이 땀으로 흥건하게 젖었다.

정상 못 미친 곳에 주목들의 군락지가 고사목들과 함께 잘 어우러져 있다. 등산로 옆에 잘 생긴 주목나무가 특히 눈에 들어온다. 살아 천년 죽어 천년'이라는 주목나무가 너무나 잘 생겨서 가까이 다가가 보니, 역시 산림청에서 '보호수목'으로 지정해 놓은 팻말이 있다.

상봉에서 정상까지는 능선길로 10분 정도 걸린다. 정상은 사방이 탁 트여 가슴이 뻥 뚫리는 듯한 느낌이다. 역시 큰 산은 그 이름에 걸맞게 주위에 1,000m가 넘는 산들이 겹겹이 연봉을 이루고 있다. 큰 산에 올라보면 누구나 높이와 산세의 규모가 함수관계에 있음을 실감하게 된다. 큰 산만이 가지고 있는 당당하고 장엄한 풍광을 감상할 수 있는 것이다.

가리왕산 표지석 옆에는 사람 키를 넘는 돌탑이 쌓여져있다. 돌탑 옆에 표지석이 1m정도의 작은 돌로 세워져있다. 표지석 뒷면의 글씨를 적는 데 바람이 하도 세차게 불어 손끝이 얼어 글씨가 제대로 써지질 않는다. 아마도 그 옛날 이곳에 피신했다던 갈왕이 아직도 한(恨)이 풀리지 아니하여 이렇게 매서운 칼 바람을 보내는 것인가….

표지석 뒷면에는 다음과 같은 글이 새겨져 있었다. "가리왕산(加里旺山)은 야사(野史)에 의하면 갈(褐)왕이 난을 피하여 현재 절터라고 불리우는 서심퇴(西深堆)에 거처하였다하여 갈왕산(褐王山)이라고 부르던 것이 가리왕산으로 변하였음. -을해(乙亥)10월" 표지석을 세운 주체가 산림청이고 또 아직 표지석에 연륜의 때가 묻지 않은 점으로 보아 이 표지석이 세워진 을해년은 12년 전인 1995년일 것이다. 귀를 여의는 칼바람은 사납게 불어 닥치고, 안계(眼界)는 짙은 운무에 막혀 지척을 분간할 수 없는데, 눈이 제법 내려 천지를 뒤덮고 있다.

눈은 계속 내린다. 처음보다 더 굵어진 눈발은 나뭇가지 위에 붙기도 하고, 바람에 휩쓸려 다시 날아가기도 한다. 낙엽위에 쌓이는 눈을 보면서 삶의 지혜를 배운다. 낙엽은 사람에게 안명(安命)을 준다. 일을 끝내면 미련 없이 떠나 버리라는 암시를 주는 것이다. 낙엽 위에 쌓이는 눈은 하늘의 축복이다. 예고도 없이 낙엽위에 쌓이는 눈은 모든 것을 버리고 흰 눈이 탐욕을 덮을 때 마음의 평화가 온다는 것을 가르쳐주고 있다. 바람이 세차고 눈보라가 심해서 하봉까지는 가지 못하고 중봉에서 왼쪽으로 꺽어 오잠동 갈림길 방향으로 하산길을 잡았다. 중봉을 내려가느라니 오늘처럼 눈이 오던 3년전의 일이 문득 떠오른다.

그때도 눈보라가 몰아치고 바람은 세차게 불고 있었다. 근거리 이외에는 잘 보이지 않는 눈보라 속에서 중봉을 거쳐 하봉으로 능선길을 헤쳐가는데 저멀리 앞에 가던 여인이 발길을 멈추고 내가 오는 것을 기다렸다가 나에게 '숙암리' 가는 길을 물어왔다. 숙암리는 중봉에서 오잠동 내려가는 길로 꺽어야 했었다. 여인이 능선길을 착오하여 지나쳐 왔던 것이다. 산길이 여러 갈래여서 눈보라 속에서 여인이 혼자 찾아가기는 어려웠다.

나는 내 산행길을 다시 되돌아 오기로 작정하고 눈보라 속에서 여인의 앞에 서서 길을 인도했다. 중봉에서 임도까지 내려가는 길은 1.7km나 되는 경사가 심한 내리막길이다. 눈보라가 치고 바람까지 불어서 나는 여인보다 앞서 밑에 내려가서 계속 손을 잡아 주어야했다. 1시간 쯤 고생하고 나서야 임도까지 다다를 수 있었다. 임도를 지나 성환골까지 와서야 앞에 가는 여인의 등산팀 일행을 발견하게 되었다. 40대 후반쯤 되어 보이는 여인은 이제는 안심이라고 하면서 거듭 고맙다고 말했다.

여인과 나는 옆에 흐르는 계곡에 앉아 잠시 휴식을 취했다. 여인이 과일을 꺼내 대접하기에 나는 배낭에서 돈암동 떡을 꺼내서 권했다. 아미를 숙인 채 차분하게 과일을 깎는 여인의 모습에서 가정주부의 풍모가 내비치는 것 같았다.눈은 아직도 그치지 않고 온 산야를 하얗게 덮고 있었다. 편안한 인상의 고즈넉한 기품을 가진 여인, 웬일인지 오래전에 만나 잘 아는 여인인 것 같은 느낌이 들었다. 기억을 더듬어 보았으나 도무지 생각이 나질 않았다. 그렇다면 전생에 알던 여자로 생각할 수밖에 없었다. 아아, 그래서 이 고생을 해 가면서 눈보라 산길을 안내해 주었구나…. 잠시 후 나는 온 길을 되돌아가기 위해서 툭툭 털고 자리에서 일어섰다. 여인에게 그러면 눈길을 조심해서 가시라고 인사말을 한 후, 떠나려는 나에게 여인이 고개를 들어 함초롬히 바라보면서 갑자기 나보고 어디서 왔느냐고 묻는다. 서울에서 왔다고 하니, 자기도 서울 구로구에서 왔다고 하면서 내 휴대폰을 좀 달라고 했다. 난생처음 내 휴대폰을 모르는 여인에게 주었더니, 여인은 휴대폰에 자기 전화번호를 찍은 후 되돌려 주면서 서울 올라가서 연락주시면 감사의 뜻으로 음식을 한번 대접하고 싶다고 했다.

산행을 끝내고 서울로 와서 직장일이 바쁘게 돌아가다 보니 휴대폰 번호가 너무 밀려서 어느 것이 과연 그때 눈보라 속 여인의 전화번호인지 알 수가 없었다. 분명히 "011-로 시작된 것은 기억이 나는 데 다른 번호가 많아서 분간할 수가 없었다. 그렇다고 해서 011번으로 시작되는 수십 개의 전화번호를 일일이 다 점검할 수도 없는 노릇이고, 결국 인연이 없다고 포기하고 말았다.

연락이 없는 무심한 나를 탓했을 여인의 고운 마음씨를 생각하면 지금도 미안하기만 하다.

중봉에서 임도까지는 가파른 내리막길인데, 30~40cm 정도의 아담한 크기의 산죽으로 뒤덮여 있었다. 자그마한 산죽나무들이 눈을 덮어쓰고 있다가 이따금 바람이 쏴아~ 하고 불면 춤을 추면서 눈을 털어내는 모습이 아름답다. 임도를 지나 길게 아래로 이어지는 능선길은 원시림을 방불케 하는 낙엽송의 천지였다. 하늘로 시원스럽게 쭉쭉 뻗어 올라간 원시림 사이의 능선길을 걷다 보니 어느새 내 키도 훌쩍 더 큰 것 같은 느낌이 들었다.

한 시간 정도 평온하고 완만한 능선길을 따라 내려가니 저 멀리 숙암리 마을이 가물가물 눈에 들어온다. 마을로 내려가는 산길은 온통 자작나무길이었다. 자작나무들은 겨울철임에도 이제 막 세수를 끝낸 처녀의 얼굴처럼 희고 싱싱하다. 주민들의 말로는 예전에 종이가 없으면 흰 자작나무 껍질을 벗겨 거기다가 자기의 사랑을 호소하는 연애 편지를 써 보냈다고도 한다.

흰 눈에 쌓여있는 나뭇가지가 너무도 사랑스럽다. 멀리 보이는 큰 산봉우리들은 하얀 눈꽃송이들로 가득 피어있다. 가리왕산 오늘 산행거리는 약 12km로서 산행시간은 5시간 정도가 소요되었다. 설경을 제대로 만끽하려면 강원도 산이 제일 좋은 것 같다. 초보자에게는 태백산이나 함백산이 적당할 것이고, 어느 정도 익숙해지면 가리왕산이나 계방산등이 적절하지 않을까….(2008.1.17)

호도나무의 광덕산(廣德山)

아산시와 천안시의 접경지대에 있는 광덕산(廣德山)을 이곳 주민들은 태화산(泰華山)이라고 부른다. 광덕산의 높이는 699m이다. 누가 정상에 큰 바위 하나를 올려놓으면 700m를 충족할 것이다.

대학도 12월 중순이 지나니 학기말 시험도 끝나고 캠퍼스가 한가롭다. 연구실에서 내다보니 밖에 눈발이 날리고 있었다. 어쩐지 마음이 뒤숭숭해진다.

같은 눈(雪)을 보아도 젊었을 때 느끼는 심정과 나이 들었을 때 보는 눈은 그 감정이 다소 틀리는 법이다. 젊었을 때 눈이 내리면 그저 즐겁고 흐뭇하고 신비롭기만해서 눈싸움하고 달리고 싶은 낭만이 있었다. 그러나 나이든 계절에 보는 눈발은 '아, 어느덧 또 한 해가 지나가 버리는구나!' 하는 세월의 망실감과 덧없음을 느끼게 된다.

눈 내리는 밤, 달빛이라도 비치면 무언가 쓸쓸하고 처량한 느낌이드는 것은 나같이 심약(心弱)한 사람만이 느끼는 것일까?

어쨌든 어제 밤부터 간간히 내리는 눈발을 보니 오늘 곧바로 부산에서 서울로 상경하기 보다는 적당한 지점에서 내려 산이나 한번 둘러보고 상경하는 것이 좋겠다는 생각이 들었다..

그래서 행선지로 잡은 것이 천안의 광덕산이었다. 광덕산 가기는 아주 쉽다. 천안 고속버스터미날에서 광덕사행버스(610번 버스)만 타면 되는 것이다. 광덕사 주차장에 내린 것이 12시 30분경. 토요일인데도 등산하는 사람들은 별로 없었다.

하늘아래 제일 편안한 곳이 천안(天安)이라는 곳. 고려 태조 왕건이 후삼국을 통일한 때, 주민들이 왕건을 열렬히 환영해 맞았으므로 '천자의 마음을 편안하게 한 곳'이라는 뜻으로 지명을 '천안(天安)'이라고 부르기 시작했다는 설도 있다.

천안하면 '호도과자'가 명물이다. 따끈따끈한 호두과자를 입에 넣으면 달콤하고도 부드러운 그 맛이 일품이다. 광덕사 입구 일주문 옆에는 우람한 크기의 '호두전래 사적비'(胡桃傳來史蹟碑)가 우뚝 서있다. 중국에서 들여온 호두나무의 시배지가 이곳임을 알리는 것이다.

호두는 고려말 유청신(柳淸臣)이 원나라 사신으로 갔다가 돌아 올 때 가져온 것이다. 문익점 선생이 목화씨를 가져온 것과 유사하다. 유청신은 원나라에서 묘목과 종자를 가지고 돌아와 묘목은 광덕사 보화루(普化樓)앞에 심고 종자는 광덕면 매당리의 자기 집에 심었다고 한다.

호두(胡桃)란 이름도 그 유래를 살펴보면 복숭아처럼 생겨서 도(桃)라 했으나 원나라에서 가져왔으면 원도(元桃)라 해야 하지만, 호국 불교관이 투철했던 광덕사 스님들이 오랑캐 호(胡)자를 써서 호도(胡桃)라 명명했다고 한다. 광덕사의 호두나무는 천연기념물로 지정되어 있기도 하다.

산행이나 여행이나 때로는 혼자 할 필요가 있다. 아무런 구애도 받음이 없이 많은 것을 생각할 수 있게 되는 것이다.

홀로 천불전에서 계곡을 따라 800m 쯤 올라가니 명기(名妓) 김부용(金芙蓉)의 묘가 나온다. 김부용은 황진이, 이매창과 더불어 조선시대의 3대 명기중의 하나로 꼽힌다.

눈발 날리는 초겨울, 무덤위에는 눈이 하얗게 쌓여 있고 무덤 왼쪽에 작은 비석 하나 서 있을 뿐이다. 무척 쓸쓸하다.

비석 뒤에는 이렇게 적혀 있었다. "김부용은 평남 성천지방에서 가난한 선비의 집안에 무남독녀로 태어나 일찍이 부모를 여의고 기적(妓籍)에 오르게 되었는데 부용은 사서삼경에 능하고 시문, 가무에 뛰어 났다고 한다. 특히 시를 짓는 재주가 뛰어나 그 이름이 떨쳤다."

부용이 이곳에 묻힌 이유는 평양감사와 판서를 지낸 김이양(金履陽)대감의 곁에 묻어 달라는 그녀의 유언 때문이었다고 한다. 부용의 나이 19세 때, 당시 77세였던 김이양 대감의 소실로 들어가 김대감이 세상을 뜨자 절개를 지키며 현숙한 부도를 지키다가 결국 천안의 광덕면에 묻히게 되었다는 것이다. 부용의 절개를 기려 이 곳 사람들은 이 묘를 '초당마님의 묘'라고 부르기도 한다. 또 매년4월 천안시 문화원 주최로 부용의 묘를 찾는다고 한다.

부용의 무덤 앞에 술 한 잔을 따라 올렸다. 그리고 그 술잔에 마음을 담아 무덤주위에 조용히 뿌렸다. 그러느라니 홀연 부용이 아름다운 모습을 드러내며 청아한 목소리로 시한수를 들려준다.

"부용꽃 활짝 피어 연못 가득 붉으니(芙蓉花發滿池紅)
사람들은 부용꽃이 나보다도 곱다고 하네(人道芙蓉勝妾容)
그러나 아침나절 이 몸이 뚝길을 지나가면(朝日妾從堤上過)
어찌하여 사람들은 부용꽃을 보지 않나요(如何人不看芙蓉)"

부용이라는 자신의 기명(妓名)을 꽃에 비유하여 사람들은 자신의 얼굴보다 부용꽃이 더 곱다고 하면서도 왜 꽃을 보지 않고 자신을 바라보는가 하고 말하는 그녀의 재치를 보여주는 대표작을 나에게 들려주는 것이다.

부용의 시에 얼이 반쯤 나가 있는데, 왼쪽 산허리를 타고 절세의 미녀가 아름다운 자태를 들어내며 섬섬옥수 갸녀린 하얀 손으로 나를 가리키면서 옥구슬을 은쟁반에 굴리는 듯한 목소리를 들려준다.
이는 조선최고의 미인인 천년에 한번 날가 말가한 황진이임이 분명하다.

"청산리 벽계수야, 수이감을 자랑마라
일도창해하면 돌아오기 어려우니
명월이 만공산하니 쉬여간들 어떠리"

황진이(黃眞伊)!

서민의 딸로 태어나 그 출중한 용모와 총명으로 일찌기 동네 총각이 상사병으로 죽자 교방(敎坊)에 들어가 세상 사내들에게 여성의 미와 사서음률의 오묘함을 깨우쳐준 명기, 10년 수도한 지족선사(知足禪師)를 파계에 이르게 했고, 콧대 높다던 벽계수(碧溪守) 역시 말잔등에서 떨어지게 했다는데,

나 같은 필부는 그녀가 손끝만 까닥거려도 맥없이 주저앉아 버릴 것이다….

황홀함에 도무지 정신이 혼미한 가운데 이번에는 오른쪽 숲이 환히 열리면서 꽃길 속에 단아하고 정갈하기 그지없는 절세 가인이 매화 한송이를 왼손에 들은 채 다가오면서 아름다운 미소와 함께 시한수를 읊어준다.

눈을 비비고 정신 차려 보니 그 유명한 이매창(李梅窓)이다. 역시 매화는 이 추운 날 눈발 날릴 때 그 진가를 발휘하는가 보다. 이매창은 조선 중종 때 부안 땅의 명기로서 시문과 가무에 능했다.

"이화우 흩뿌릴 제 울며 잡고 이별한 님,
추풍낙엽에 저도 날 생각하는가,
천리에 외로운 꿈만 오락가락 하노매"

시름없이 떨어지는 낙화를 바라보며
교교한 달빛아래
구슬피 울려오는 두견새의 울음소리를 들리는데
하얗게 핀 배꽃가지를 하염없이 만지면서
한 시도 잊지 못하는 님을 그리워하는
여인의 한(恨)과 고독이 애련하기만하다.

김부용의 묘 옆에 자리 잡고 앉아 아름답고 재능이 뛰어난 조선명기들

생각에 골똘하고 있는데 홀연히 광덕산 산신령께서 허우적거리는 나의 앞에 나타나 '애야! 이제 꿈 깨거라'고 하신다.

황망중에 정신차려보니 아름다운 절세가인 들은 어디로 사라지고 눈발 휘날리는 숲에 이름 모를 산새소리들만 들리고 있다.

툭 툭 털고 자리에 일어나서 장군바위까지 능선길을 부지런히 걸었다. 광덕산은 능선이 부드럽고 아늑했다. 혼자 능선길을 걸어도 표지판이 제대로 되어 있어 길을 어긋날 경우가 없다. 장군바위에서 광덕산 정상까지는 1.3km, 능선길에 겨울바람이 매섭고 세차다. 북쪽 숲에서 바람이 쏴아~ 하고 불어닥칠 때는 흡사 동해바다의 파도가 밀려올 때 쏴아~ 하고 내는 소리와 흡사하다. 광덕산 정상에 오르니 비교적 널찍한 데 막걸리 파는 사람이 이 추운 겨울에도 장사를 하고 있었다.

시계(視界)가 좋질 않아서 멀리 조망은 어렵지만 저멀리 차령산맥의 크고 작은 봉우리들이 겹겹이 둘러있다. 서북쪽으로는 송악저수지가 아스라히 보인다.

북동쪽으로 눈을 돌리니 길게 이어져나간 능선 끝에 우뚝한 봉우리가 서 있는데, 그것이 망경산(601m)이다. 날이 맑았으면 광덕산 정상에서 온양시가지도 내려다 보인다고 한다.

정상 끝자락으로 가서 바람을 마주하면서 심호흡을 하니 오장 육부가 시원해지는 것 같다. 서울 올라가는 길에 들리기를 잘 했다고 생각했다.

광덕산 정상에는 작은 돌에 광덕산의 유래를 적어 세워져 있다. '천안에서 제일 높은 산으로 난리가 나거나 불길한 일이 있으면 산이 울린다는 전설과 함께 명산이라 하여 신라시대에는 광덕사를 세웠고 산주위에 호도가 많이 생산되고 있었다'는 내용이다.

정상에서 헬기장을 거쳐 광덕사로 내려오니 시각은 오후 4시 30분이었다. 조선명기들의 감상시간을 포함하여 약 4시간 정도 산행을 한 셈이다.

광덕사는 신라 선덕여왕때인 636년에 자장율사가 창건하고, 그 뒤 통일신라때 진상화상이 중건한 절이다. 우리나라 50대 명찰(名刹)중의 하나로 꼽히고 있다. 세조가 광덕사에 들려 절의 부역을 면제시켜주고 밭을 내려준 세조어첩(世祖御帖)은 보물로 지정되어 있기도 하다.

대웅전 뒤에는 소나무와 대나무가 잘 어우려져 있다. 그 왼쪽에 커다란 느티나무가 눈에 들어온다. 이 느티나무는 수령이 500년 된 것으로서 수고(樹高)가 22m이며 둘레가 5.5m에 달하고 있다. 천안시장이 보호수로 지정했다는 팻말이 붙어있다.

절주위에는 아미타불의 염불이 끊임없이 울려 퍼지고 있었다. 대웅전에 모신 3존불은 장엄하면서도 은은한 미소를 띄고 있는 모습이었다.

절의 생수로 목을 축인후 일주문으로 나오는데 일주문 안쪽에는 명필가 김창환(金昌煥)선생이 힘차게 쓴 호서제일선원(湖西第一禪院)이라는 현판이 가로로 걸려있다.

지금의 금강(錦江)을 옛날에는 호강(湖江)이라 불렀다. 이 호강을 기준으로 서쪽지방인 충청도를 호서지방이라 하고, 호강의 남쪽지방인 전라지방을 호남지방이라고 했다. 호서대학교가 천안에 자리 잡고 있는 연유도 이러한 것이다.

광덕사가 비록 마곡사의 말사이기는 하지만 한 때는 부속암자가 89개나

딸린 큰 사찰로서 광덕산의 골짜기 마다 독경소리가 끊이지 않았다는 것이다. 그런 연유에 호서제일의 선원이라고 할 법도 하다는 생각이 들었다.

절에서 속가로 나오는 입구에 '이 뭣고' 하는 큰 돌이 세워져 있다. 날씨는 어둑어둑해지고 눈발은 가이 없이 날리는데 홀로 산따라 절찾아 헤메는 나는 과연 무엇인지, 또 어디로 가고 있는지..

차창에 비치는 광덕면 들판이 그저 허허롭기만 하다….(2007.12.16)

바다와 어우러진 금산(錦山)

금산은 경상남도 남해군에 위치한 해발 705m의 산이다. 남해군이 한려수도의 다도해로 이루어진 수려한 고장이듯이, 금산 역시 산행해 보면 그 뛰어난 절경에 감탄사가 저절로 나오는 산이다.

한국의 네 번째로 큰 섬인 남해는 1973년 아름다운 남해대교가 개통된 이

후, 육지와의 소통이 원활해졌다. 서울 남부터미널에서 고속버스로 4시간 반 정도면 남해에 이를 수 있다.

남해는 이순신장군이 노량 앞바다에서 최후의 승리를 거둔 후 전사한 곳으로 충렬사가 있다. 조선시대에는 유배지의 한 곳이기도 해서 서포 김만중(1637~1692)의 소설 〈구운몽〉은 그가 이곳에서 유배생활을 할 때 쓴 것이다.

2월이라 아직 쌀쌀함을 느끼면서, 서울 남부터미널에서 남해로 가는 첫차를 아침 7시에 탔다. 남해 시외버스터미널에 내려 금산 쪽으로 가는 버스를 타고 금산 등산로 초입에서 내렸다. 시계를 보니 오후 1시정도였다.

산행 들머리에서 멀리 금산을 바라보니 기암괴석의 봉우리들이 우뚝우뚝 솟아있다. 산행기분이 저절로 났다. 등산로 초입에는 송림이 많아 기운을 돋구고 있다. 등산로는 비교적 잘 정비되어 있었다.

금산은 보리암(菩提庵)이 유명하다. 보리암에 이르면 조선 태조 이성계가 기도했다는 장소가 표시되어 있다. 이성계가 건국 후 이 산의 이름에 '비단 금(錦)'자를 넣어 금산(錦山)으로 명명했다고 한다.

태조 이성계는 근력이 상당히 좋았던 임금이었는지 모른다. 그래서 이성계가 다녀간 곳에는 산 이름이 개칭되기도 했다. 경기도 남양주시에 위치한 천마산 역시 이성계가 그 산이 하늘을 찌를 뜻 기상이 좋다고 하면서 하늘을 닿을수 있다고 하여 천마산(天摩山)으로 이름지어졌다고 한다.

전북임실의 성수산 역시 이성계가 이곳에서 기도하던 중 하늘로부터 '성수만세'라는 소리가 들렸다고 하여 산 이름을 성수산(聖壽山)이라 하고, 그곳에 있는 암자 이름도 상감마마의 귀에 들렸다고 해서 상이암(上耳庵)이라고 명명했다고 한다. 실제 상이암에 가보니 그곳에 이성계의 어필(御筆)이라는 삼청동(三淸洞)이라는 비각이 보존되어 있었다.

금산 오르는 초입에는 완만한 경사이었으나, 정상으로 올라갈수록 급경사를 이루고 있었다. 금산은 석산(石山)이라고 할 수 있다. 기암괴석이 곳곳에 자리 잡고 있는 것도 그러하거니와 산행오름길이 시종일관 너덜길의 연속이었다.

한 시간쯤 올라가니 땀이 나기 시작했다. 숲속에서는 이름 모를 산새들이 봄이 오고 있다고 지저귀고 있었다. 아무리 겨울이 춥고 혹독하다고 하드라도 결국 봄은 오는 것이 자연의 이치이다.

14시 30분경에 장군바위와 쌍홍문에 도착했다. 쌍홍문은 거대한 바위에 두 개의 구멍이 뚫려 있었다. 멀리서 보면 마치 해골에 두 눈이 움푹파인 것 같은 괴기한 형태였다. 쌍홍문 앞의 거대한 암봉인 장군봉은 그 기상이 늠름할 뿐아니라 장군암 석벽을 타고 자란 늘푸른 덩굴목이 볼 만했다.

멀리보이는 사선대로 불리는 바위 4개도 의연하고 아름다웠다. 그러고 보니 금산을 '작은 금강산'이라고 부르는 것도 그럴만하다고 하겠다. 쌍홍문을 지나 오른쪽 길로 올라가면 보리암이고 왼쪽으로 올라가면 단군성전이 나온다.

보리암에 이르니 대웅전에서 천수경의 독경소리가 은은하게 도량에 퍼지고 있었다. 보리암주위는 관광객들과 불자들로 분주했다. 과연 3대관음지(홍련암, 보리암, 보문사)에 걸맞았다. 신라 신문왕 때 원효대사가 세웠다는 고찰 보리암! 나는 수년전 이곳을 찾아 철야정진을 했었다. 그 새벽에 해수관음 앞에 있는 데 어둠이 가시면서 남해 앞바다에 올라오는 아침 해는 감동적이었다.

보리암에서 망망대해를 바라보느라면 가슴이 뚤리는 듯한 시원스러운 느낌이 온다. 보리암을 지나 산죽나무 길을 따라 올라가니 금산 정상에 오를 수 있었다 시각은 15시 15분이었다. 산행시작 두 시간 쯤이면 쉬엄쉬엄 정상에 오를 수가 있다. 정상에는 작은 표지석이 서 있었다. 정상에서 바라보니 다도해가 한눈에 들어온다. 기암괴석과 바다가 어우러진 것이 한 폭의 산수화를 바라보는 것과 같다.

저멀리 관음포 앞바다가 보인다. 충무공이 순국한 곳이다. 정유재란(1597년) 마지막전투에서 장렬하게 순국한 이순신장군, 왜군의 유탄에 맞아 운명하면서도 "싸움이 급하다. 나의 죽음을 알리지 말라!"

"전방급 신물언아사(戰方急 愼勿言我死)"라고 당부하던 그 애국심~

참으로 눈을 감는 그 순간까지도 왜군의 격퇴를 염려한 성웅의 최후였다. 세계에서 유명하다는 넬슨(Nelson)의 "신에게 감사한다. 나는 나의 임무를 다 하였노라"라는 유언과는 비교할 수도 없는 싸움터의 지휘관으로서 영원히 역사에 빛나는 최후를 남긴 것이었다. 이러한 성웅이 나라를 지켰기에 오늘날 우리가 세계 10위권의 국력을 가진 나라로 거듭날 수가 있는 것이다.

금산 정상에서 다도해를 바라보면서 이런저런 생각을 하다가 이윽고 하산 길로 접어 들었다. 복곡주차장까지는 관광버스와 마을버스들이 운행하고 있었다. 그러고 보면 금산은 정상근처까지 자동차 도로가 닦여져 있어서 일반 관광객들은 구태여 산 오르는 땀을 흘릴 필요가 없게 되었다. 금산은 산행지 라기보다는 관광지로서의 면모가 더욱 강한 것인지도 모른다.

그러나 산을 제대로 감상하려면 땀을 흘리면서 등산해야 할 것이다. 인간 범백사가 고생하고 땀 흘려야 제대로 그 맛을 알 수 있게 되는 것과 같은 이치이리라.(2012.2.29)

눈덮인 선자령(仙子嶺)

눈 덮인 겨울산은 아름답고 신비롭다. 그리고 한없이 깨끗하다.

흰눈에 햇살이라도 비치면 추운 겨울임에도 우리에게 포근하고 아늑한 느낌을 준다. 그러기에 산행객들은 겨울철에는 눈 덮인 산야를 즐겨 찾는 것이리라.

눈꽃 산행하면 으레 강원도의 산들을 연상하게 된다. 확실히 강원도의 백두대간은 겨울철에는 온통 설해만산(雪海滿山)이다. 오대산(1,513m), 태백산(1,567m), 함백산(1,573m), 계방산(1,577m), 가리왕산(1,577m), 선자령(1,157m) 등 가릴 것 없이 눈꽃 밭을 이루어 끝없는 설원이 펼쳐지고 있어 가히 장관이다.

그중 인기 있는 곳 중의 하나가 대관령 북쪽에 있는 선자령(仙子嶺)이다. 선자령은 강릉시와 평창군의 경계를 이루고 있는 산으로서 백두대간의 주능선이기도하다.

선자령은 완만하고 부드러운 능선으로 유명할 뿐 아니라 겨울철에 만주벌판과 같은 넓은 초원지대에 끝없이 펼쳐지고 있는 설원은 가히 환상적이어서 보는 이로 하여금 탄성을 자아내게 한다.

그러기에 선자령은 겨울만 되면 갑자기 부상하여 지리산 천왕봉이나 설악산 대청봉과 같은 준봉들과 어깨를 나란히 하는 명산의 인기를 누리게 되는 것이다.

해발 1,000m가 넘으면 무슨 산(山), 또는 무슨 봉(峰)으로 부르는 것이 통상적인데, 선자령은 해발 1,157m임에도 령(嶺)으로 명명된 것이 약간 이상하게 느껴지기도 한다. 선자령을 하산하다 보면 보현사를 만나게 되는데, 그 보현사 쪽에서 보면 선자령이 둥글게 떠오르는 달로 보이기 때문에 령(嶺)으로 불리우는 것인지도 모른다.

아침 7시에 사당역에서 출발한 Wanderung산악회 버스는 눈 덮인 들판을 차창으로 보여주면서 영동고속도로를 달려 대관령 주차장에 11시경 도착했다. 해발 840m의 대관령은 영서와 영동을 연결하는 영동고속도로의 마지막 고개였으나 최근 4차선으로 확장되면서 터널을 뚫어 고갯마루는 옛길로 변해 버렸다.

그 옛날 험준하고 오솔길이었던 대관령길을 조선조 중종때 이 지방사람인 '고형산'이라는 이가 사재를 털어 우마차가 다닐 수 있게끔 길을 닦았다고 한다. 그러나 수십년 후 병자호란 때 청나라 군대가 주문진에 상륙하여 이 길을 따라 한양에 쉽게 침범했다. 삼전도의 굴욕을 당한 인조임금은 크게 노하여 고형산의 무덤을 파헤치는 일이 있었다고 한다.

‘아이젠’과 ‘스패츠’를 착용한 후 11시 10분부터 산행이 시작되었다. 대관령 북쪽주차장에서 선자령 정상까지는 4.7km이다. 올라가는 산행입구에서부터 등산객으로 인산인해를 이루고 있다. 러셀은 겨우 한사람이 다닐 정도로 나있어 옆으로 조금만 벗어나도 허리까지 빠지기가 십상이다. 그저 사람에 떠밀려 올라가는 기분이었다.

기상대와 임업관리소 사이로 난 눈길을 따라 30분쯤 올라가니 대관령 ‘국사성황당’이라는 팻말이 나온다. 국사성황당은 강릉에서 태어난 ‘범일국사’를 성황신으로 모신 곳이다. 범일국사는 그 어머니가 바가지 속에 해가 담긴 물을 마신 뒤 잉태하여 태어난 신라때의 걸출한 고승으로 대관령에 올라가 서낭신으로 주석하고 있는 것이다. 그 우측 숲속에는 작은 산신각이 있다.

원래 강릉지방은 유난히 눈이 많고 여름에는 대관령 서쪽은 멀쩡한데도 폭우가 내리기도 하고 겨울엔 강풍이 끊임없이 불어 해난사고가 유난히 많은 곳이었다. 그래서 해안을 끼고 있는 강릉주민들은 산신령을 의지하는 수밖에 없었다.

그 습속을 이어받아 아직도 매년 봄 이곳에서 굿을 하고 제를 올리는 것이다. 즉, 음력 4월 15일이 되면 산신각에서 산신제를 지낸 후 국사성황당에서 강릉시장이 초헌관으로 성황제를 올리는 것이다. 이것을 시발로 하여 단오날 까지 축제가 이어지게 된다. 이것이 일제하에서도 끊어지지 않고 이어져 내려온 바로 그 유명한 강릉단오제인 것이다.

그래서 그런지 선자령의 선자(仙子)도 신선을 의미하는 것으로서 산신령이 계신 곳이라고 하여 명명된 것이 아닌가 생각되었다. 혹자는 계곡이 너무 맑고 아름다워 선녀가 아이들을 데리고 내려와 즐긴 곳이라 하여 선자령으로 이름지어졌다고 하기도 한다.

쾌청한 날씨에 등산객들이 꼬리에 꼬리를 물고 선자령 정상까지 이어져 있는 데 특히 여성들의 울긋불긋한 옷색깔과 배낭색깔은 하얀 설원과 대조를 이루어 마치 점점이 꽃이 피어있는 것과 같았다.

눈길을 걷는 것은 보통산길을 걷는 것보다 훨씬 힘이 든다. 그것은 눈길 자체가 미끄러워서 갈지(之)자로 걸어야 하는데다가 발을 떼어놓는 경우에도 눈 속의 발을 뽑아 앞으로 전진하여야 하기 때문에 다리힘이 그만큼 더 소모되기 때문일 것이다. 그런 의미에서 눈꽃산행은 사실 고행의 등산이라고 할 수도 있을 것이다. 더욱이 찬바람에 코가 얼어붙고 손과 귀가 시려올 때, 그리고 간단없이 눈길에 미끄러져 넘어지기라도 하면 고통은 배가된다.

그러나 눈 앞에 펼쳐지는 환상적인 설원과 또 하얀눈을 밟을 때마다 '뽀드득'하고 나는 경쾌한 소리는 도심에 찌든 우리로 하여금 동심의 세계로 이끌고 있기 때문에 새벽잠을 설쳐가면서까지 이렇게 고행을 즐겨하는 것이리라.

선자령의 능선은 왼쪽은 높낮이를 구분하기 어려울 정도의 구릉지의 연속인 반면에 오른쪽은 깍아지른 급경사를 이루고 있다. 2시간 정도 고생을 한 끝에 선자령 정상에 올랐다. 과연 선자령 정상은 사방이 막힌 데 없이 탁 트여있다. 오른쪽으로는 강릉시가지와 경포대가 한눈에 들어오고, 왼쪽으로는 저멀리 고루포기산(1,238m)이 가물거리는 가운데 광활한 초원지대가 끝없이 펼쳐져 있다. 수십여개의 풍력발전기의 날개까지 바람에 돌고 있어 이 또한 매우 인상적이었다.

선자령 정상에서 직진해서 '낮은목'으로 향했다. 선자령에서 낮은목까지는 넓은 초원지대인데 눈바다를 이루고 있었다. 원래 선자령은 소나 양을 기르는 목초지가 많은 곳으로 삼양목장, 한일목장등이 유명하다. 드넓은 목초지 평원에 펼쳐진 눈바다는 환상적이었다. 간간히 스키를 타는 젊은이들이 옆을 스쳐 지나간다. 눈처럼 싱싱한 저 젊음이 새삼 부럽다.

낮은목에서 보현사에 이르는 하산 코스 2km는 심한 급경사의 난코스의 길이었다. 이런 길에서는 '아이젠'은 아무 소용이 없었다. 아주 경사가 심한 곳에서는 그저 주저앉아 미끄러져 내려오는 것이 제일 편한 방법이다. 눈이 많이 쌓여서 미끄러져 내려와도 다칠 염려는 없었다.

미끄러지고 넘어지면서 때로는 소년처럼 혼자 웃기도 하고 한없이 즐겁기만 하다. 이따금 나뭇잎에서 흩날리는 눈발이 뺨에 닿으면 흡사 첫사랑의 키스처럼 달콤하고 온몸에 전율로 느껴지기도 했다. 설원은 이렇게 우리를 동심의 세계로 돌아가게 하는 것이다.

낮은목에서 보현사까지는 거의 두시간 정도가 소요되었다. 보현사의 대웅보전 앞뜰과 지붕 그리고 탑신들이 모두 눈으로 덮여 있어 글씨나 모습을 알아보기가 어려웠다.

보현사는 신라 진덕여왕때(650) 자장율사가 창건한 고찰이다. 대관령을 분기점으로 하여 내문수도량 월정사와 함께 외보현도량의 명성을 간직하고 있는 명찰이다. 명찰(名刹)답게 절 입구에 20여 개의 부도와 보물로 지정되어있는 낭원대사의 오진탑비가 절의 역사를 말해주고 있다.

천지가 모두 흰 눈으로 덮여 있어 산중사찰은 정적 속에 자연의 조화만을 보여주고 있다. 보현사 주변에 있는 소나무와 전나무들은 겨울임에도 그 푸른 기상을 자랑하고 있었다. 소나무는 보면 볼수록 도도함을 간직하면서 세월의 풍파를 감내하는 것 같은 생각이 들었다. 대웅전 뒤편의 소나무에 살짝 얹힌 흰 눈이 한 폭의 동양화를 연출하고 있었다.

산행버스에 도착한 시간이 오후 4시 30분경, 대관령 - 선자령 - 낮은목 -

보현사코스의 10km 거리를 약 5시간 정도 산행을 한 셈이다. 이번 선자령 산행은 더할 나위없이 쾌청한 날씨에 원 없이 눈길을 마음껏 걸어보았던 등산이었다.

세속의 번뇌와 복잡함이 모두 하얀 눈에 씻겨낸 것과 같은 상쾌하고 신선한 기운이 온몸에 느껴지는 산행이었다. (2008.1.30)

기상이 늠름한 백운대(白雲臺)

서울 강북에 사는 나는 때때로 혼자 행복한 사람이라고 생각하곤 한다. 그것은 나같이 등산을 좋아하는 사람에게 명산인 북한산이 지척거리에 있기 때문이다.

12월 첫날 백운대를 올라가 보기로 했다. 집을 나서니 멀리 백운대, 인수봉, 만경대의 우람찬 삼각봉이 어서 오라고 손짓을 하는 것 같았다.

과연 명산의 위풍이 당당하다. 북한산이 우리나라의 오악(五嶽: 백두산, 금

강산, 묘향산, 지리산, 북한산)중의 하나로 꼽히고 있는 이유를 알 것도 같다,

북한산 정상이 백운대(白雲臺), 해발 837m이다. 산의 높이가 1,000m가 되지 않는다고 하여 폄하해서는 아니 될 것이다.

산은 단지 높이만으로 품격을 따지는 것은 아니다. 산의 웅대함이란 스스로 당당하고 의연함을 잃지 않으면서 주변 산세를 다스리는 위엄에서 나오는 것이다. 그리고 그 산을 둘러싸고 있는 여러 풍광과 여하히 조화를 이루고 있으며 산에서 뿜어 나오는 기운이 얼마나 힘찬지 여부가 산의 품격을 가늠하는 것이라고 할 수 있다.

백운대에 올라가 보면 이러한 북한산의 위용과 기세가 한 치의 오차도 없이 갖추어져 있음을 절감하게 된다. 오로지 대자연의 장엄한 모습과 절경에 경탄과 함께 외경만이 느껴지는 것이다.

오늘 산행은 지하철 타고 구파발까지 가서 북한산성입구→ 대서문→ 북한산성계곡→ 중성문→ 중흥사터→ 태고사→ 북한산대피소→ 용암문→ 만경대→ 위문→ 백운대→ 백운산장→ 인수봉→ 하루재→ 도선사 코스로 잡았다.

오전 10시 30분경부터 산행이 시작되었다. 지난여름 11시간에 걸쳐 설악산 공룡능선을 같이 종주했었던 정국장과 김사장이 동반했다.

중성문에서 중흥사지를 거쳐 태고사에 이르는 북한산성계곡에는 집채만 한 바위들 사이에서 맑은 물소리가 끊이지 않고 이어지고 있었다. 하늘은 높고 푸르다. 쾌청한 날씨이다. 이따금 숲속에서는 산새들이 푸드득 소리를 내며 날고 있었다. 나무들은 모두 잎을 떨군 채 월동 준비에 들어가고 있었다. 햇볕은 온 산야를 비추고 있었고 바람은 간간히 쏴아 하고 불어오기도

했다. 이래서 산행은 언제나 즐거운 것이다.

등산이 우리의 건강을 유지시켜준다는 것에 대하여는 누구나 수긍한다. 그러나 육체적 건강 못지않게 산행은 우리에게 정신적인 편안함을 제공한다.

산에 가면 속세의 정신적 긴장과 스트레스가 해소된다. 장엄한 대자연을 보고 있노라면 자기도 모르게 마음이 넉넉해지면서 심량(心量)이 커지게 되는 것이다.

한 시간쯤 올라가니 용암문 못 미쳐 북한산대피소에 이르게 되었다. 거기에 있는 옹달샘은 이제는 폐쇄되어 못 먹게 되어 있었다.

용암문에 도착하니 도선사와 정릉 쪽에서 올라오는 산행객들이 줄을 잇고 있었다. 국립공원 입장료가 없어진 이후 북한산 등산객의 숫자가 엄청나게 증가했음을 실감하게 한다.

용암문에서 위문까지 가는 길은 모두 크고 작은 울퉁불퉁한 바윗길로서 산행하기 어려운 코스로 꼽히는 길이다. 그러나 철 줄을 잡고 가는 길 왼쪽으로 펼쳐져 있는 산봉우리들의 아름다운 모습은 경탄을 자아낸다.

나는 혼자 북한산에 가면 언제나 용암문과 위문사이의 만경대 산기슭에 있는 나만의 보금자리를 찾아간다.

작은 나무가 있는 가운데 제법 넓고 잘 생긴 평평한 바위가 있는 곳, 주위가 아늑하고 사람이 다니지 않아 혼자 쉬기에는 안성맞춤인 곳이다.

나는 거기서 가져온 음식을 먹으며 경치도 감상하면서 오랜 시간 휴식을 취하곤 한다.

고민거리가 있는 경우에는 바위에 누워서 떠다니는 구름을 보면서 생각을 정리해 보기도 한다. 또 땅에 기어 다니는 작은 벌레들을 물끄러미 쳐다보면서 혼자 생각에 잠겨 보기도 한다.

마음에 상처가 난 경우에는 그저 아무 생각 없이 바보처럼 먼산만을 바라보면서 치유해 보기도 한다. 어떤 때는 다람쥐가 기웃거리기도 하고, 또 어느 때는 앙증스러운 산새가 쫑긋거리기도 한다. 멀리 의상봉아래 거대한 철불의 모습을 보면서 지나온 세월을 반추해 보기도 한다. 자기만의 사색의 장소를 가졌다는 것은 참으로 소중하고 행복한 일이다. 그것도 명산의 절경 속에서 어디 고대광실이 이보다 더 나을 수가 있겠는가…. 그래서 나는 백운대에 오를 때 마다 나만의 쉼터에 가서 혼자 편히 보낼 생각을 하게 된다. 발걸음이 저절로 가벼워지고 입가에 미소가 그려진다.

위문에 도착해 보니 '낙뢰주의' 표지판이 새로 설치되어 있었다. 지난 여름 의상봉 코스에서 낙뢰로 인하여 여러 명의 인명피해가 난 후 낙뢰다발지역이 지정되어 있는 것이다.

백운대－숨은벽－인수봉－만경대의 연장2km, 면적 6만평방미터의 지역에서는 비가 올 때와 낙뢰예보가 있는 경우에는 출입이 제한된다는 것이다.

위문 옆에 또 한 표지판이 세워져 있다. 거기에는 북한산성의 내력이 적혀져 있다. 당초에 북한산성은 백제 개루왕 때(132년)고구려의 남침에 대비해 축조했다가, 지금의 산성형태로 조선 숙종 임금때(1711년)에 축성 했다는 것이다.

백운대 정상에 오른 시각은 산행을 시작한지 2시간이 지난 12시 30분경이었다. 태극기가 나붓 끼고 있는 정상에 오르니 과연 북한산의 위용에 감탄사가 절로 나온다.

인수봉, 노적봉 만경대 염초봉의 웅장한 암봉들이 거침없이 솟아 올라 남성산으로서의 위엄과 힘이 넘쳐흐르고 있었다.

실제 남성들은 아버지건, 젊은 아들이건 항상 정력적일 수만은 없다. 알고 보면 더없이 불쌍한 존재가 그 '남성스러움'이라는 오기 뒤에 숨어있다. 들여다보면 남성이 보다 연약하고 섬세하기도 하다. 여성들이 모르는 고민과 한숨이 서려있는 것이다. 날이 갈수록 여성들은 강해지고 남성들은 권위와 힘을 잃어가고 있는 것이다.

그러나 북한산은 다르다. 크고 작은 화강암 암봉들이 거침없이 솟아올라 현실 남성으로서는 엄두도 못낼 힘과 능력과 위엄을 지닌 채 억만년동안 당당한 남성의 자세로 하늘을 찌르고 있는 것이다. 대단하다!

백운대에 올라 사방을 보라!
남쪽으로는 의상봉과 용혈봉, 용출봉, 증취봉, 나한봉, 나월봉이 펼쳐져 있고 그 뒤로 향로봉, 비봉, 사모바위, 문수봉, 보현봉 등이 병풍을 두르고 있다.

서쪽으로는 염초봉, 원효봉의 늠늠한 모습과 함께 저멀리 인천 앞바다까지 눈에 들어온다.

북쪽으로는 도봉산의 오봉과 선인봉, 만장봉이 그림처럼 펼쳐져 있고, 옆으로 눈을 돌리면 불암산과 수락산, 그리고 강북지역의 수많은 아파트 군락이 그림처럼 깔려 있다.

이처럼 백운대 정상은 사통팔달, 막힌 데가 없이 사면팔방을 조망할 수가 있다. 생각컨대 백두산에서 뻗친 산기운이 유유히 흐르는 한강과 마주치기 전에 다시 한번 힘차게 솟구쳐서 한바탕 기세를 올려 사방에 거대한 화강암

봉우리들을 쏟아낸 것이 북한산인 것이다.

세계 어느 곳을 가도 이렇게 희고 융융한 화강암의 거석 봉우리를 접하기는 어려우리라. 나는 중국의 황산에도 가 보았고, 스위스의 마테호른도 올라가 보았다. 황산은 북한산보다 엄청나게 규모가 커도, 온통 돌계단으로 되어 있어 단조로운 맛만 있는 곳이다. 경치가 좋기는 해도 사통팔달 시원한 맛은 북한산에 미치지 못한다.

마테호른 역시 3,000m가 넘는 산으로서 경치는 빼어나되, 북한산 처럼 우리와 밀착하여 호흡하는 그러한 동질감은 없는 산인 것이다.

태극기가 펄럭이는 백운대 최정상 암반에 3.1독립운동에 관한 해서체(楷書體) 69자가 바닥에 새겨져 있다. "독립선언서는 기미년 2월 10일에 최남선이 썼고, 3월 1일 탑골공원의 독립선언 만세는 정재용이 선도했다"는 내용이다.

[敬天人,獨立宣言記事, 己未年 二月十日 朝鮮獨立宣言書作成 京城府 淸進町,
六堂 崔南善也 庚寅生, 己未年 三月一日 塔洞公園 獨立宣言 萬歲導唱,
海州 首陽山人 鄭在鎔也 丙寅生]

이 글씨는 황해도 해주에서 의창학교 교감을 지낸 독립운동가인 정재용(1886~1976) 선생이 새긴 것이라고 한다.

등산객들의 발길에 짓밟혀 글씨가 상당히 훼손된 상태이다. 글씨 보존을 위하여 나무로 울타리를 만들어 놓았음에도 그 안에 들어가 사진을 찍곤 한다.

이날도 고등학생 두어명이 글씨를 짓밟고 안에 들어가 사진을 찍고 있었다. 나는 글씨내력을 설명해 주고 울타리 밖으로 나오게 했다.

학생들이 울타리 밖으로 나오면서 "무어, 한자를 알아야 들어가질 않지.." 하면서 저희들 끼리 씨익 웃는다. 하긴 그렇기도 하다. 지금 세대에 암석에 새겨진 흐릿한 한자를 누가 관심이 있겠는가. 그러나 민족자주의 독립정신을 새긴 글씨는 잘 보존되어야 할 것이다.

백운대에서 내려와 백운산장에서 점심식사를 했다. 백운산장의 우물물 역시 수질검사에서 불합격판정이 나왔다고 하여 폐쇄되어 있었다. 이제 북한산에서 물을 보충하기는 어렵게 된 것이다.

날씨는 제법 쌀쌀해지고 있었다. 그늘진 곳에는 땅이 얼어 조심해야했다. 인수봉을 거쳐 도선사 주차장에 도착한 시각이 오후 3시였다. 그러고 보면 약 4시간 30분 정도 산행을 한 셈이다.

도선사(道詵寺)는 신라 경문왕 때(862년) 도선국사가 창건한 유래 깊은 사찰이다. 지금의 도선사규모로 불사가 이루어진 것은 청담큰스님의 공덕이라고 한다. 당시 불자이던 육영수 여사가 도선사의 신도로서 불사에 큰 힘이 되어 주었다고 한다.

도선사에는 20m 암벽에 새겨진 '마애관음석불'이 유명하다. 서울시 지정 유형문화재 제34호이기도 하다.

잘 새겨진 눈과 귀 그리고 잔잔한 미소를 띄우고 있는 관음보살상은 흡사 대자대비를 중생들에게 몸으로 시현하는 것 같다.

도선사를 내려오면서 뒤를 돌아다보니 천지동근(天地同根), 자비무적(慈悲無敵)이라는 돌기둥이 세워져 있다.

길에 떨어진 낙엽들은 바람에 흩날리고 있었다. 청담스님도 가고 육여사도 가고, 그리고 이렇게 세월도 가고, 제행은 무상이런가,…. 절의 풍경소리 들릴 때 마다 모든 것이 허허롭기만 하다.

문득 다시 한번 뒤돌아보니 저 멀리 백운대의 우람하고 늠름한 모습이 보인다. 어느덧 나도 백운대의 일부분이 된 것 같은 생각이 들기도 한다.(2007.12.1)

제왕산 눈 산행기

눈덮인 겨울산은 아름답고 신비롭다. 그리고 한없이 깨끗하다. 흰 눈에 햇살이라도 비치면 추운 겨울임에도 우리에게 포근하고 아늑한 느낌을 준다. 그러기에 사람들은 겨울철에 눈 덮인 산야를 즐겨 찾게 된다.

모처럼 고교 동기회가 겨울산행을 개최했다. 해를 거듭해 갈수록 철들기는 커녕 오히려 어린아이처럼 되어가는 우리들, 함께 어울려 하얀 설경에서

하루 마음껏 뛰어놀기 위한 것이었다

돈암동 떡집에 들려 '맞춤떡'을 낑낑 거리며 가지고, 양재역 서초 구민회관앞으로 나갔다. 내 딴에는 부지런을 떠느라고 예정시각 보다 20분 일찍 집결지에 도착했다.

그런데 벌써 버스 안에는 30여명의 동기들로 가득했다. 아니, 이 사람들은 도대체 새벽잠도 없는 사람들인가? 마치 어린 시절 소풍가는 전날이면 잠을 설치다가 일찌감치 나오는 그 버릇이 되살아나는 것일까?

동기회 산행을 주관하다보면 매번 이렇게 일찍 자리를 채워주는 동기들이 고맙고 뿌듯하기만 하다. 웃고 떠들고 시끄러운 것도 예나 다름 없었다. 남자는 애시당초 철들기는 어려운 족속인지도 모른다.

원래 이번 산행지는 선자령이었다. 그러나 강원도에 내린 대설로 인하여 선자령 산행길이 차단되었기 때문에 부득이 인접에 있는 제왕산(帝王山, 840m)으로 행선지를 바꿔야했다.

우리를 태운 동양고속버스는 정해진 07시30분에 양재역을 출발했다. 버스 안에서 산행예약을 했던 J동문이 보이질 않길래 전화를 했더니, 택시 타고 와서 합류하겠다고 한다.

이미 버스는 고속도로로 접어든 상태였다. 다행히 죽전을 지나 조금 더 가서 그를 pick up할 수 있었다. 그 동문이 버스 안에 오르자 모두들 박수로 환호한다. 일부러 택시타고 고속도로 주변에 달려와서 동기들과 합류하는 그 참여정신은 대단하다. 택시값 만해도 3만여원이 들었다고 한다. 대단하다.

이날 일기는 겨울답지 않게 온화했고, 하늘은 푸르렀으며, 바람도 별로 없었다. 등산하기에는 더할 나위 없이 좋은 날씨였다.

우리를 태운 산행버스는 고속도로를 거침없이 달리다가 강원도 산길로 접어들었다. 산길 양옆에 눈이 많이 쌓여있었다.

눈이 많아서 그런지 버스 운전기사가 길을 잘못 들어 직진하다보니 군부대앞길이 되었다. 부대 정문에서 차를 돌리려고 하니 길 양옆에 눈이 많이 쌓여 있어서 차를 돌릴 수가 없었다. 할 수 없이 나는 차에서 내려서 정문 초병에게 얘기했다.

'길을 잘못 들었는데 부대 안에 들어가서 차를 돌려 나와야겠다고..'

내 부탁 말에 젊은 초병 두명이 끄덕이자 운전기사에게 손짓하니 정문안으로 버스가 들어왔다. 그런데 정문근처에서 차를 돌리지 않고 보다 넓은 장소를 찾아 부대 안으로 깊숙이 진입하는 것이었다.

그러자 초소 안에 있던 다른 초병이 무선으로 본부에 연락하고 야단이다. 도대체 부대의 허가 없이 어떻게 민간인 대형버스가 사람들을 가득 태운 채 부대 안으로 진입할 수 있는지?

초병들은 문책 받을 것이 두려워 안절부절이다. 그때 마침 중대장 짚 차가 정문으로 들어선다. 초병들은 경례하고 나는 선채로 손을 흔들며 인사했다.

한바탕 해프닝을 연출하고 난 후, 산행버스가 대관령 휴게소 주차장에 도착한 시각은 11시 경이었다.

'아이젠'과 '스패츠'를 착용한 후 11시 10분부터 산행이 시작되었다. 대관령 주차장에서 제왕산 정상까지는 2.7km이다. 통상적이라면 1시간 반 정도의 거리이다. 그러나 올라가는 산행입구에서부터 등산객으로 인산인해를 이루고 있어 제대로 속도를 내기는 어려웠다.

능선 전체에 등산객들이 꼬리에 꼬리를 물고 제왕산 정상까지 이어져 있었다. 특히 여성들의 울긋불긋한 옷 색깔과 배낭색깔은 하얀 설경과 어우러져 마치 설중매(雪中梅)가 도처에 피어있는 것과 같았다.

눈길을 걷는 것은 보통 산길을 걷는 것보다 훨씬 힘이 든다. 눈길 자체가 미끄러워서 갈지(之)자로 걸어야 하는데다가 발을 떼어놓는 경우에도 때로는 눈 속의 발을 뽑아 앞으로 나가야 하기 때문에 다릿심이 그만큼 더 소모되기 때문일 것이다.

그러나 눈앞에 펼쳐지는 환상적인 설경과 또 하얀 눈을 밟을 때 마다 '뽀드득'하고 나는 경쾌한 소리는 도심에 찌든 우리의 마음을 동심의 세계로 안내하는 행복감이 있다.

제왕산은 능선은 비교적 완만하고 부드러웠다. 정상으로 올라갈수록 사방이 탁 트여 주위의 산들이 눈앞에 펼쳐진다. 백설의 수림이 장관을 이루고 있었다.

강원도의 산은 대개 1,000m가 넘는 것이 통상적이다. 제왕산은 840m에 불과함에도 '제왕(帝王: King)'이라는 이름이 붙어 있는 것이 다소 이상스러웠다. 고려말 우왕(禑王)이 피신했던 곳이라 해서 붙여진 이름이라고 한다. 그러나 제왕산 정상에 이를수록 펼쳐지는 풍광을 보면 왜 산의 명칭이 그러한 지를 알게 된다.

정상에 이를수록 겹겹이 둘러 쌓인 수많은 산들이 굽어보이고, 저 멀리 동해바다까지 눈에 들어오는 그러한 풍광이었다. 그러니 제왕산이라고 명명할 만도 했다. 이 점은 산행이 끝나고 마을에서 멀리 제왕산을 바라보면서 더욱 실감했다.

산자세가 마치 호랑이가 포효하면서 구름을 치며 달려 가는 듯 했고, 계곡물들이 백겹으로 띠를 두른 듯한 형국이었다. 가히 제왕다운 풍모가 있는 산이라고 나름대로 생각이 들었다..

오늘 산행 중 제왕산 정상 오르는 중간 길에 있는 '제왕솟대바위'의 형상이 기이했다. 밑은 넓고 끝은 뾰죽한 돌탑형식의 바위인데, 하늘로 치솟아 있는 것이 마치 웅장한 제왕의 심벌 같이 생각되기도 하는 바위였다. 솟대바위를 지나 30분 정도 가니 정상이 지척이다.

산행객이 너무 붐벼서 산행들머리에서 거의 2시간 걸려서 제왕산 정상에 올랐다. 까만 대리석에 '帝王山 840m'라고 새겨진 표지석이 세워져 있었다.

사방을 둘러보니 가까이로는 선자령의 드넓은 설원과 풍력발전기가 그림같이 펼쳐져있다. 저멀리 황병산과 오대산으로 가는 백두대간의 기세가 융융하다.

시원스러운 조망 속에 빽빽한 송림에서 풍겨 나오는 솔냄새가 그윽하다. 서쪽산 아래에 있는 큰 저수지는 그 아래쪽 논밭의 젖줄이 되며 강릉사람들의 식수원 역할을 하리라. 정상에서 20m쯤 떨어진 평평한 곳에서 떡과 김밥으로 중식을 해결했다.

대관령박물관으로 가는 하산 길은 급경사의 내리막길이었다. 이런 길에서는 아이젠도 별로 그 효용을 나타내지 못한다. 서두루지 말고 침착하게 한발 한발 내려가는 방법 외에 별도리가 없는 것이다. 조심한다고 하드라도 한두 번은 미끄러 넘어지기 일쑤이다.

내리막이 심할수록 여기저기서 여인들의 괴성과 깔깔거림이 요란하다. 동서고금을 막론하고 여인들의 요란함은 여전할 것이다.

급경사 내리막길을 1시간 정도 내려가니 다시 완만한 능선 길로 접어들게 된다. 길 왼쪽에는 소나무가 울울창창하다. 영월과 평창은 소나무가 많은 지역으로 꼽힌다. 하늘을 찌를 듯이 뻗어 올라간 소나무의 기상이 늠름하기만 하다.

나무다리를 지나 평지 같은 능선 길을 따라가니, '대관령옛길 1.4km, 오봉산 3.4km' 팻말이 선 안부가 나온다. 좀 더 능선 길을 따라가니 계곡물 흐르는 소리가 난다. 맑은 계곡물이 눈 속에서 간단없이 흐르고 있었다.

길을 따라 30분쯤 내려가니 이 계곡물 지류가 주류를 만나는 지점이 나온다. 계곡물이 제법 큰 소리를 내며 하얀 포말을 그리고 있었다.

아아~ 우리도 모르는 사이에 어느덧 봄이 오고 있었다. 봄이 오는 계곡을 따라 내려가니 '대관령박물관 2.3km, 제왕산 2.6km'라 쓰인 팻말이 서 있다. 계곡의 경치는 크고 작은 암반으로 아름답기만 하다. 암반에 쌓인 눈에 양광이 비치니 도무지 황홀하기만 하다.

30분쯤 천천히 내려가니 양옥집 들이 즐비한 마을이 나타난다. 마을길 따라 500m쯤 나가서 우측 갈림길로 가니 대관령박물관이 나오고 거기에 주차한 산행버스가 눈에 들어온다. 이로써 4시간에 걸친 7.6km의 눈 산행이 종료된 것이다.

산행이 끝나고 버스에 오른 우리는, 오늘 밴쿠버 동계올림픽 소식이 제일 궁금했다. 또 금메달. 은메달. 동메달을 땄다고 한다. 모두들 환호했다. 남녀 500m에서 금메달을 딴것도 세계최초의 일이거니와 '이정수' 선수는 2관왕까지 거머쥐었으니.. 한국의 국력은 장차 어디까지 뻗어나갈 것인가?

횡계에 있는 식당에 둘러앉아 황태찌게로 저녁을 들면서도 모두 싱글벙글 이다. 오랜만에 눈 산행을 실컷 한 것도 좋았고, 우리 어린선수들의 승전보도 한결 술맛을 돋구었다.

얼큰한 상태로 버스에 올라 상경 길에 접어들었다. 조금 있으려니까 의학에 밝은 동문이 건강에 대해서 마이크를 잡았다. 내용이 훌륭했다. 70여 년간 건강장수만을 연구한 '조지 밸런'이라는 박사가 주장한 7대 건강비결이었다. "① 술 절제 ② 담배안피우기 ③ 운동 ④ 小食 ⑤ 화목한 가정(친구) ⑥ 끊임없는 배움 ⑦ 곤란 등에 대한 성숙한 처리"가 그것이었다. 지금 우리 연배에 있어서는 무어니 무어니 해도 건강이 제일 관심사이었다.

고속도로는 별로 막힌 데가 없어서 밤 8시경 죽전에 도달했다. 죽전에서 몇 사람이 내리더니 양재역에서 대부분이 내렸다. 고속터미널에서 마지막 동문들이 내림으로써 이번 겨울 눈 산행 행사는 모두 종료되었다. 모두 어둠속으로 자기집 찾아 들어 간 것이다, 밤 9시경이었다. (2010.2.22)

사색의 짚북재 능선길

오늘 아침 날씨가 쾌청하고 바람이 제법 있다. 산행하기에 아주 좋은 날씨이다. 수요일에는 강의가 없어 오늘 산행 길에 나섰다. 항상 등산을 할 때에는 처음에는 주저하다가도 막상 배낭 메고 등산을 시작해서 산 중턱쯤에 이르면 "역시 산행하기를 잘했지." 하는 생각이 들곤 한다.

산행 들머리부터 나무들은 연록색의 잎사귀들로 숲을 가득 채우고 있다.

나무와 더불어 살고 있는 산새들은 때로는 "끼익." 하는 소리를 내기도 하고 또 때로는 "삐리리 삐리리." 하기도 한다. 언제 들어도 또 아무리 들어도 도무지 싫지가 않다. 자연이 내는 소리는 이토록 아름다운 것인지도 모른다. 이 싱그러운 풀냄새, 이 싱싱한 나무, 이 산새들의 지저귐 들이 언제나 고맙다. 한 시간 쯤 올라가니 임도에 도달했다.

이름 모를 야생화들이 방실거리며 웃고 있었다, 아름답고 앙증스럽기만 하다, 대자연의 하모니는 우리 같은 인간이 헤아리기 어려운 오묘함과 신비로움으로 가득 차 있다.

임도에 올라 바로 직진하는 길로 접어들었다. 짚북재로 가는 길이다. 옛날 원효대사가 짚으로 만든 북을 울려서 스님들을 불러 모아 법문을 설하였다는 영마루를 짚북재라고 한다. 임도에서 짚북재에 이르는 능선 길은 참으로 편하고 아늑한 길이다. 아마도 사람이 죽어서 이러한 길을 따라 간다면 언제라도 저승사자를 따라 나설 수도 있지 않나 하는 다소 엉뚱한 생각을 해보기도 한다. 한 시간 가량 능선 길을 따라 걸으면서 이 생각, 저 생각 해 본다. 살아오는 과정에서 잘했던 일 과 잘못했던 일을 반추해 본다. 주로 잘못했던 일을 반성해 보고 또 이루지 못한 일에 대한 아쉬움을 달래보기도 한다. 그리고 나면 대충 앞으로의 방향이 떠오른다. 그것은 되도록 남에게 베풀고 또 선행을 해서 업(業)을 멸(滅)하는 길이다.

능선의 옆길에 늘어선 키 큰 나무들 사이에 아침 햇빛이 쏟아져 반짝 거린다. 마치 종교적으로 무슨 계시가 내리는 것처럼 신비스러운 감을 준다. 등산 시작한 지 한 시간 동안 아무도 못 만나고 오로지 나 홀로 조용히 산행을 하고 있다. 능선 모퉁이 돌아서는 길옆에 무덤하나가 쓸쓸하다. 봉분도 거의 훼멸되고 또 나지막한 봉분 위아래로 잡초가 무성하다. 산이 높은 곳에 봉분을 쓸 정도라면 잘 사는 집안이었을 텐데, 이제는 돌보는 이가 끊긴 지가 오래인 것 같다. 인생의 무상함과 세월의 영락을 느끼게 한다. 어디선가 뻐꾸기 소리만이 속절없이 들리고 있었다.

얼마쯤 더 능선 길을 걷노라니 계곡물 흐르는 소리가 들린다. 사람 발자국소리에 까마귀 한 마리가 푸드덕나무 저쪽으로 날아가고 있었다. 계곡물 소리가 들리는 것으로 보아 짚북재가 가까워 졌음을 알 수 있었다. 산행들머리에서 짚북재에 이르는 2시간동안 나 홀로 조용히 명상하면서 짚북재에 올랐다. 산마루에 평평한 광장, 그곳에 여러 개의 벤치가 놓여 있었다. 그곳에서 중년의 등산객 한사람을 만날 수 있었다. 잠시 후 그 등산객마저 떠나고 나니, 넓은 공간에 사위가 조용한데 나 혼자였다.

짚북재 주위에는 풀이 많아 싱그러운 풀냄새, 흙냄새가 코끝을 스친다. 눈을 돌려 주위를 보니 개미들이 땅 굴을 파고 들락거리고 있었다. 생물체는 이처럼 흙과 공존하고 있다. 사람도 흙에서 나서 결국 한줌의 흙으로 돌아가는 것이다. 그래서 인간은 땅기운을 맡으면서 살아가게 되는 것이다.

나는 수십 년간 단독주택에서 땅기운과 더불어 살다가 10년 전에 아파트로 이사 갔다. 이사 간 아파트도 1층이라 땅기운을 놓치지 않고 있다. 1층 나뭇가지에 모이통을 달아 놓고 산새들에게 모이를 주면서 자연과 더불어 건강하게 살아가고 있다.

요즘 우리나라 어느 곳이나 고층 아파트가 즐비하다. 10층 20층에서 살다 보면 땅기운을 맡을 수가 없다. 빨랫줄에 널려있던 죽은 뱀도 땅위에 떨어지면 땅 냄새를 맡아 되살아난다는 말이 있다. 땅은 우리의 모태이며 생명력의 원천이다. 근래에 주말에는 산행들을 많이 해서 모자라는 땅기운을 신체에 보충해주고 있는 것은 다행이다.

짚북재에서 휴식을 취한 후 다시 배낭을 메고 성불암 쪽의 방향으로 내려갔다. 성불암 계곡에는 쏟아져 내리는 폭포수가 아름답다. 무릇 산이 명산이 되려면 계곡이 여러 줄기로 나 있어야 한다. 금강산, 설악산이 그렇고 북한산이 그러하다. 천성산 역시 계곡이 여러 줄기로 뻗어있어 명산의 반열에 올라있다. 성불암 계곡을 다 내려서면 이어서 한듬계곡을 만나게 된다.

한듬계곡을 끼고 왼쪽으로 접어들면 노전암이 나타난다. 신라시대 원효대사가 천성산 자락에 89암자를 세웠는데 그중의 하나이다. 비구니 사찰로서 정갈하고 조용한 암자이다. 음식 맛이 뛰어난 암자로 정평이 나있다.

음식공양을 마친 후, 주지스님의 특별한 배려로 "108차"를 대접받았다. 108번뇌를 잊게 한다는 차로서 이 암자에서 천성산의 갖가지 식물들을 채취해서 20년 간 발효시킨 특별한 차라는 것이다. 색깔은 자주빛깔로서 선운산의 복분자와 유사하다, 마셔보니 조금 쌉쌀하면서 신맛이 있었다.

암자를 나와 계곡을 끼고 올라갔다. 계곡에는 맑은 물이 쉼 없이 아래로 흘러가고 있었다. 바위를 끼고 흐르는 계곡 물 속에 작은 물고기들이 떠다니는 것이 눈에 들어 왔다. 이렇게 깨끗한 청정수에 살고 있는 인연도 대단하다고 생각이 들었다. 계곡옆 길에 찔레꽃이 하얗게 활짝 피어 있었다. 너무 황홀해서 바위 위에 걸터앉아 물끄러미 바라보았다. 찔레꽃 나무 밑에 산딸기가 어느새 빨갛게 익어가고 있었다. 생태계의 아름다움은 우리에게 무한한 감동을 준다.

다시 일어나 계곡 능선 길 따라 쭈욱 올라갔다. 큰 바위에서 쏟아지는 물방울이 시원스럽다. 저런 곳에서 폭포수 맞으면서 수련을 하면 어떨까하는 생각도 해 보았다.

계곡물에 세족(洗足)을 했다. 계곡물이 차가워서 발이 시렵다. 물은 흘러가기 때문에 같은 물에 발을 두 번 담글 수는 없다. 인생에 있어서도 기회는 두 번 오는 것은 아니다. 모름지기 기회가 왔을 때 이를 잘 활용할 것이다.

잠시 쉬고 있느라니 어디선가 소쩍새 우는 소리가 들린다. 40여 년 전 충청도 암자에서 고시공부 할 때 들었던 소쩍새 울음소리와 같다. 40년의 세월이 속절없이 흘렀음을 소쩍새 소리가 일깨워주고 있었다. 인생은 일장춘몽이라고 했던가. 봄날이 가면 여름이 오는 것을…….태고스님도 인생 팔십년이 봄꿈과 같다(八十餘年春夢中)고 하지 않았던가! 인생무상, 세월무상을 절감했다.

산행 여섯 시간 만에 처음의 산행기점 근방에 도착했다. 임도 옆에 있는 주남정(周南亭)에 올랐다. 정자부근에 피어있는 아카시아 꽃향기가 코끝을 스친다. 주위에 소나무가 울울창창하다. 계절의 변화에도 불구하고 늘 푸른 소나무가 오늘따라 더욱 의젓하고 당당해 보였다. 산이 있는 한 나는 외롭지 않고 행복할 수가 있다.(2013.5.22)

지은이 소개

김중양(金重養: 謙下)

서울대학교 법과대학을 졸업하고 행정고등고시를 거쳐 공직에 입문한 후, 총무처 인사국장, 행정자치부 소청심사위원장(차관급)을 역임했다.

30여년간 주로 정부인사업무를 다뤄온 인사행정전문가로서, 1989년에 펴낸 〈한국인사행정론〉은 개정6판까지 찍은 스테디셀러로 영어로 번역되어 세계적으로 읽히고 있다.

2003년 공직을 마친 후, 한국행정연구원장을 거쳐 2007년부터 영산대학교 법경대학장으로 후진을 양성했다. 2017년 이북오도위원회 평안남도지사로 임명되어 3년간 이북오도민과 동고동락했다.

1994년 서울신문 '굄돌' 필진으로 활동했고, 2006년 '한국문인지'를 통해 수필가로 등단했다. 현재 한국인사정책연구회 대표와 전국한자교육추진총연합회 고문으로 일하고 있다.

등산을 좋아해서 30여년간 매주 산행을 거르지 않고 있다. 그 결과 국내산은 100대 명산을 비롯하여 거의 다 오르내렸다. 이 책은 그간 산행하면서 느낀 점을 상세하게 기술하고 있다. 산행에 앞서 읽으면 이후 등산함에 있어서 적지 않은 도움이 되리라 생각한다.

명산에 오르면 세상이 보인다

초판 1쇄 발행 | 2022년 5월 30일

지은이 | 김 중 양

펴낸이 | 황 영 성

펴낸곳 | 법 우 사

주　소 | 서울시 관악구 봉천로 485 우진빌딩 4층

전　화 | (02) 876-2261

팩　스 | (02) 875-2263

e-mail | hys8009@hanmail.net

등　록 | 2001년 4월 30일, 제301-10-1747호

ISBN 978-89-97060-70-2 03810

정가 17,000원